ENGLISH RECUSANT LITERATURE
1558–1640

Selected and Edited by
D. M. ROGERS

Volume 136

WILLIAM BARCLAY

De Potestate
Papae
1609

WILLIAM BARCLAY

De Potestate
Papae
1609

The Scolar Press
1973

ISBN o 85417 937 2

*Published and Printed in Great Britain by
The Scolar Press Limited, 20 Main Street,
Menston, Yorkshire, England*

NOTE

Reproduced (original size) from a copy in the Bodleian Library, by permission of the Curators.

References: Allison and Rogers 69; STC 1408.

1739510

DE
POTESTATE
PAP Æ :

An & quatenus in Reges &
Principes seculares ius & impe-
rium habeat :

G v i l. B a r c l a i i I. C.
Liber posthumus.

Reddite Cæsari quæ sunt Cæsaris,
& quæ Dei Deo.

Anno M. D. C. I X.

BENEVOLO
Lectori S.

Vnc librum à Guilielmo Barclaio, & genere & moribus illuſtri viro, diu elaboratum, necdum tamen exactum ad vltimam limam, primùm curis, mox ſenectà, fato denique interueniente, Accipe, mi Lector, vt & opus tuo ſeculo vtile, & cum Mundo duraturum. Tot vigilias extingui cum authore noluimus, ſed potius authorem in ijs perennare. Maieſtas argumenti & quotidianus vſus; tum aperta & ſubtilis diſputandi ratio,

non

non conuitiis atrox, non tranfuerfa affectibus; & præterea authoris integritas & in religione conftantia, hunc librum ita commendabunt, vt tantùm in Virtutis & Veritatis exilio repudiari pofsit. Argumentum antea vel infame vel fufpectum, hæreticis eo abutentibus ad Pontificis & Religionum defpectum , & mixturâ *fpiritualium* rerum hanc *Temporalem* corrumpentibus caufam. Ecclefiam Palmæ facillimè componas : Vt hæc in onera nititur, fic illa in hærefium pondera animofior exurgit. Quicquid fectarij hoc feculo fufceperunt oppugnandum, fanctius & religiofius coluimus. Plura templa peregrinantibus aperta, plures *Indulgentiæ* conceffæ merentibus , titulíque fanctæ Virgini non fupra pietatem, fed fupra morem additi. Præcipuè Pontificem Romanum, cui poteftatem omnem abrogabant, à Nouatorum furore afferuimus. Sublata

lata ex Scholis quæstio supra Concilium necne esset. Nihil Conciones, nihil subsellia, quàm eius prærogatiuas detonare; quæ profectò, in Spiritualibus summæ sunt. Denique videbatur ad externam gloriam fuisse Apostolicæ sedi exoptandus hic hæreseos turbo. Sed veteri mortalitatis malo aut in superstitionem religiones degenerant, aut à cælis ad humana commoda abducuntur. Igitur multi dum Spiritualia Pontificis iura propugnant, illam quoque potestatem astruxere, quam à quingentis demum annis sedes Romana in temporalem authoritatem Principum vsurpauit; si monimentis credimus, non sæpius aut atrocius Principibus quàm Pontificibus funestam. Illam, inquam, non pauci astruebant, vel cæca pietate & hæreticorum odio, vel Hierarchæ suo (qui enim præter Ecclesiasticos?) studentes, & quasi ex domi-

¶ 3   mini

mini maieſtate addituri ſeruituti dignitatem. Mox vulgus (in quo ſcio-
los omnes pono, id eſt magnam Lati-
nè ſcientium partem) ſtatim adduci
ad religioſam ineptiam, vt quicquid
magni iſti & cauti magiſtri præcepiſ-
ſent, tuerentur, & præterea in Pontifice ipſum Numen aut Regibus præ-
fici aut repudiari crederent. At alij
quibus mens altior, nec empta Eccleſiaſticis opibus, hunc errorem credu-
lorum, aut prudentum verſutiam de-
uouere vel ridere. Raro tamen vox
publica aut libera tam iuſtè queren-
tium exſonuit. Quidam hanc vanita-
tem contempſere. (Nam reuera quid
abſurdius quàm Principum faſces omni iure, omni lege liberos, Romanæ
Purpuræ mancipare, nec armorum
vi nec rationis, ſed miſeris argumentis, conſequentijs detortis & ſimilitu-
dinibus; quæ ſaltem non ijs validiora
ſunt quibus Hæretici volunt Spiritualem

tualem poteſtatem à Pontifice extorquere?) Alij non publicam omnium
Regum, ſed priuatas, vt incidebant,
certorum Principum cauſas egerunt.
Multi denique timuerunt ne turbi-
dis rebus, & ſtulta vulgi pietate viderentur,non tam amore veritatis quàm
Pontificis odio iſtam quæſtionem ex-
cuſsiſſe. Nam & præclarum Politici
nomen quàm nuper turpiter violatum, quàm malè audiuerit, non poſ-
ſumus niſi cum ſempiterno ſenſu no-
ſtrarum miſeriarum obliuiſci. Nunquam tamen deſuerunt, qui his noſtris temporibus, ex illo malorum
freto, eaſdem procellas expectarent
quæ in noſtros Maiores ſæuierunt.
Nam quæ in immenſâ libertate Pontificum vel cauſa vel religio hos tur-
bines à Prncipibus prohibeat ? cùm
priuatæ inimicitiæ Nauarram Ioanni
Regi abſtulerint; & nuper Philippus
ille Catholicus, hæreſis in ſuo populo

pulo in fuâ prole vltor, Sixti V. ani-
mofa confilia vix euaferit. Res certa ; fed quia in cunabulis extincta,
obfcurior, Sixtum conceptâ iam in
Hifpanum fæuâ illâ Excommunicationis formulâ, fubitâ febre effe fub-
latum. Quòd ni interueniffet illa
mors, quæ fax, quæ tempeftas Ecclefiæ imminebat ; Italiâ & Hifpaniâ
bellis, & per hoc hærefibus, aperta?
Adeò cælefte Pontificatus munus
plus mortalium affectuum ab *illud*
obeuntibus accipit, quàm in eos diuinitatis infundit. Nec, vt modò di-
cebam, detuerunt qui particulares
caufas fufciperent, vt qui antea pro
Rege Chriftianifsimo, & nuper pro
Venetis fcripferunt. Sed omnes in
partibus erant; nec adhuc extitit qui
procul à factionibus hanc quæftionem aggrederetur. Ecce tandem in
hoc libro vox hominis Catholici non
præoccupata, non corrupta; & in
eâ

eâ senſus Catholicorum omnium qui nec ineptiunt, nec ſua iudicia ad priuatas vtilitates cogunt. Quid autem hunc Authorem impulerit, illuſtris memoriæ virum, vt de hac Pontificis poteſtate ſcriberet, vt ab eius intimis accepi ſic referam. Nam de eius religione tot teſtes ſunt quot illum aut in Lotharingia, aut Andibus, nouerunt. Acerrimus Catholicæ ac Romanæ fidei aſſertor, ne quidem minimâ impietatis aut hæreſeos ſuſpicione inundatus. Ipsâ quoque Ieſuitarum ſententiâ vir eximiæ ſupra doctos religionis, & ſupra Laicos pietatis. Iſtum librum ante annos plus minus viginti exorſus eſt, furentibus bellis, & penè in ſupremo Galliæ fato. Henricus iij. parricidio Monachi ceciderat, & Lotharingia, vbi tunc degebat, ad miſeri fœderis ſocietatem acceſſerat. Barclaius in ſententiâ conſtans, cum res parum verbis

bis iuuaretur, ſcriptis incubuit; Reges tum à Pontificis tum à populi poteſtate aſſerens. Et quidem *De regno* libros, quibus popularem ambitum exagitabat nulla diſsimulatione conſcripſit. Sed hoc opus ſecretò aggreſſus eſt, cùm tunc aliquid Pontifici negare hæreſis cenſeretur. Sedatis tandem rebus ipſe per ocium recenſere primas curas, & opus iam maturum Clementi Viij. Pont. Max. vouere. Verùm domeſticis negotijs auocatus à communi curâ, retraxit à typographiâ iam fugientem fœtum. Nec infelix mora fuit, quamquam longa & annorum penè decem. Multa in eo addita, emendata plura, ſed & detractis leuioribus ingens volumen commodè ad pauca reuocatum. Accendebant hominem & pietate & iam ſenectâ liberiorem illæ turbæ quas multi ominabantur; cùm Pontifex in Anglum Venetoſque diſtrictus,

ctus, illum quidem iam à facris no-
ftris alienum acerbare, hos autem a-
lienare videbatur. Sed tam pium co-
natum intercepit felix & in Chrifto
obitus. Amici autem hunc pofthu-
mum fœtum à paterno fepulchro ex-
emerunt. Accipe igitur, Lector, hoc
fcriptum, quod vt imperfectum fine
caret, ita & morte. Non videbis ineptias Bofij, aut Doctorem Martham,
homines omni rifu dignos, (nam gra-
uiora fupplicia non omnino defipi-
entibus relinquo) fed robufta argumenta, graui iuftóque pondere feri-
entia. Quòd fi aliquis hoc opus re-
fellere inftituet, velim ne oratoria
fraude tantum leuia quædam carpat,
in quibus nec ipfe author multú fub-
fidij pofuerit : Sed ipfam vim rationum excutiat; diluendi aut afferendi
vitia accufer. Si quis aliter faxit, fciat
Guilielmi Barclaij cineres loqui poffe.
Vale, & fruere.

SANCTISSIMO
PATRI AC DOMINO,
Clementi Viᵢ. Pontifici
Maximo
GVIL. BARCLAIVS S.P.

S I à Petro in hunc diem tuæ
Sanctitati similes Episcopos
Roma vidisset, (Summe
Christianorum pater &
Præsul)non fuisset hoc tempore isti quæ-
stioni locus. Moderatio,& nomine tuo dig-
na æquabilitas, aut non aperuisset aditum
huic rei , aut grauiori præiudicio firmas-
set. Quæstionem de temporali tuæ sedis in
Reges & Principes potestate hìc excusi ,
quæ tantis motibus tantoq; sanguine agi-
tata, non sæpius Principes quàm Ecclesiam
afflixit. Tuoque nomini dicaui, ne aut de-
fugisse

fugiſſe authoritatem tuam viderer, aut Regum potius quàm Eccleſiæ rem geſsiſſe. Quod ſi id non ad guſtū omnium, cogitent velim, nulla medicamina ſine amaritudine ſalubritatem infundere. Argumentū fortaſſe inuidioſum, ſcrupuloſis hominibus, aut inimicis meam mentem ſenſumq̃ torquentibus: quod tamen Sanctiſsimæ Pater, tum veritatis ſtudio ſuſcepi, tum quòd hanc poteſtatem ſemper cenſui omnium fluctuum fontem eſſe, quibus hodie hæreſis tuum nauigium laceſsit. Iulius ij. Pontifex, repentinis inimicitiis mutatus, non modò in Ludouicum xij. Galliæ Regem detonuit, ſed & Iohanni Nauarræ Regi, quòd in auxilijs Galli fuiſſet, imperium abrogauit. Et quidem Ludouici fortuna hoc Pontificium fulmen a Gallià ſubmouit. Sed Nauarrenus, cùm à latere Hiſpanum haberet, Pyrenæis autem excluderetur à Gallia, Romanæ iræ & Ibericæ ambitioni impar fuit. Spoliatus maiori parte regni receſsit in Galliam, vbi amplas clientelas

entelas, & gentiles habebat. Superuenit incendium quod Lutherus conflauit, & Ioannis Nauarreni hæredes proprio odio incitati facile ad partes abſceſſerunt quæ in ſedem Romanam coibant. Horum igitur Optimatum ſtudijs hæreſis primum per Galliam diſperſa eſt, quæ per ipſas flammas, mox per bella in hunc diem durauit. Henricum autem Viij. Angliæ Regem quis dubitat eiuſdem poteſtatis odio non tam à religione quàm à Pontifice ſeceſſiſſe? Clemens Vij. ſe Henricum Regni iure priuare edixerat ; & ille non iniuſta fortaſſe, ſed cæca & intemperanti iracundia exarſit. Angliam occaſione Schiſmatis hæreticis patefecit, qui mox ſub Edwardo Vi. validi auita ſacra ſuſtulerunt. Scotia autem vicinià & communione Angliæ tentata, cùm ſub Iacobo V. reſtitiſſet, tandem ſub Mariæ initijs imbuta, & mox inſinuante ſe veneno corrupta eſt. Ita quicquid hæreticorum in Gallia Britanniaq̃ hodie eſt, id eſt illorum vnicum robur, hoc temporalis

poteſtatis

potestatis miserabili calore, tanquam pestilenti ouo conceptum est & educatum. Vide, Pater Sanctissime, quàm non expediat Ecclesiæ istud imperium vindicare, quod veluti Seiani equus proprios dominos peruertit. Hoc igitur opus, non Principum, sed religionis & veritatis studio aggressus sum, tibiq; summo pastori, syncero & supplici animo obtuli, cuius est de lepra & lepra iudicare. Si quid erit in his scriptis quod probum aut vtile putabis, ego sanè tanti testis suauissimâ memoriâ meam senectutem oblectabo. Sin probato fortasse studio meo, tamen improbabis sententiam, erit apud posteros moderationis tuæ signum quòd innoxia libertas disputandi sub te nemini fraudi fuerit. Sit hoc moderationis tuæ, at nunquam pertinaciæ meæ signum: quicquid enim huius negotij est, tuo examini relinquo, vt hoc libello non tam quid sentiam exprompsisse, quàm à tuâ Sanctitate quid sentire debeam, videar quæsiisse. Vale.

GVIL. BARCLAII. *I.C.*

DE POTESTATE
PAPÆ;
AN, ET QVATENVS, IN
REGES ET PRINCIPES
seculares ius & imperium
habeat,

LIBER POSTHVMVS.

MVlti de hac quæstione, nostro præsertim seculo, multa variè & varias ob causas
scripserunt : sed nemo do-
ctiùs & luculentiùs, quàm
illustrissimus Cardinalis, & eruditissimus
Theologus, *Rob. Bellarminus*, in libris quos
de Summo siue Romano Pontifice inscri-
psit : qui si vt spiritualem & Ecclesiasticam
Pontificis Romani potestatem egregiè con-
probauit, ita temporalem illam potesta-

A   tem

tem, quam ex quorundam Theologorum
sententia dicit eum habere indirectè, solidi-
oribus authoritatum & rationum momentis
stabilire potuisset; non esset quod in illo
tractatu aut iure carperet aliquis, aut desi-
deraret. Si itaq; complures tum Theologi,
tum Iurisconsulti, alij post alios, in eandem
hanc quæstionem excutiendam incubue-
runt, nec priorum de ea iudicium sequentium scriptorum sententijs præiudicauit;
cur non & ego aliquem indagandæ veritatis locum, (quandoquidem in eo studio æ-
tatem consumpsi) meo mihi quodammodo
iure vendicem?

Sed antequam ordior quid de hac re sentiam explicare, diligens à me cautio & præ-
munitio adhibenda est, *ne vel aliquod inde*
sequatur scandalum pusillorum, qui æstimant
Papam esse vnum deum qui habet potestatem
omnem in cælo & in terra (vt Gersonis [a] verbis vtar) vel adiumentum aliquod accedere
videatur nouatorum calumnijs, quibus sedem Apostolicam confectantur, vt supremo animarum Pastori potestatem omnem
abrogent. Monendus igitur imprimis lector est, omni me reuerentiâ & beneuolen-
tiâ Sedem illam prosequi, nec id aut hîc aut
alibi

[a] *In resolut.*
circa mate-
riam excom.
consider. xi.

alibi agere, vt debitæ poteſtatis & dignitatis aliquid decedat Vicario CHRISTI, &
ſucceſſori S S. Apoſtolorum Petri & Pauli;
quorum patrocinio adiutum me quotidie,
piè planéque mihi perſuadeo ; ſed eo tantùm animo eſſe, vt quæ illa poteſtas ſit &
quanta, quam in Pontifice Romano, id eſt,
ſummo Pontifice & Papa, (vt vocant) Chriſtiani omnes agnoſcere debeant, ſine fuco
& fallacijs, ſine ſtudio & odio perquiram : &
vt earum affectionum vacuus, quæ in alter-
utram partem mentes hominum inclinant,
Deum ſolum præter oculos habeam ; ne
forte redeunte Domino, vel inutiliter ex-
penſi, vel abſconditi talenti reus poſtuler.

Eos itaque obſecro qui ante me, bono vt
opinor animo, ſcripſerunt, ne indignentur
aut ſuccenſeant, ſi ab illorum opinione re-
ceſſero. *Neque enim, vt cum S. Auguſtino*
dicam, [b] *quorumlibet diſputationes, quamuis*
Catholicorum & laudatorum hominum, velut
Scripturas Canonicas habere debemus, vt no-
bis non liceat, ſalua reuerentia quæ illis debe-
tur hominibus, aliquid in eorum ſcriptis im-
probare atque reſpuere, ſi forte inuenerimus
quòd aliter ſenſerint quàm veritas habet di-
uino adiutorio ab alijs intellecta, vel à nobis.

[b] *Epiſt.* 111.
ad Fortuna-
tionū Epiſc.
de videndo
Deo. refer-
tur diſt. 9.
can. 10.

Qualis

Qualis ego ſum in ſcriptis aliorum, tales volɪ eſſe intellectores meorum, vt aut gratis ſcilicet admittant, aut cum ratione reprehendant. Sed ad rem.

Duplex Catholicorum quidem hominum (nam alij quid ſentiant nihil moror) ſed nimis Pontifici addictorum de hac quæſtione opinio eſt. Vna Canoniſtarum, qui *Papæ iura omnia cœleſtis & terreſtris imperÿ à Deo conceſſa*, & quicquid in hoc terrarum Orbe poteſtatis eſt, ſiue temporalis & ciuilis, ſiue Spiritualis & Eccleſiaſticæ, id omne in *Petrum* & eius ſucceſſores à Chriſto collatum eſſe affirmant ; cui principio nulla non facile annectunt, quoties de abſoluta poteſtate, ſiue de plenitudine poteſtatis (vt loquuntur) ſummi Pontificis, aliqua ſuboritur diſputatio. Altera opinio eſt quorundam Theologorum, quibus fundamentum hoc Canoniſtarum meritò diſplicet, quòd neque Scripturæ authoritate, neque Apoſtolorum traditione, neque veteris Eccleſiæ praxi, neque antiquorum Patrum doctrina & teſtimonijs liquidò comɪrobetur. Hi ergo iſtam illorum opinionem ſolidiſſimis rationibus conuellunt : ſed ita tamen vt ex eius abdicatione, nihil iuris & poteſtatis temporalis

poralis Pontifici depereat, quin id ei alio
modo in tuto collocent, integrúmque con-
feruent. Sic igitur ftatuunt, *Pontificem vt
Pontificem non habere directè vllam temporalem poteftatem, fed folum fpiritualem : tamen
ratione fpiritualis habere faltem indirectè poteftatem quandam, eámque fummam, difponendi de temporalibus rebus omnium Chriftianorum.* Atque ita quicquid illi recto ordine, id ifti obliquè & per confequentias Papæ tribuunt; vt ratio tantum diuerfa, res
eadem fit.

Mihi verò hanc animo quæftionem ver-
fanti, neutra iftarum opinionum, quantum
ad temporalem poteftatem, fatis firma vifa
eft ; Canoniftarum tamen quàm Theologorum, fi inter fe conferantur, facilius poffe
defendi : cùm faltem, non repugnet ordini
naturæ, quo quis imperium fibi in alios conceffum iure fuo exercet : ac proinde nihil
contineat ἀδύνατον. At verò Theologorum
fententia, vt eft à fuis affertoribus propofita,
naturalem rerum ordinem euertit, qui vult
ne quis poteftate & imperio in alios vtatur,
quod neque fibi nominatim conceffum eft,
neque ad explicandas res fuæ fidei manda-
tas prorfus eft neceffarium. Theologi itáq;

iſti Canoniſtarum opinionem probiſſimè refellunt, ſed pace ipſorum dicam, nec ipſi melius ſentiunt ; vt inde dignoſci poſſit, quanto cuique facilius ſit in aliorum ſcriptis falſum deprehendere, quàm in ſuis verum aſtruere.

Eſt & inter ipſos Theologos de hac re contentio : nam multi Canoniſtis ſe ſocios addiderunt, ſeu quòd veri ſpecie decepti ſint: ſeu quòd ſedem *Petri* nulla non laude dignam, nimio & cæco affectu proſequentes, hoc etiam poteſtatis & dignitatis apice ornare voluerunt: ſeu denique quòd ſingularibus Pontificum beneficijs deuincti, iſto eos referendæ gratiæ ſtudio ſibi arctius conciliare, ne dicam immodica aſſentatione demereri, cupierunt. Atque horum vt opinor in numero eſt, qui nuper de congregatione Oratorij exortus, ^e acriorem ſe cæteris aſtipulatorem Canoniſtarum obtulit;quem propterea vir doctiſſimus, & nobilis Concionator, ſi quis in Ieſuitis eſt, cùm ab eo quid de hac *Bozij* opinione ſentiret percontarer, Papalem paraſitum vocabat. Nam libris editis enixè contendit, *Omnem vim regiam, omniúmque rerum quæ in terris ſunt, poteſtatem & dominium datum eſſe Romano Pontifici*

e *Tho. Bozius.*

Pontifici iure diuino : & quicquid poteſtatis
vſpiam terrarum habent Reges & Principes
ſeculares, tam fideles quàm infideles, id totum à Papa pendere, & quantum ad executionem temporalem tantummodo ab eo in
illos deriuatum : ita vt ipſe , velut totius
Mundi dominus, regna & principatus, cui
& quando voluerit, dare vel auferre poſſit,
quamuis nemo ſciat cauſam cur ita faciat.
Ac proinde, inquit, *potuit Indias Occidentales
Caſtellæ , Orientales verò Luſitaniæ Regibus
adiudicare & addicere, quamuis cuncti homines ignorarent connexionem rationis qua ad-
dicebantur, vt ſupra dicebamus.*

Huius itaque opinionis tuendæ fiduciâ
erectus, multos excellentes Theologos (in
quibus eſt vir ille maximus & nunquam ſatis
laudatus Bellarminus) grauiter incuſat, [d] &
nouos Theologos vocat : [e] aitque eos *apertiſſimè falſa , & aduerſus omnem veritatem
pugnantia docere,* eò quòd dicant Chriſtum,
vt hominem , non fuiſſe Regem temporalem, nec vllum dominium temporale in terris habuiſſe , nec exercuiſſe vllam regiam
poteſtatem (iſtis enim aſſertionibus euer-
tuntur præcipua deliriorum Bozij funda-
menta) cùm tamen magni illi Theologi veriſſima

[d] *Lib.2.cap.*
11.
[e] *Lib.5.cap.*
vlt.

A 4

| *Matth.*8.
Luke 9.

riſſima, ac proprio Saluatoris teſtimonio confirmata aſſerant. *Vulpes*, inquit, *f foueas habent, & volucres cæli nidos, filius autem hominis non habet vbi caput reclinet.* Vbi ergo eius regnum ? vbi dominium temporale ? quis animo concipiat, Regem aliquem aut dominum eſſe poſſe, cuius neque regnum vllum, neque rei alicuius dominium in rerum natura ſit ? Scimus Chriſtum, quà Dei filius eſt, Regem gloriæ, Regem Regum, cœli & terræ rerumque omnium dominum eſſe, vnà cum Patre & Spiritu Sancto æternùm regnantem : at hoc quid ad regnum temporale ? quid ad ſceptrum faſcéſque ſæcularis maieſtatis ? Legi equidem diligenter quæ in hanc rem Bozius edidit ; ſed nihil ſolidæ rationis ad ſententiæ ſuæ confirmationem, non alicuius fallaciæ & captionis admiſtione corruptum, nihil vetuſtæ & probatæ authoritatis, non adulterinæ interpretationis fuco deprauatum inueni. Fuit olim in eodem errore Henricus Seguſianus Cardinalis Hoſtienſis, cuius noua tunc & inaudita opinio Bonifacium VIII. hominem per ſe quidem gloriæ auidum, velut nouis ambitionum facibus non multò pòſt ſupra modum videtur accendiſſe. Sed bene nunc res

vertunt,

vertunt, quòd Hoftienfis illa opinio (quam
Canoniftæ poftmodum fequuti funt, quàm-
que Bozius iam amplectitur) à Theologis
quibufdam firmiſſima ratione damnata ſit;
Et quòd Ecclefia Dei eum nunc habeat
Pontificem Max. nempe Clementem VIII.
qui non folùm pietate & doctrinâ, fed humilitate, iufticia, charitate, cæterifque virtuti-
bus tanto Paftore dignis, infignem fe & con-
fpicuum orbi præbet; vt non fit quòd metu-
amus tantum Pontificem, tam putida opinione, quæ folis ineptijs,& captiunculis verborum fuffulta eft, commotum & infectum
iri, vt aliquid fibi indebitum arroget. Neq;
Bozius tam temerarias affertiones tanto
Pontifici dedicaffet, nifi omnia auderet au-
dacia. Superuacui ocij effet, errores & ineptias eius omnes, minutatim perftringere.
Tantùm, ne hominem gratis reprehendiffe
videar, vnum deliriorum & argutiarum eius
teftimonium fubijciam, vt Lector ex vngui-
bus de animali iudicet.

Cap. II.

PRincipiò fciendum eft duas illas pote-
ftates, quibus Mundus in officio continetur,

netur, Eccleſiaſticam ſcilicet, & Politicam,
ita iure diuino diſtinctas & ſeparatas eſſe, vt
(quamuis ambæ à Deo ſint ᵃ) vtraque ſuis
terminis concluſa, in alterius fines inuadere
ſuo iure nequeat, neutríque in alteram imperium ſit ᵇ, vt pulchrè, & ſuauiter S. Bernardus docet libro 1. de Conſider. ad Eugenium ᶜ; & inter recentiores Theologos Ioan.
Driedo. ᵈ Eámque ipſam harum poteſtatum diſcretionem Magnus ille Hoſius Epiſcopus Cordubenſis, ad Conſtantium Imp.
Arianum ſcribens, apertiſſimè oſtendit: cuius ſententia, in S. Athanaſij epiſtola ad ſo-
litariam vitam agentes, in hunc modum relata eſt : *Tibi Deus imperium commiſit, nobis*
quæ ſunt Ecēleſiæ concredidit : & quemadmo-
dum qui tuum imperium malignis oculis car-
pit, contradicit ordinationi diuinæ, ita & tu
caue, ne quæ ſunt Eccleſiæ ad te trahens, magno
crimini obnoxius fias. Date, ſcriptum eſt, quæ
ſunt Cæſaris Cæſari, & quæ Dei Deo. ᵉ*Neque*
igitur fas eſt nobis in terris imperium tenere,
neque tu thymiamatum & ſacrorum poteſta-
tem habes, Imperator. Hinc eſt, ex hac inquam poteſtatum diſtinctione, quòd Innocentius & Panormitanus cōcludunt, ᶠlaicos
non teneri obedire Papæ in ijs quæ non ſunt
ſpiritualia,

ᵃ *Rom.13.*

ᵇ *Can. duo*
ſunt. can.
cum ad ve-
rum 96. diſt
cap nouit. de
iudic, cap. per
venerabilē.
qui filij ſunt
legit.
ᶜ *Cap. 6.*
ᵈ *Lib. 2. de*
liber. Chriſt.
cap. 2.

ᵉ *Matth. 22.*
Mar. 12.

ᶠ *In cap. in-*
quiſitioni de
ſent. excom.

fpiritualia, fiue quæ non concernunt animam, vt loquuntur: nifi fortè in illis terris degant quæ fubfunt temporali iurifdictioni Papæ. Atque ita reftringi debet iufiurandum illud profeffionis fidei in Bulla Pij IIII. vbi dicitur : *Romano Pontifici, & veram obedientiam fpondeo, ac iuro.* quando laicus eft qui iurat.

Negat tamen Bozius hanc iftarum poteftatum diftinctionem & temporalem fub Ecclefiaftica contineri, eique directò fubiectâ effe, oppidò quàm imprudenter, affirmat. Sed animaduertebat fe perfpicua fanctiffimi Pontificis Nicolai I. confeffione premi, qui in Epiftola ad Michaelem Imperatorem docet, ᵍ *quod licet olim Pagani Imperatores ijdem & maximi Pontifices dicerentur, tamen cùm ad verum ventum eft eundem Regem atque Pontificem, vltra fibi nec Imperator iura Pontificatus arripuit, nec Pontifex nomen Imperatorium vfurpauit : quoniam idem mediator Dei & hominum, homo Chriftus Iefus, fic actibus proprijs, & dignitatibus diftinctis, officia poteftatis vtriufq; difcreuit, propria volens medicinali humilitate furfum efferri, non humana fuperbia rurfus in infernum demergi, vt & Chriftiani Imperatores* pro

ᵍ *Dict. can. cùm ad verum 96.dift.*

pro æterna vita Pontificibus indigerent, &
Pontifices, pro cursu temporalium tantummo-
do rerum, imperialibus legibus vterentur, &c.

Cùm igitur hoc summi Pontificis testimonio vtramq; potestatem suis proprijs a-
ctibus, dignitatibus, & officijs, ita seiun-
ctam & separatam ab altera cerneret, vt neque potestas temporalis iura spiritualis potestatis, neq; hæc illius, vsurpare sine iniuria
possit : vt inde homo ingeniosus se extricaret
ad inauditæ interpretationis diuerticulum
confugit : in quo se ridiculum, nec tam in
inueniendo artificiosum, quàm in efferendo
temerarium ostendit. *Aduertendum verò,*

ᵇ *Lib.* I. *cap.* **h** *inquit, in his Nicolai dictis. Primò non asse-*
11.
rere ipsum laicalem potestatem disiungi à spiri-
tuali, vt eam non habeat ecclesiasticus, sed vt
secularis non habeat ecclesiasticam : propterea
inquit discretas esse has potestates, non omni-
nò, quasi alteri altera non subordinetur ac sit
subiecta, sed discretas esse ait officijs, actibus,
dignitate : simulq, cùm dixisset, nec Imperator
iura Pontificatus arripuit, non vicißim dixit,
Pontifex non arripuit iura Imperatoris. Non
ait Iura, vt Nauarra in cap. nouit. perperam,
neque, vti credo, aduertens retulit, sed ait
Nomen.

Quid

Quid facias tam futili aucupe verborum?
quem putares ſtuduiſſe vt Pontifex Nicolaus non Paſtor ſed impoſtor, nec docere ſed
deridere Imperatorem videatur. Quid e-
nim ? Nunquid de verbis ac non de rebus,
de nomine ac non de iure & poteſtate, inter
Papam & Imperatorem ſermo? aut nunquid
Pontifex, vt obſcura verbi ambiguitate, vel
mutatione, Imperatorem caperet, ac non
potius vt ſimplice veritatis oratione inſtrue-
ret, illam epiſtolam conſcripſit ? Scitum eſt
leges rebus non verbis imponi [l] : & hæc epiſtola veluti Eccleſiaſtica quædam lex eſt.
Quod ergo ait Nicolaus, *nec Pontifex nomen
Imperatorium vſurpauit*, perinde eſt ac ſi dixiſſet, *ius, ſiue iura, Imperatoris non vſurpauit:*
quod aduertens doctiſſimus Canoniſta pariter & Theologus Nauarrus, alijque omnibus ſæculis in ſcientijs illis exercitati, *nomen
& iura*, pro eodem in illa epiſtola acceperunt; quæ tamen ab iſto verborum captato-
re, vel inſcienter, vel malitioſe, alió & alió
perperam detorta ſunt. *Scire leges non hoc
eſt, verba earum tenere, ſed vim ac poteſtatem.* [k]

Sed & hanc Bozij interpretionem refellit,
quòd Papa iſtis verbis, *Vt Pagani Imperatores
ijdem*

l L. 2. C ſum. de legat.

k L. Scire le- ges. D. de legib.

y dem & Maximi Pontifices dicerentur (id eſt,
nominarentur) non de inani & ſolo nomine
intellexerit, quaſi Imperatores vocarentur
tantùm Pontifices, ſed de iure & officio;
quòd iura atque officia omnia ſcilicet, &
dignitates vtrique poteſtati conuenientes
vna cum nominibus occuparent : quod cùm
ſit veriſſimum, nec id Bozius negare audeat;
conſequens profectò eſt, aut nullam illic an-
tidiaſtolen, nec perfectam inter horum &
illorum temporum Pontifices & Imperatores, differentiam conſtitui à Nicolao, aut
per *nomen Imperatorium*, intelligere cum iura omnia Imperialia : vt quemadmodum
poſt Chriſtum agnitum & receptum Imperatores non amplius iura pontificatus, ita
nec Pontifices, iura Imperatoria ſibi arripu-
erint. Denique ſi Papa ſe nomen tantummodo Imperatorium repudiare, ius verò
& poteſtatem retinere illo in loco ſignificaſ-
ſet ; an non meritò Imperator reponeret, ſe
non tam de nomine quàm de iure eſſe ſolici-
tum ? quò ſibi nomen, ſi alius ius ac poteſtatem habeat ? Dixiſſet certè, nec tam grauem tuliſſet iniuriam, ſi tale quid ex verbis
Nicolai Pontificis poſſe colligi credidiſſet.

At non dixit has poteſtates eſſe *bmnino*
ſeparatas,

separatas, inquit Bozius. Fateor, & id pro-
uidè, ne Pontificijs adulatoribus, aut alijs
malè feriatis hominibus facilem calumnian-
di ansam præberet : id enim verbum Bozius
interpretaretur, *omnino, quantum ad executionem scilicet* : plus igitur & explicatius dixit,
nempe has potestates proprijs actibus, officijs, & dignitatibus esse discretas, vt manifestè ostèderet nullòmodo esse coniunctas,
nec alteram alteri esse subiectam, quamuis ambæ in eadem persona possint con-
currere. Idem enim & Princeps temporalis & Pontifex esse potest : sed nec vt Papa
temporalium, neo vt Princeps spiritualium
rerum actus, officia, dignitates, cæteráque
iura sibi poterit vendicare. Si ergo neque
dignitatibus, neque officijs, neque actibus
coniunctæ sunt hæ potestates, dicat nobis
Bozius, ecqua in re sunt coniunctæ ? Si dixerit, in eo quod *altera alteri subordinetur &
subiecta sit*:idipsum est quod negamus, quod-
que si verum esset, sequeretur necessariò potestates illas, neque dignitatibus, neque officijs, sed tantum actibus esse discretas ; atq;
ita hanc Nicolai Pontificis sententiam falsam esse. Nam dignitas, itemque officium,
quod est in subordinato non potest non esse

in

in subordinante, cum ab eo in subordinatum
deriuetur ; inde est vt Princeps se violatum
putet, dum eius ministri in exequendis officijs impediuntur ; & Papa se ac sedem Apo-
stolicã contemni, ex spreta Legati à se missi
authoritate arbitratur. At verò res omnes
& personæ præsumuntur esse liberæ & non
subiectæ, nisi contrarium probetur. Quæ
cùm ita sint, ridiculum planè est, & Boziani
cerebri commentum, quod ait, ex superioribus Nicolai Papæ dictis apparere eum *non*
asserere laicalem potestatem disiungi à spiritu-
ali, vt eam non habeat ecclesiasticus, sed vt se-
cularis non habeat ecclesiasticam. Vnde enim
poterit apparere ? cum ne verbum quidem
in illa epistola extet, ex quo id probabili aliqua ratione colligi possit. Atque hactenus
de isto Bozij errore satis. Equidem non arbitror quemquam vsque adeo insanire, vt
non potiùs Hosio quam Bozio fidem in huius rei definitione, in harum inquam potestatum distinctione adhibeat.

Cap. III.

ADnecterem hîc alia Boziani erroris e-
xempla, ni scirem opinionem illam
quam

quam sopitam & pene extinctam conatur
animare, vsqueadeo iam absurdam eruditis
videri & tot perspicuis rationibus esse con-
uulsam, vt iam non sit metuendum, multos
eâ captum iri. Nam in primis certum est,
neq; Bozium, neq; eius astipulatores omnes,
quantumlibet sacras literas & scripta Patrum terant & torqueant, vnquam inde certum aliquod testimonium prolaturos, quo
illa quam somniant, temporalis Papæ iurisdictio & potestas, in Principes & populos
totius Orbis, liquido confirmetur.

Sed nec vllum vestigium talis potestatis
temporalis permanus traditæ ab Apostolis,
& eorum successoribus, in septingentesi-
mum, ne dicam millesimum annum à Christo passo reperitur. Qua de caussa doctissimus Bellarminus in istius opinionis refutatione, hoc validissimo argumento scitè & suc-
cinctè vtitur. *Si res ita se haberet* (quod Papa scilicet sit Dominus têporalis totius Orbis) *deberet id constare ex Scripturis, aut certè
ex Apostolorum traditione. Ex Scripturis
nihil habemus nisi datas Pontifici claues regni
cælorum: de clauibus regni terrarum nulla
mentio, traditionê Apostolorum nullam aduersarij proferunt.* Quæ res, simulque ingens

Theologos

[1] *Lib.5. de
Rom. Pont.
cap.3.*

Theologos inter & Canoniſtas,& vtrorumq;
inter ſe, de hac re diſſenſio, dum hi directā,
illi indirectam poteſtatem aſtruunt, facit vt
quæſtio hæc de temporali poteſtate Papæ,
dubia & incerta, ac tota in hominum opinione poſita videatur : ac proinde ſolutionis
eius veritatem lumine rationis, & diſſerendi
ſubtilitate eſſe perueſtigandam : nec eſſe
de fide, vt loquuntur, de ea hoc aut illo modo ſentire. quæ enim fidei ſunt, ea ab omnibus,& vno modo tenenda ſunt.

Ad me autem quod attinet, quanquam
ore animoque profiteor, ſummum Pontificem Vrbis Romæ Antiſtitem (vtpote vicarium Chriſti, & legitimum D. Petri ſucceſſorem,atque adeo vniuerſalem & ſupremum
Eccleſiæ Paſtorem) ſpirituali poteſtate ſuper omnes Reges & Monarchas Chriſtianos
præditum eſſe, inquè eos imperium habere
& exercere poſſe,quod in omnes animas Petro Apoſtolo datum fuiſſe Scriptura teſtatur, ligandi ſcilicet & ſoluendi ; Non tamen
propterea adducor, vt æquè credam eum
Reges & Principes ſeculares in ſua poteſtate
temporali continere, aut illis in Deum vel
homines delinquentibus,vel ſuo alioqui munere abutentibus,imperium abrogare,ſcep-
traque

traque auferre & alijs conferre, vllo modo
poſſe : aut denique ius aliquod temporale in
homines laicos, cuiuſcunque ſint ordinis vel
conditionis, obtinere; niſi id ciuilibus & legitimis modis acquiſierit. Quòd opinionem
id aſſerentem à multis quidem tentatam,
ſed à nullo ſatis firma ratione probatam hactenus animaduerterim : & pro ſententia ne-
gante grauiores multo & certiores rationes
afferri poſſe videantur. Equidem pro meo in
ſedem Apoſtolicã ſtudio, id ei iuris competere, certis & indubitatis argumentis oſtendi poſſe vehementer cuperem, eò paratus
inclinare, quo ratio potior & authoritas
propenderet. Sed propius ad diſputationem
veniamus.

Papam temporali poteſtate in Reges &
Principes dominari, perſpicuè falſum eſſe,
vel ex eo conſtat, quod abſurdum & iniquum ſit dicere Principes Ethnicos duriore
& deteriore conditione ab Eccleſia eſſe receptos, quàm ſingulos quoſque de multitudine : vel Papam habere maiorem nunc poteſtatem in Principes politicos Chriſtianos,
quàm olim D. Petrus & cæteri Apoſtoli in
quemlibet priuatum hominem Eccleſiæ filium. At hi nullum ius & poteſtatem tem-

poralem

poralem habuerunt tunc temporis in Chriſtianos laicos : ergo nec Papa in Principes
ſeculares poteſtatem vllam temporalem
nunc habet. Aſſumptio inde probatur,
quod certo certius ſit eccleſiaſticam poteſtatem fuiſſe omnino ſeparatam à politica,
tempore Apoſtolorum (Bozij ineptias nunc
non moror) & hanc totam penès Ethnicos
Principes extra Eccleſiam fuiſſe : adeo vt ipſi Apoſtoli in poteſtate temporali Ethnicorum fuerint, idq; & Albertus Pigghius, **m** &
Robertus Bellarminus , **n** aliique Theologi
inſignes ingenuè fatentur. Chriſtus enim
venit, *non ſoluere legem, ſed adimplere* ; nec
naturæ & gentium iura tollere, aut quenquam temporali rerum ſuarum dominio excludere : itaque ſicut ante eum Reges politica poteſtate ſubditis præerant , ita etiam
poſteaquam aduenit , & à nobis deinde in
cœlos receſſit, eam ipſam poteſtatem Apoſtolorum doctrinâ confirmatam , nullaque
ex parte delibatam retinuerunt. Si itaq; Petrus cæterique Apoſtoli , antequam Chriſtum ſequerétur, temporali Principum Ethnicorum ditioni & iuriſdictioni ſubijciéban-
tur (quod negari non poteſt) nec Dominus
vllibi diſertè & nominatim ipſos ab illa naturalis

m *Lib. 5. ca.*
7. Hierar.
Eccleſ.
n *Lib. 2. de*
Rom. Pont.
cap. 29.

ralis & gentium iuris obligatione liberauit:
consequitur necessariò mansisse eos sub eodem iugo etiam post Apostolatum, cùm id
nihil prædicationem & propagationem E-
uangelij potuerit impedire. Nam etsi fuissent verbo Saluatoris liberati, quid contu-
lisset quæso eorum exemptio ad Euangelium seminandum? aut quid amplius pauci illi & pauperes homines, vinculo temporalis
potestatis in conscientia soluti, efficere potuissent, quàm relicti in pristina conditione
parendi? Siquidē ius illud libertatis, si quod
fuissent nacti, illiberali & iniusto Principum
& populorum infidelium facto impeditum,
ac inutile fuisset. Sed & eos aliorum ciuium instar Principibus subditos extitisse, ex
ipsorum doctrina & factis apparet. quippe
id illis exprobari non potest, quod Christus
Scribis & Pharisæis improperat, aliud eos fecisse, aliud docuisse. Docuerunt autem
Christianis subiectionem & obedientiam,
de qua loquimur, Regibus & Principibus ex-
hibendam °. Qua de causa Paulus ipse ad
Cæsarem appellauit, & iussit Christianos
omnes subiectos esse temporali potestati
Ethnicorum, *non solū propter iram, sed etiam*
propter conscientiam. Nam quod quidam di-

° *Ad Rom.*
13.

1. Petr. 2.

B 3   cunt

ciint D. Paulum non de temporali poteftate
fecularium Principum illic loqui, fed de poteftate in genere, vt quifque fuo fuperiori o-
bediat, laicus laico, ecclefiafticus ecclefia-
ftico, mera cauillatio eft, & refponfum viris
doctis ac Theologis indignum. Nulla fiqui-
dem tunc temporis alia quàm politica &
temporalis poteftas vulgò ab hominibus a-
gnofcebatur; & Apoftolus diuino fpiritu af-
flatus ita fuas epiftolas confcripfit, vt non folùm conuerfos ad fidem erudiret, fuique officij commoneret, ne exiftimarent fe ita
Chrifti fanguine redemptos, vt nulli amplius poteftati feculari obedire tenerentur,
(quod quorundam animis, Chriftiani nominis dignitate & libertate fretis, perperam
infederat) fed etiã vt Ethnicis & infidelibus
oftenderet, legem Chriftianam nulli ius fuum auferre, nec effe vllo modo temporali
Regum & Imperatorum authoritati & poteftati contrariam. De fola igitur temporali
poteftate intelligi debere eo loco Apoftolum apparet, quod tunc temporis alia nulla
vt dictum eft, agnofceretur. Et eo quidem
fenfu antiqui Patres Apoftolum ibi femper
interpretati funt, vnde D. Auguftinus in eius
loci expofitione, fatetur feipfum, & per confequens

sequens in sua persona Praelatos omnes Ecclesiae, temporali potestati subditos esse; cuius verba, quoniam magnam huic disputa-
tioni lucem adferunt, integra ascribam. Sic
ergo ille. P *Quod autem ait, Omnis anima po-* ᴾ *In lib. ex-*
testatibus sublimioribus subdita sit. Non est e- *positionis*
nim potestas nisi à Deo : rectissimè admonet ne *quarundam*
quis ex eo quòd à Domino suo in libertatem vo- *propos. ex e-*
catus est, factus Christianus, extollatur in su- *pist. ad Rom.*
perbiam, & non arbitretur in huius vitae itine-
re seruandum esse ordinem suum, vt potestati-
bus sublimioribus, quibus pro tempore rerum
temporalium gubernatio tradita est, existimet
non se esse subdendum. Cùm enim constemus
ex anima & corpore, quamdiu in hac vita tem-
porali sumus, etiam rebus temporalibus ad sub-
sidium degēda huius vitae vtamur, oportet nos
ex ea parte quae ad hanc vitam pertinet subdi-
tos esse potestatibus, id est, hominibus res hu-
manas cum aliquo honore administrantibus.
Ex illa verò parte qua credimus Deo, & in reg-
num eius vocamur, non nos oportet esse subdi-
tos cuiquam homini, idipsum in nobis euertere
cupienti, quod Deus ad vitam aeternam donare
dignatus est. Si quis ergo putat, quoniam Chri-
stianus est, non sibi esse vectigal reddendum,
aut tributum, aut non esse exhibendum hono-

B 4 *rem*

rem debitum eis qui hæc curant poteſtatibus, in
magno errore verſatur. Item ſi quis putat ſe
eſſe ſubdendum, vt etiam in ſua fide habere po-
teſtatem arbitretur eum qui temporalibus ad-
miniſtrandis aliqua ſublimitate præcellit, in
maiorem errorem labitur. Sed modus iſte ſer-
uandus eſt, quem Dominus ipſe præſcribit, vt
reddamus Cæſari que Cæſaris ſunt, & Deo, que
Dei ſunt.

Multa hîc paucis complectitur Auguſtinus, quæ varias aſſertiones noſtras ſparſim
hoc libro poſitas fulciunt. Nam & primùm
docet, quod iam diximus, Chriſtianę religionis profeſſionem non exiṃere quenquam
à temporalis poteſtatis ſubiectione : ex quo
duo neceſſario ſequuntur, quorum alterum
eſt, Apoſtolos cæteroſq; Chriſtianos omnes
temporali Ethnicorum Principum & Magiſtratuum poteſtati fuiſſe ſubiectos, ac proinde neq; D.Petrum neq; alium vllum Apoſtolum aliqua temporali poteſtate in Chriſtianos præditum fuiſſe, quòd ea tota penes
Ethnicos eſſet, vt hoc capite oſtédimus. Al-
terũ verò, non licuiſſe primis illis Chriſtianis ab Ethnicorum Principum imperio deficere, & alios ſibi Principes & Reges conſtituere, etiamſi vires illis ad id perficiendum ſup-
petiſſent,

petiſſent, vt falſo putat Bellarminus. q quia
non erant liberati à iugo poteſtatis temporalis cui ante ſuſceptam Chriſti fidem ſub-
iſciebantur. quod etiam infrà cap.21.prolixa
diſſertatione oſtendemus. Deinde intelligit
locum illum Apoſtoli de temporali poteſtate tantùm, ſicut & nos hoc capite. Tertio
cùm generaliter de illa ſubiectione loquatur, eóq; ſermone vtatur in quo ſeipſum includit, neminem verò excipit, ſatis apertè
indicat, Clericos iuxta ac Laicos temporali
poteſtati in hac vita ſubditos eſſe. Poſtremo
illuſtrem nobis doctrinam tradit, de duplici
officio ſubditorum, erga Deum ſcilicet, &
Regem, ſiue poteſtatem temporalem, quo
modo debeant vtriq; ſeruire, & quod ſuum
eſt reddere; quam nos doctrinam ſecuti ſumus hôc libro, & in libris de Regno. Sit ergo
hoc poſitum; locum illum D.Pauli, de quo
ſuprà, nonniſi de poteſtate temporali ab eo
ſcriptum eſſe. Fatemur tamen ſententiam
illam de obedientia præſtanda, ad ſpiritualem quoq; poteſtatem, propter omnimodam
ſimilitudinem, & *identitatem rationis*, vt aiunt, rectiſſimè accommodari poſſe r.

Si ergo nullam temporalem poteſtatem
habuerunt tunc Apoſtoli in priuatos homines

q *Lib.5. de Rom.Ponti-fice,cap.7.*

r *L.illud. D. td leg. A-quil.*

nes regeneratos,& filios Ecclesiæ factos, quî
fieri poteſt vt ſucceſſores Apoſtolorum eam
poteſtatem in Principes ad Ecclesiam venientes nacti ſint? quandoquidem ex parte
ſucceſſorum repugnat, eos plus iuris habere
in filios ſpirituales virtute poteſtatis Eccleſiaſticæ, quàm habuerunt ipſi Apoſtoli quibus ſuccedunt. Ex parte verò Principum
quid indignius & iniquius dici poteſt, quàm
eos fidem Chriſti profitentes, duriore iugo
preſſum iri quam ſingulos de multitudine?
At priuati homines quando in ſpiritualem
Ecclesiæ ditionem concedebant, nihil patrimonij aut iuris temporalis amittebant,
exceptis rebus illis quas ſponte obtulerant,
& in communem vſum contulerant, vt ex
actis Apoſtolorum patet, ᶠ vbi Ananias
morte mendacium luit, increpitus, à D. Petro his verbis : *Nonne manens tibi manebat,*
& venundatum in tua erat poteſtate ? Similiter ergo & Principes vbi Chriſto nomen da-
bant, ius omne ſuum temporale (imperium
dico & poteſtatem politicam) integrum &
intactum retinebant. Nec iuuat aduerſariorum cauſam, dicere Apoſtolos ideo non
habuiſſe temporalem poteſtatem in ſui ſeculi Principes, quia nondum facti erant
Chriſtiani:

ᶠ Cap. 5.

Chriſtiani : ſecundum illud , ᵗ *Quid enim* ͨ *1. Cor. 5.*
mihi de ijs qui foris ſunt iudicare? Papam
verò nunc illam poteſtatem habere, quia fa-
ɛ̃i ſunt Chriſtiani & filij Eccleſiæ, cuius ipſe
ſupremus Princeps & caput in terris eſt atq;
omnium Chriſtianorum pater : & rectum
naturæ ac rationis ordinem poſtulare, vt filius patri, non pater filio ſubijciatur. Hæc inquam adeo nihili ratio eſt , vt mirum ſit locum ei aliquem a viris Doctis datum eſſe.
Nam illa ſubiectio ſpiritualis per quam Principes facti ſunt filij Papæ , penitus diſtincta
& ſeparata eſt a ſubiectione temporali , ita
vt altera alteram non ſequatur. Sed quemadmodum Præſes vel Conſul , interea dum
Magiſtratum gerit, poteſt ſe in adoptionem
alij dare , ᵘ atque ita in familiam patris a- ᵘ *L. 3. D. de*
doptiui & patriam poteſtatem tranſire : *adopt.*
cùm tamen per illum actum legitimum nec
faſces conſulares , nec aliud quicquam iure
magiſtratus ſibi competens in adoptantem
transferat : ita Reges & Principes , atq; omnes omnino homines, cùm in Eccleſiæ gre-
mium ſe conferunt, & ſummo Pontifici tanquam patri in adoptionem dant , inſignia
imperij, & quicquid vſpiam temporalis iuriſdictionis aut patrimonij habent , eodem
planè

planè iure quo antè, libera, integra, atque
intacta ſibi retinent. atq; ita Pontifex nihil
amplius temporalis poteſtatis per illam a-
doptionem ſpiritualem acquirit, quàm ante
adoptionem habuerat. quod pluribus infra
demonſtrabitur ˣ.

ˣ *Cap.* 14.

Huc accedit, quòd florente plurimùm
republica Chriſtiana, tum multitudine credentium, tum ſanctimonia Pontificum, tum
eruditione & exemplis Doctorum, atque à
malis interim Principibus, etiam filijs Eccleſiæ per regenerationem factis, vexata,
atque iactata, nulla de hoc principatu &
iuriſdictione temporali Papæ in Principes
ſeculares, non dicam expreſſa & manifeſta
declaratio, ſed ne leuiſſima quidem mentio
inter Eccleſiaſticos facta ſit : quæ tamen ſi
in Petri perſonam a Domino fuiſſet collata,
aut eius ſucceſſoribus aliquo modo compe-
tiſſet, licet eam re vera, ſiue de facto vt loquuntur non exercuiſſent, haudquaquam à
tot tantiſque viris ſanctis & ſapientibus,
ac præ Dei & Eccleſiæ cauſa nihil non con-
temnentibus, fuiſſet tam alto ſilentio &
tam diu prætermiſſa. Quid inquam minus
credibile quàm omnes illorum temporum
Pontifices, zelo & ſtudio Eccleſiæ guber-
nandæ

nandæ flagrantes, hanc sui officij pastoralis
partem, si modò partem esse censuissent, (in
qua eorum successores quidam, maximum
fidei protegendæ præsidium collocarunt)ita
negligere voluisse, vt eâ aduersus Imperatores hereticos, tot tantisq; occasionibus nequaquam vterentur. Nemo tamen inter eos
extitit, qui se Imperatoribus iure Diuino superiorem in temporalibus, vel scripto vel
verbo vnquam significauerit: quin potius, vt
quisq; doctrinâ & sanctitate magis excelluit,
ita Imperatorem submissius obseruans, eius
subditum & seruum se esse professus est.
B. Gregorius Magnus multorum instar sit,
qui in quadam ad Mauricium Imp. epistola.
¶ *Ego autem indignus pietatis vestræ famulus,*
inquit. & paulò post, *ad hoc enim potest as su-*
per omnes homines dominorum meorum pieta-
ti cælitus data est, (*dominorum* dixit, vt Imperatorem simul & Augustam comprehende-
ret cum qua Mauricius Imperium in dotem
accepit) En vt sanctissimus hic Pontifex
testatur Imperatori potestatem cælitus
datam super ipsum Papam. *super omnes,*
inquit, *homines:* super Papam ergo si homo
est. Vtrum autem vt Episcopus & Papa, an vt
homo priuatus id scripserit, ad mentem sen-
sumq;

¶ *Lib.2.e-*
pist.61.in-
dict. 11.

fumq; authoris non intereſt. cùm idem vtro-
uis caſu & ſenſiſſe eum & ſcripſiſſe credendum ſit. ad inſtitutum noſtrum ſatis eſt, ſcire
qualiter ſeculi illius Pontifices erga Imperatorem ſe geſſerint. Non enim vereor ne vir
doctus aliquis dicat, Gregorium in illa epiſtola, per humilitatem, ita Imperatorem ex-
altaſſe, & ſubiectione non debita ſe ei ſubmiſiſſe. quòd ſi ſciolus fortè aliquis obijciat,
ei reſponſum volo, grauem tam ſancto Pontifici ab eo iniuriam inferri, quòd dicat illum
humilitatis cauſa mentiri, & mentiri magno
cum Eccleſiæ & dignitatis Pontificalis præiudicio, vt non iam officioſum ſed pernicio-
ſum mendacium fuerit. audiat S. Auguſti-
num. *Cùm humilitatis cauſa mentiris, ſi non
eras peccator antequam mentireris, méntien-
do efficeris quod euitaueras.* Gregorium autem non fictè & officioſè, ſed ex animo locutum eſſe, teſtantur quæ ſub finem illius epiſtolæ expreſſius de ſua ſubiectione & obedientia erga Imperatorem neceſſarià ſcribit.
Tulerat Mauricius legem, quam Gregorius,
licet iniquam, & Eccleſiaſticæ libertati nonnihil aduerſantem, accepto Imperiali de ea
publicanda mandato, ad varias regiones
promulgandam tranſmiſit. Ita igitur epiſtolam

* *Serm.* 29.
de verb. A-
poſtoli, tom.
10.

Iam illam concludit. *Ego quidem iussioni subiectus, eandem legem per diuersas terrarum partes transmitti feci: & quia lex ipsa Omnipotenti Deo minimè concordat, ecce per suggestionis meæ paginam serenissimis dominis nunciaui. Vtrobiq; ergo quæ debui exolui, qui & Imperatori obedientiam præbui, & pro Deo quod sensi minimè tacui.*

O diuinum Antistitem, & sententiam nullis non sequentium seculorum Pontificibus inculcādam. Sed prò Numen! quò benigna illa & humilis confessio a nostris sæculis exulauit? cui paulatim succreuit hæc minax & fastuosa aduersus Reges & Imperatores oratio. *Nos in supremo iustitiæ throno collocati, supremam in omnes Reges & Principes vniuersa terra, cunctosq; populos, gentes, & nationes, non humana sed diuina institutione, nobis traditam potestatem obtinentes. declaramus, iubemus, præcipimus.* [a] &c. quæ verba falsa & inania vel ex eo esse patet, quòd Papa in Principes & populos infideles, qui multitudine Christianos superant, neq; temporalem neq; spiritualem potestatem habeat. vt Bellarminus in libris de Romano Pontifice firmissima ratione ostendit. [b].

Hæc igitur & his similia, quem non in tan-

[a] *Ex Bulla Pij v. aduers. Regin. Angl. & Sixti v. cōtra Regem Franciæ.*

[b] *Lib. 5. cap. 2.*

tæ mutationis status & imperij Pontificalis
admirationem trahant? aut cui non iustam
inquirendi causam offerant, cur priores Pontifices florentissimo Ecclesiæ seculo, se Principum famulos, seruos, & subditos agnoue-
rint, eorumq; imperio in temporalibus obse-
quuti sint, cùm illis nihilominus in spiritualibus præessent:posteriores autem, se Regum,
Principum, gentium, & nationum omnium
Dominos profiteantur. Multis certè ea res,
eruditis & Catholicis hominibus, non mediocrem de huius mutationis iure dubitandi
causam præbet; imò verò credendi tam ingens & absolutum imperium temporale, in
personis Pontificum, non ab Omnipotente
Deo, sed ab impotente hominum quorundam cupiditate originem habuisse : nec à
Christo Domino in Petrum initiò diuinitus
collatum, sed ab aliquot Petri Successoribus, post multas ætates, humano more fuisse vsurpatum. nempe Pontifices quosdam
auctis in immensum opibus, cæcæ ambitioni atque odio indulgentes, sensim eam sibi potestatem vindicasse; qua sibi licere
quicquid est vspiam regnorum & principa-
tuum adimere dareq; contenderent. Homines sanè erant, &, vt cæteri mortales, interdum

dum appetentiores vanitatis: qualis ille qui
ſolo odio Philippi pulchri Regis Franciæ de-
cretalem conſtitutionem edidit, c. quæ tot
ſcandala, tot pericula peperit, vt ſtatim à
Bonifacio ſucceſſore meruerit abrogari. d
Auxit verò in illis, & aluit id vitij mira & miſera palponum quorundam adulatio, qui in-
eptis aſſertionibus, cuiuſmodi nunc ſunt Boziana Deliria, Papæ omnia licere, omniaq̃
iure diuino ſubiecta eſſe affirmabant: quo
minus mirari oportet, nonnullos ipſorum,
Pontificalis & Apoſtolicæ modeſtiæ vſqueadeo eſſe oblitos, vt potentiæ amplificandæ
ſtudio in fines alienos incurrerint. De quibus Gaguinus vir Doctus & religioſus, *Hanc*
tam late patentem & vſurpatam authoritatem
(vt ille vocat) obiter taxans e. *Itaque ea eſt,*
inquit, *hodie illorum ſublimitas & amplitudo,*
vt parui habitis Regibus, licere illis omnia glo-
rientur. Neque quiſquam ad Pontificatum mea
ætate venit, qui, dignitate adepta, non ſtatim
ſuos nepotes magnis oṗibus & principatu dona-
uerit. Et ante Gaguinum diu S. Bernardus.
f. *An non limina Apoſtolorum iam plus ambi-*
tio quàm deuotio terit? Hinc Platina g *Mori-*
tur autem hoc modo Bonifacius ille, qui Impe-
ratoribus, Regibus, Principibus, nationibus,

C   *populis,*

c *Cap. cleri-*
cis de immu-
nit. eccl. in 6.
d *Clement.*
de immunit.
ecclef. vͨ
gloff. id ve-
tat.

e *Lib. 10.*
hiſt. Franc.
in vita Ca-
roli VII.

f *Lib. 3. de*
conſider. ad
Eugen.
g *In vita Bo-*
nifacij VIII.

populis, terrorem potius quàm religionem in-
ijcere conabatur : quiq; dare regna & auferre,
pellere homines ac reducere, pro arbitrio animi
conabatur. Atq; idem Gaguinus alibi : [h] *Ta-*
lem vitæ exitum habuit contemptor omnium
hominum Bonifacius, qui Christi præceptorum
minimè recordatus, adimere & conferre regna
pro suo arbitrio conabatur, cùm non ignoraret
eius se loco versari in terris, cuius regnum non
de hoc mundo & terrenis rebus, sed de cœle-
stibus esset : quiq; dolo & malis artibus episco-
patum Romanum sibi quæsiuerat, & Cælesti-
num (sanctissimum virum) *à quo dignitatem*
receperat, in carcere dum vixit habuerat.

[h] *Lib.7 hist
in vita Phi-
lip. Pulchri.*

CAP. IV.

DVas autem res potissimum inuenio,
quæ ansam Pontificibus tantam potestatem arrogandi videntur præbuisse.
Harum vna est, ingens ille honos, qui, vt par
erat, Principibus & populis Christianis summo animarum pastori deferebatur, & deferri adhuc debet : atque etiam præiudicata
sanctitatis opinio de sede illa beatorum A-
postolorum Petri & Pauli, quæ inter omnes
in omni dignitate & authoritate spirituali v-
na

nÆeminet : eoque maximis copijs & facul-
tatibus præ cætetis aucta est & ornata. His
de causis facilè omnes adducebantur ; vt
crederent nec Papam pro sua sanctitate ali-
eni iuris quicquam sibi velle assumere : nec
fas esse Christiano iussa Pontificia vllo modo detrectare. Inde factum, vt huius tantæ
reuerentiæ & beneuolentiæ fiduciâ, erecti
Pontifices nonnulli, quibus animus ad gloriam procliuior, istam ad se potestatem in
Reges traherent primis successoribus Petri
fuisse decessoribus prorsus ignotam. Eo ac-
cessit præoccupatum vulgi & illiteratorum
iudicium, qui hac sanctitatis opinione imbuti, Papam nec dicto nec facto errare posse credebant: atq; etiam Clericorum & Canonistarum quorundam scriptio. qui, seu veritatis ignoratione lapsi, seu in Principis sui
Papę, a quo vno pendebant adulationem ef-
fusi, quicquid toto orbe terrarum potestatis
est, in eius solius personam contulerunt : illis
blandimentis atq; illecebris Pontifices sponte sua ad gloriam currentes, velut nouis ambitionum facibus, accensi sunt. Omnes enim
quotquot sedem illam legitimè tenuerunt,
pari cum Petro authoritate regimini Ecclesiæ præfuere, sed non omnes Petri zelo ac-

C 2   censi,

censi, paribus eam studijs gubernarunt. Proh dolor, & nonnullos constat per vim & scelus in locum illum irrepsisse, alios irrupisse, & sanctissimam cathedram moribus inquinatissimis fœdauisse : alios verò, quanquam legitimè ad eius fastigium dignitatis euectos, ambitiosa dominandi libidine exarsisse,& magna Regum ac Principum secularium æmulatione, fines imperij sui, quod initiò merè suit spirituale, temporalis potestatis accessione proferre, nullo non artificio esse annixos. quod studium licet principiò videbatur nonnullis ad ornamentum tantæ dignitatis pertinere qua Christi in terris Vicarius, & B.Petri successor fungitur, tamen vbi eorum aliqui eò arrogantiæ deuenerunt, vt non solum Reges de solio deijcere, sed regna etiam amplissima in præmium imo in prædam dare & occupanti concedere, sibi licere, in animum inducerent : tum certè nemo sanus insanam illam animi elationem non magnopere improbauit, & vel lachrymas vel indignationem tenuit. Quis tum non ingemuit vel infrendit cum superbissimus ille Pontifex, cuius modò meminimus, potentissimo Monarchæ Philippo Pulchro regnum abrogare, & Alberto Austriæ

Duci

Duci vnà cum Imperio conferre oppidò
quàm arroganter præsumpsit. Nec id alia
de causa, quàm quòd Rex Legatū ipsius mi-
nitantem sibi audacius in carcerem misisset:
quasi eo facto Rex Franciæ (quem paulò antè Innocentius III. ingenuè fassus erat non
habere superiorem in temporalibus) regnum
tanquam Papæ cliens & beneficiarius com-
misisset. Ita enim per Archidiaconum Nar-
bonensem Regi mandat, *regnum Franciæ ob*
eius contumaciam, & violatum ius gentium,
ad Romanam Ecclesiam esse deuolutum. quod
quid aliud sonat, quàm regnum illud, omnium opinione liberrimum & florentissimum,
eiusque exemplo cætera omnia regna Christiana, Ecclesiæ Romanæ atque adeo Papæ
beneficia seu feuda esse? cùm non aliter ad
illam Ecclesiam propter contumaciam &
feloniam, vt vocant, deuolui possint, quàm si
ipsa dominium directum temporale illorum regnorum obtineat.

Alteram tantæ iurisdictionis temporalis
occupandæ ansam, præbuit gladius excommunicationis maximum spiritualis imperij
propugnaculum, qui tanto terrori erat, vt
populus minas Pontificias, excommunicationis fulmine, quo iure quaque iniuriâ com-
munitas,

i *Cap. per*
venerabilē.
qui fil. sunt
legit.

munitas, neque contemnere, neque negligere auderet: aut in concionibus frequenter
ea vox perſonaret, *omnem excommunicatio-*
nem, etiam iniuſtam, eſſe timendam. & ſolius
Pontificis eſſe, æſtimare iuſta ſit an iniuſta.
Etiam illud, *cum excommunicatis nec cibum*
eſſe ſumendum, nec vlla in re communicandum
eſſe. ᵏ quibus monitionibus & minis con-
territi plerumque Principum excommunica-
torum ſubditi, ab obſequio deſiciebant : &
quod extremum in eiuſmodi malis erat, Papa in excomunicatum à ſe Principem, Principes alios partim ſimili anathematis inter-
minatione, partim blandimentis & largitionibus concitabat. Itaque Principes illi, quos
iſta Pontificum inuidia premebat, tot vndique periculis inuoluti, tot caſibus expoſiti
ſceptri potius ſubmiſſione iratum Pontificem placare, vexationemque redimere ma-
luerunt, quàm omnia inteſtinis ſeditionibus,
publicoq; incendio, ſuâ causâ miſcere. Hæc
via Pontificibus compendiaria fuit ad metum Regibus & Principibus inijciendum &
victoriam pene ſine certamine parandam.
nonnulli tamen infractis animis aduerſus e-
iuſmodi conatus Pontificios reſtiterunt tanto robore vt inde orta calamitas Papam
quàm

ᵏ *Can. ſicut.*
can. excom-
municato.
xi.q.3.

quàm Principem magis afflixerit. Sed hîc Lector monendus est sententiam illam omnium vocibus celebratam, *excommunicationem omnem esse timendam*, cum hac exceptione intelligi debere, *extrà quàm si manifestè constet esse iniustam.* tunc enim nec curanda, nec timenda est., modò absit ab excommunicato contemptus & presumptio: nec eum enim in quem fertur, sed à quo fertur afficit atque lædit. Cuius generis excommunicatio illa videtur, quæ in subditos profertur, eo quod Regi vel Principi suo excommunicato pareant in ijs quæ temporalis sunt iurisdictionis, & Dei mandatis non repugnant: vt infrà commodiore loco demonstrabitur [1].

[1] *Cap.* 21.

Præterea nec illud vniuersè verbum est; *cum excommunicatis non esse communicandum, aut cibum sumendum.* Neque enim id verum est, vbi periculum impendet, ne ex eiusmodi separatione magnum in Ecclesia malum oriatur, vt solet Principe excommunicato, si subditi eius communione abstineant: nam vix vllus Principum tam perditus est, qui non inueniat amicos & clientes, quorum operâ & armatâ manu causam suam quamlibet iniustam, magno cum Ecclesiæ ac reipublico intertrimento, tueatur: cuius rei, & pà-

C 4　　　trum

trum memoriâ & noſtra ætate, exempla lu-
ctuoſa in Chriſtianis gentibus extiterunt, v-
bi inquam tale quid timetur, corporum ſe-
paratio non eſt neceſſaria, *ſed ſufficit à tali-*
bus corde ſeiungi, vita moribuſque diſtingui,
propter compenſationem cuſtodiendæ pacis &
vnitatis, propter ſalutem infirmorum, vt præclarè docet S.Auguſtinus. ᵐ ex quo ſequi videtur Papam inconſideratè facere qui ſubditis communione Principûm interdicit,
quoties inde ſeceſſio & turba non mediocris
Eccleſiæ vel reipublicæ impendet, imò nec
teneri ſubditos in eiuſmodi caſu, Papæ ſeparationem corporum imperanti obedire. Sed
eâ de re vberiùs ſuo loco.

ᵐ *Lib.3. con-*
tra Epiſt.
Parm. cap.2

Ex his & ſimilibus apparet, quod dixi,
Pontifices poſtremis Eccleſiæ ſeculis temporalem iſtam in Principes poteſtatem ſen-
ſim ſibi vſurpaſſe, quam nemo omnium de-
ceſſorum neque primis neque medijs temporibus vnquam agnouit. Et verò Gregorius VII. partim publica offenſa Henrici
IV. Imperatoris, partim priuata iniuriâ per-
motus, id iuris dandi & auferendi regna, a-
pertè ſibi primus omnium aſſeruit, affirmans
Chriſtum Petro & eius ſucceſſoribus omnia
Mundi ſceptra dediſſe, hoc verſiculo,

Petra

Petra dedit Petro, Petrus diadema Rodulpho.

Verùm nihil aliud Gregorius eo facto, quàm cruentas & furiofas tragœdias excitauit; nec infæliciter deftinata, vi & armis prohibitus perfecit. Quod autem Ecclefia poteftatem eiufmodi primis temporibus non habuerit, ac ne quidem habere fe crediderit, ex illa quam attulimus Hofij epiftola, ad Conftantium Ariana hærefi infectum, & Romanum Pontificem Liberium, aliofque Orthodoxos Epifcopos exilijs, varijfque moleftijs vexantem, liquidò comprobatur. Nam loquitur ibi vir magnus non in priuati hominis Chriftiani, neque in fimplicis Epifcopi perfona, fed totius ordinis Ecclefiaftici, atque adeo fummi Pontificis nomine : & aut verum dicit aut falfum. Si verum, conftat Ecclefiam tunc temporis fenfiffe, nullam fe in Reges & Principes Chriftianos temporalem iurifdictionem; ne quidem ob hærefim, quod crimen grauiffimum & perniciofiffimum eft, habere. Sin falfum, quamobrem ? an vt Imperatori affentaretur? fcilicet, qui tunc verè dicere potuit, *loquebar de teftimonijs tuis in confpectu Regum, & non confundebar* [n] : An quia rei veritatem, & ecclefiafticam doctrinam ignorabat ? equidem non

* *Pfal.*118. *Vau.*

non arbitror quenquam id ei viro aſcriptu-
rum, qui pleroſq; coetaneos ſuos doctrinâ &
eloquentiâ non æquauit modò ſedet experi-
entiâ propter ætatem anteiuit : qui cùm
ſæpius Concilijs & cætui ſanctorum Patrum
interfuiſſet; eorumq; de iure ac poteſtate
Eccleſiæ ſententias audiſſet, non potuit ignorare quid ibi eſſet de malis Principibus,&
Eccleſiæ in eos iuriſdictione definitum. Addo,quod caput eſt,hanc nobiliſſimi Conſeſ-
ſoris ad Conſtantium ſententiam à S. Atha-
naſio laudatam, à nullo autem ſanctorum
Patrum eius ætatis aut ſequentium ſeculo-
rum improbatam, vt meritò præiudicatam
de hac ſententiâ opinionem habeamus.

Cap. V.

DE Bozij & Canoniſtarum ineptia qui
Pdpæ Dominium & imperium totius
orbis iure diuino tributum eſſe dicunt,ſatis
iam, ſuperq; diſſerui. Neq; enim in ea reſu-
tanda operam conſumere mihi neceſſe eſt,
cùm ſit communi Theologorum calculo
iampridem exploſa. Nunc ad alteram opinionem tranſeamus, quam Theologi, quibus
illa Canoniſtarum diſplicet, reiectæ loco
ſubſti-

subſtituunt: & an ſit cum veritate coniuncta
videamus. Hanc autem ita capite primo
propoſuit; *Papam habere poteſtatem tempora-*
lem indirectè, & aliquo modo, id eſt, ratione,
ſua ſpiritualis Monarchia : habere inquam
ſummam poteſtatem etiam temporalem diſpo-
nendi de temporalibus rebus omnium Chriſti-
anorum. quæ ſententia ſi vera eſt, quicquid
Pontifici per abnegationem directæ poteſtatis ſubtractum eſt, id ei per obliquam &
indirectam hanc imperandi viam cumulatè
reſtituitur. Sed vereor ne vera non ſit, & ex-
pugnetur ijſdem machinis quibus illa Canoniſtarum conuellitur. Nam Theologi,& doctè præ ceteris Bellarminus, Canoniſtarum
opinionem, quæ Papæ totius orbis Dominium,tribuit & Regibus ac Principibus ſecularibus executionem tantum à Papa deman-
datam, hac ratione redarguunt, quòd ipſimet Pontifices ingenuè fateantur (vt varijs
ipſorum epiſtolis expreſſum eſt) Imperia &
regna temporalia à Deo Principibus eſſe tri-
buta : & quicquid habent Reges & Imperatores, ſiue poteſtatis ſiue executionis,id illos
à Chriſto habere. vnde idem Bellarminus
argumentum illud aduerſus Canoniſtas hoc
dilemmate ſcitè concludit. [a] *Peto igitur,* inquit,

[a] *Lib. 5. de*
Rom. Pont.
cap. 3.

quit, *vel poteſt ſummus Pontifex auferre à
Regibus & Imperatoribus hanc executionem,
tanquam ſummus ipſe Rex & Imperator, aut
non poteſt? Si poteſt, ergo eſt maior Chriſto: ſi
non poteſt, ergo non habet verè poteſtatem
regiam.*

Quidni & nobis, eiuſdem generis argumento aduerſus alteram hanc Theologorum opinionem, vti liceat? Regna & imperia dantur à Deo, vt multi ſanctiſſimi Pontifices teſtantur. Qua ratione B. Gregorius in quadã ad Mauricium Imperatorẽ epiſtola, [b] his verbis orditur. *Piiſſimus atq̃; à Deo conſtitutus dominus noſter.* & in alia ad Conſtantiam Auguſtam, [c] *Veſtra itaq̃ pietas,* inquit, *quam Omnipotens Deus, cum ſereniſſimo domino, vniuerſo Mundo præeſſe conſtituit, illi per fauorem iuſtitiæ famulatum ſuum reddat, à quo ius tantæ poteſtatis accepit.* Quid multis? ipſa Scriptura teſtatur Reges & Imperatores à Deo poteſtatem accipere, cuius ſunt in eo vicarij, vt ait Lyranus ad illud Sapientiæ.6. *data eſt à Domino poteſtas vobis, & virtus ab Altiſſimo qui interrogabit opera veſtra.* quid igitur vetat quò minus aliquis ex Bellarmino contra Bellarminum hoc dilemmate vtatur. Aut poteſt ſummus Pontifex aliquo

[b] *Lib.4. indiĉt.13. epiſt.32.*

[c] *Eodem lib.epiſt.34.*

quo modo, hoc est, directè vel indirectè, auferre Regibus & Imperatoribus regna atq;
imperia, alijsq; conferre : aut non potest. Si
potest, ergo est aliquo modo maior Deo,
quia quod Deus dedit ipse aufert : minor e-
nim vel par non potest auferre quod à maiore vel æquali concessum est. Ac ne vicarius
quidem eius qui concessit, sine expresso domini mandato : ne quis nobis reponat, Papam tanquam Christi vicarium id facere :
cùm ipse nullum de ea re mandatum, neq;
expressum neq; tacitum accepisse inueniatur. Vt ex sequentibus facile apparebit. Si
non potest, ergo falsum est quod dicunt,
eum habere summam potestatem indirectè
disponendi de omnibus rebus temporalibus
Christianorum, & deponendi de solio Reges
& Imperatores, aliosq; in eorum locum suffi-
ciendi. Perpendant velim, vt suum ipsos argumētum premat. nec hoc solum, sed aliud
etiam longè efficacissimum, quod ex eodem
Bellarmini libro & capite suprà retulimus.[d] ᵈ *Cap.3.*
quodq; hoc loco ad institutum nostrum op-
timo iure in hunc modum adaptabimus.

Si verum est Papam habere potestatem
temporalem indirectè disponendi de rebus
temporalibus omnium Christianorum; aut
eam

eam habet iure Diuino aut iure humano. Si
iure Diuino, *deberet id constare ex Scriptu-*
ris, aut certè ex Apostolorum traditione. Ex
Scripturis nihil habemus nisi datas Pontifici
claues regni cælorum : de clauibus regni terra-
rum nulla mentio fit : traditionem Apostolo-
rum nullam aduersarij proferunt, neq; scilicet Canonistæ neq; Theologi. Si iure humano; proferant ius illud, vt vnà eum ijs sen-
tiamus. Quòd si dixerint, neq; expresso Deī
verbo, neq; traditione Apostolorum ad huius potestatis confirmationem opus esse,
cùm indirectè tantùm & ex quadam sequela
Pontifici competat, tanquam inseparabilis
quedam accessio & appendix potestatis illius
spiritualis, qua supremus animarum Pastor
in omnes Christiani gregis oues preditus
est. Nos rursus ab ijs petemus aliquod eius
accessionis & coniunctionis testimonium ex
Scripturis vel traditione Apostolorum : pe-
tuimus inquam, vt ex Scripturis vel Apostolorum traditione doceant, hanc esse accessi-
onem, & sequelam necessariam & insepara-
bilem illius potestatis spiritualis quam habet
summus Pontifex: atq; ad munus Pontifica-
le pertinere aliquo modo, (hoc est indirectè,
vt loquuntur) disponere de omnibus rebus
tempo-

temporalibus Christianorum : cùm neutiquam sit verisimile, si id eius officio côuenit,
tantam potestatis amplitudinem, & qua nihil in rebus humanis præcelsius, tum à Christo Saluatore, tum ab Apostolis & eorum
successoribus, tam alto silentio in Ecclesia
tot seculis fuisse pretermissam. Nam si vtraque potestas ab altera, spiritualis scilicet à
temporali, & contrà, separari possit: locus e-
rit sententię, quę quod directè fieri non per-
mittitur, id nec indirectè fieri posse statuit.
Ita enim prudentes definierunt, quoties aliquid directè fieri prohibetur, id nec indirectè quidem siue per consequentiam fieri posse: nisi id quod prohibitum est, sequatur necessariò ad aliud iure permissum, ita vt permissum siue prohibito non possit procedere,
& nisi (vt cum Iurisconsulto dicam) *vtriusq̃,*
causa ita commixta sit, vt separari non possit. ᵉ
Vnde eum qui solus rem alienare non potest,
ne cedere quidem posse liti super ea motæ
concluditur. ᶠ quod nimirum obliquè & indirectè hoc modo rem alienaret. Si igitur
Papa, quatenus Papa, nullam temporalem
iurisdictionem directò habet in Christianos,
quod illi concedunt, superiore iuris sententia
effici videtur, eum nullam ne indirectè quidem

ᵉ *L. 5. §. ge-*
neraliter.
D. de don.
inter vir.
& vxor.
ᶠ *Panorm.*
in cap. du-
dum. 54. de
elect. & cap.
cùm pridem.
de pact.

dem habere poſſe. Quapropter vt ſuam hominibus ſententiam perſuadeant, debent ex
Scripturis aut Apoſtolorum traditionibus
teſtimonium proferre : vel ſaltem docere
temporalem poteſtatem de qua loquuntur,
ita coniunctam eſſe cum ſpirituali, vt ab ea
diuelli & ſeparari, vt inquam ſpiritualis ſine
ea conſiſtere, nullo modo poſſit. quod quoniam præſtare nequierunt, nihil niſi opinio-
nes incertas ſunt ſequuti, & rationes quę non
ſatis videntur concludere quod aſſumunt.
quas ſuo ordine & loco examinabimus.

C A P.　VI.

SVperiorem ſententiam de poteſtate temporali, quam dicunt Papam habere indi-
recte, fortiter impugnat, quòd neq; vſus, neque exemplum, neq; mentio vlla talis Pontificiæ poteſtatis, annis circiter mille in Eccleſia fuerit: cùm multi interea Principes Chriſtiani impiè, crudeliter, peruerſè, & magno
Eccleſiæ detrimēto, regnis atq; imperijs ab-
uterentur: ex quo duorum alterum conſe-
qui neceſſe eſt, aut illorum ſcilicet temporum Pontifices officio ſuo defuiſſe, aut ſe-
quētium temporum Pontifices maiore cum
poteſtate

poteſtate & imperio Eccleſiæ præſediſſe &
etiamnum præſidere; quòd hi temporalem
iſtam poteſtatem apertè ſibi vindicarint,
eamq; in Reges ac Principes exercere pro
arbitrio conati ſint: illi verò ius tale ad ſe
pertinere neq; dictis neq; factis vnquam ag-
nouerint. Non ignoro quæ ad excuſandos
primos illos Paſtores reſponſa à nonnullis e-
dita ſunt, ſed ſcio eſſe eiuſmodi quæ ſi exa-
muſſim perpendantur nullius æqui rerum æ-
ſtimatoris, iudicio comprobentur. Ea igitur
audiamus.

　Prodijt libellus Romæ excuſus anno Domini M. D. LXXXVIII, ſub fictitio nomine
Franciſci Romuli cum hac inſcriptione euul-
gatus. *Reſponſio ad præcipua capita Apologiæ,*
quæ falsò catholica inſcribitur, pro ſucceſſione
Henrici Nauarreni in Francorum regnum.
Cuius libri author, quem Bellarminus ſatis
nouit & amat, conatur hanc grauiſſimam
obiectionem diluere ex mutatione ſtatus
Eccleſiæ, & diuerſa temporum ac perſona-
rum ratione & conditione, quę iuris varieta-
tem ſæpe inducunt. Ita enim ille: [a] *Iam verò,*　[a] *Cap.* 18.
quod quarto loco aduerſarius obijcit de maio-
rum noſtrorum conſuetudine, qui Principes
multos Hæreticos paſsi ſunt, vt Constantium &
　　　　　D　　　　　*Valentem*

Valentem Arianos, Anastasium Eutychianum,
Heraclium Monothelitam,& siqui sunt alij, ad
rem nihil facit. Neque enim Ecclesia temere &
inconsideratè potestate sua debet abuti. Porro
non rarò accidit, vt tanta sit quorundam Re-
gum cum improbitate ac sæuitia iuncta poten-
tia, vt Ecclesiastica censura neque ad eos coër-
cendos quicquam prosit, & Catholicis populis
in quos Principes irritati magis sæuiunt, pluri-
mum obsit. Quid enim quæso profuisset quon-
dam Ecclesiæ si tentasset vel Ostrogothos Reges
in Italia, vel in Hispania Wisegothos, aut Wan-
dalos in Africa excommunicare, ac de solio de-
turbare, quamuis id facere iure optimo potuis-
set? quod idem de Constantio, Valente, & alijs
suprà nominatis intelligi debet. siquidem ea
tunc erant tempora, vt potius ad martyrium
si beundum Episcopi, quàm ad Principes coër-
cendos parati esse deberent. At vbi vidit Eccle-
sia suæ potestati locum aliquem aperiri, vel cum
ipsorum Principum spirituali vtilitate, vel cer-
tè sine detrimento & pernicie populorum, non
sibi defuit, vt exempla paulò antè allata demon-
strant. Sic enim Ecclesia Leonem Isaurum im-
perij parte, & Henricum quartum toto impe-
rio, & Childericum regno Franciæ spoliandos
esse iudicauit, vt re ipsa deinceps & Leo parte
　　　　　　　　　　　　　imperij,

imperij ,& Henricus imperio toto,& Childeri-
cus regno caruerit. Itaque veteres illos Impera-
tores, Constantium, Valentem, & cæteros non
ideo tolerauit Ecclesia (vt aduersarius som-
niat) quòd legitimè in Imperium succeßißent,
alioqui enim Leonem etiam , Henricum , &
Childericum, qui non minus legitimè successe-
runt, pertulißet: sed quod illos sine populi de-
trimento coërcere non poterat, istos poterat.

Hæc ille; in quibus duplicem diuersitatis
causam reddit, cur Ecclesia Constantium,
Iulianum, Valentem, Valentinianum iuniο-
rem, Anastasium, Heraclium, & alios Principes hæreticos tolerauerit : Leonem verò
Isaurum, Henricum IV. Childericum, & sequentium seculorum Principes damnosos
nequaquam pertulerit. Vnam quidem, *quòd*
ea tunc erant tempora, vt potius ad martyrium
subeundum Episcopi quàm ad Principes coër-
cendos parati esse deberent. Alteram verò,
quòd Constantium, Iulianum, Valentem, &
cæteros illius ordinis suprà nominatos, Ecclesia siue summus Pontifex, *sine populi de-*
trimento coërcere non poterat: Leonem autem, Henricum, Childericum, & sequentes
poterat; ideo illos pertulit, istos non pertulit. Sed videamus ne vtraq; diuersitatis ratio

falsa

falsa sit, & in meris mirisq; mendacius fundata: & nemo tamen hactenus meliorem
assignauit, aut, vt arbitror, assignare poterit,
nisi illam solam quæ aduersariorum causam
penitus destruit, nempe Ecclesiam priores
illos Imperatores & Principes tolerasse, quia
nondum in eam irrepserat cæca illa ambitio,
qua Pontifices sequentes temporalem de
qua loquimur iurisdictionem auiditate gloriæ vsurparunt. Itaque illius temporis Pontifices spirituali imperio contentos, quod in
omnes æquali iure exercebant , temporali
potestate , quam ad se non pertinere scie-
bant , prorsus abstinuisse : ita Ecclesiæ causam diuino iudicio commendantes, malorum Principum conuersionem aut euersio-
nem , vti Deo placitum, humiliter patien-
terque expectasse. Sed redeo ad rationes ab
isto authore redditas , vt quàm sint vitiosæ
videamus.

Et verò, ne quid dissimulem , prior eius
ratio, seu causa diuersitatis, indigna mihi videtur quæ ab vllo Catholico , nedum Theologo in medium afferatur, quam ego propterea legere sine lachrymis vix sustineo.
Quid enim ? an nos incidimus in ea tempora, quibus Episcopi milites potius quàm Mar-
tyres

tyres esse debeant? aut legem Dei, atq Ecclesiam, prælijs quàm prædicationibus potius defendere? At non hoc dicit,inquiet aliquis. Quid ergo? aut prorsus nihil, aut omnino tale quid dicit: vult quippe horum & illorum temporum differentiam, quantum ad
Principum coercitionem, in eo consistere,
quòd tunc potius ad martyrium subeundem
parati esse debuerint Episcopi, quàm ad re-
digendos in ordinem Principes : Quod cum
ita sit, quis nõ innato iudicio, & naturali dialectica facilè deprehendat, aut rationem illam ex dissimilibus non consistere, aut id in
altera parte collocandum quod nos posui-
mus? Et tamen audacter affirmem, nullum
vnquam à Constantino Magno tempus offe-
rendi se martyrio Episcopis opportunius &
magis necessarium extitisse. Leo vndique
prædam inhiat, Lupus astat ad caulas; Reges
& Principes potentissimi, plurimæ nationes
& populi in Christi gregem se accingunt, &
iste non retur tempus exigere, vt Episcopi
exponant se martyrio, & animam pro ouibus
ponant? Ergone florente Ecclesia, ac
per totum orbem diffusa, Episcopi nihil nisi
martyrium sperare & expectare debebant:
nunc verò cùm eo deuentum sit, vt ipsa gra-

D 3   uiter

uiter agitata, ac velut in angulum Europæ
coniecta ſit, Epiſcopi tanquam extra metū,
ad coercendos Principes, ac non potius ad
martyrium animos intendant? An quia nunc
ingentes comitatus, & pedeſtres atq; eque-
ſtres copias alunt, quibus ſe, vitam, corpuſ-
que tueantur, & Eccleſiam ab iniuria tot
Principum & populorum eam vaſtantium,
vi & armis vindicent? An potius quia pauci
nunc ea mente legeque Epiſcopatus accipiunt, vt illis aut animi aut corporis moleſtijs
angantur, quas *in perſecutionibus & confeſſi-
ne fidei* Paſtores bonos perpeti oporteat : ſed
vt vitam mollius & cum voluptate tranſi-
gant ; & ex bonis pauperum & patrimonio
Chriſti, cognatorum familias illuſtrent?
An denique quia ex eo quod mercenarij tantum Paſtores ſunt, lupo veniente & gregem
laniante, ſibi fugam capeſſere & martyrium declinare ius faſque eſſe credunt? Hæc
equidem non ad iniuriam vel inuidiam ordinis Eccleſiaſtici profero, quem ſemper à puero obſeruaui. Nec dubito multos eſſe qui
commiſſum ſibi gregem vigilantiſſimè cu-
ſtodiant, parati in omnem euentum man-
datas ſuę fidei oues obiectu corporum tueri,
& Chriſti confeſſionem ſanguine conſigna-
re,

re, Sed totum ad superioris responsi repræ-
hensionem dico, simulque ad ignominiam
eorum qui dignitates Ecclesiæ nunc passim
affectant nullo Ecclesiasticæ vitæ desiderio,
sed vt ipsi magnificè & lautè agitent, & quas
ecclesiasticæ vitæ puritas opes promeruit,
impurè & magno cum Ecclesiæ scandalo, in
ysus vetitos, certè non necessarios, expen-
dant. O tempora ô mòres! Iam maxima
pars reipublicę Christianæ ab annis plus minus centum perijt. Hoc ipso quod Episcoporum & Sacerdotum plerique, ad militiam
quàm martyrium promptiores, superioris responsi sensum inconsideratè sequuti sunt : ra-
ti nimirum, quod res non erat, hæresim armis
facilè oppressum iri, ipsis interea suæ vitæ
modum tenentibus, id est, pristinam volup-
tatem, & desidiam alentibus: itaque *videbant*
lupum venientem & fugiebant : neque pauci
ad ipsos lupos transfugerunt. *Haud ignota lo-*
quor, Scotia mihi & Anglia testes sunt, aliæ-
que in hæresim prolapsæ regiones, in quibus
licet nonnulli viriliter restiterint, pars maxima ecclesiasticorum ne primam quidem in-
cursionem sustinuerunt, statim fæda prodi-
tione defectionem moliti, partim vt liberius
viuendi potestate a nouatoribus permissa
promissaq́;

promissaq́; fruerentur, partim ne præsenti-
bus commodis spoliati, ad mendicitatem
peruenirent : quod si, vt olim primi illi Patres, se ad martyrium accinxissent, monstrum
illud immanissimum in ipsa infantia sustulis-
sent. Fieri potest vt illius libelli author bono
animo, & sine vllo dolo malo, talia scripserit,
sed fieri profectò non potest, vt in hoc rerum
Ecclesiæ statu, ea vllius pōderis aut momenti censeantur. Nam cùm totus pene orbis
Ecclesiæ Catholicæ velut nexu mancipio-
que tenebatur, dicit ea tunc fuisse tempora
quibus Episcopi ad martyrium subeundum
quàm ad Principes in ordinem cogendos pa-
ratiores esse debebant : nunc verò, cùm partim infideles, partim hæretici totam Asiam,
Africam, Europam, vno aut altero regno ex-
cepto, peruaserint, atque Ecclesia ad tantas
ferè quantas vnquam redacta sit angustias,
non eandem officij necessitatem Episcopis
putat incumbere. Nimia certe hæc est vel
in perscrutando indiligentia, vel in iudican-
do & monendo indulgentia : nec debuit vir
doctus & Theologus, qualis videtur ille author, Prælatis Ecclesiæ in magnam viuendi
licentiam velut tempestate quadam delatis
tam facilem deserendi officij viam ostende-

re,

re, vt exiſtiment ſe iam non tam ad martyrium paratos, quàm ad bellum in malos principes ciendum, quos certum eſt, ſine bello in
ordinem redigi, & regnis priuari, nunquam
poſſe. Quantò illi rectius qui (ſiue primi Ieſuitarum, ſiue alterius ordinis fuerint : nihil
enim præter auditum habeo) obuiam ſe
Cardinalibus Romæ ferebant & ſuam illis
cum pompa pro more prætereuntibus molli-
tiem, luxum, indiligentiam, aſperrimis verbis increpabāt, quòd orta paulò ante turbu-
lentiſſima Lutheranæ hereſis tempeſtate,
tempus illud aliam Prælatis Eccleſiæ vitam
adferebat, alioſque mores poſtulabat. Ex his
igitur perſpicuum eſt, allucinari plane authorem *Reſponſionis*, conſtituendo rationem
differentiæ in priſcorum & horum temporum diſſimilitudine, quantum ad Epiſcoporum & Prælatorum Eccleſiæ officium, ſtatum, & conditionem attinet.

Cap. VII.

ALtera ratio quam adfert nihilo melior
eſt. Eccleſiam nempe non ideo per-
tuliſſe Conſtantium, Valentem, & cæteros,
quia legitimè in Imperium ſucceſſerant, non
magis

magis quàm Leonem, Henricum, & Childericum, qui non minus legitimè succeſſerant, *sed quia illos sine populi detrimento coërcere non poterat, istos poterat.* Nam hoc falſiſſimum eſt, & miror Bellarminum hanc alibi rationem ſecutum eſſe [a]. Falſiſſimum dico eſt, non potuiſſe Eccleſiam coërcere illos æquè facilè atq; iſtos, ne dicam facilius, & ſine detrimento populi, ſiue id armis tentare, ſiue arte aliqua, & hominis deuoti operâ vti voluiſſet. Iam enim totus orbis ſub Conſtantio Chriſtianus fuit (vt ex epiſtola Conſtantini Magni ad Eccleſiam, ab Euſebio [b] & Nicephoro [c] relata conſtat) & eius pars maxima Orthodoxa; ita vt vires illis ad opprimendum Imperatorem nequaquã defuerint, ſi fas aut pium credidiſſent armis aduerſus legitimum Principem decertare : Et ſane credibile eſt Deum ipſum milites ſuos, non odio vel ambitione, ſed ſolo Eccleſiam ſartam tectam ſeruandi ſtudio in id bellum incumbentes, facili & non diſpendioſa victoria ornaturum. Quid, quod multitudo magna Monachorum in Ægypto Lybiaq;, atq; alij per Aſiam & Europam viri pij innumerabiles verſabantur ? in quibus haud dubiè multi erant non minoris zeli, quàm ille ſcelus qui

Henricum

[a] *Lib.* 5. *de Rom. Pont. cap.* 7.

[b] *Lib.* 3. *de vit. Conſt.*
[c] *Lib.* 8. *cap.* 25.

Henricum III. Regem Franciæ iugulauit,
sed maiore scientiâ gratiâq; illustrati, quibus
zelo inconsiderato, præcipiti, & temerario
modum constituebant. Hi facilè (si licuisset)
Imperatorem sine vllo tumultu bellico & armorum strepitu confecissent, & si quod in
eum Ecclesia ius habuisset, sine populi detrimento exequi potuissent.

De Iuliano Constantij successore quid dicam? Non eum credo Ecclesia sine vllo populi detrimento coercere potuit? cùm Apostata fœdissimus, & qualis nemo alter inuen-
tus est inter Christianos Imperator exercitum ferè totum ex Christianis haberet, nam
& statim ab eius interitu cum Iouinianus
omnium suffragijs Imperator electus, pro-
clamasset se Christianum esse, ac propterea
nolle exercitui Ethnicorum præesse; [d] re-   [d] *Ruffin.*
sponderunt milites, *& exclamauerunt com-*   *lib.2.hist.*
muniter vniuersi; ne dubites Imperator, néue   *eccles.cap.1.*
repellas imperium nostrum, vt improbum: Im-   *Socra.Schol.*
perator es enim Christianorum futurus, qui in   *lib.3.cap.22.*
pietatis disciplina educati sunt: nos enim Chri-   *Theodoret.*
stiani sumus: & grandiores quidem inter nos   *lib.4.cap.1.*
doctrinam Constantini perceperunt, minores
vero illis Constantius instruxit. Neq; istius pro-
ximè mortui diuturnum Imperij tempus fuit,
                       vt

*vt circumuentis quibufdam ad infigendum ma-
lum fuffecerit.* Cogitet velim, & recogitet,
tam author illius libelli quàm lector huius,
an non potuerit facilè Ecclefia tantis copijs
adiuta impium illum Imperatorem fine populi intertrimento tollere : præfertim cùm
Imperatores tunc à folis militibus crearen-
tur, quibus inter prima religionis tempora,
fpemq; martyrij, nihil erat antiquius quàm
Antiftibus legem Numinis & voluntatem
edicentibus credere & parere. Quòd fi in
fanctiffimorum patrum illis fcholis didicif-
fent, fas effe Ecclefiæ impio Principi abrogare imperium, fubditifq; licere eiufmodi
dominum feu aperta vi, feu per infidias tollere, nihil eis facilius quàm Iuliano imperium abrogare, vel vitam eripere, & alium
pro arbitrio fufficere fine tumultu vllo fiue
periculo, publicáue iactura. quippe ad exercitum ius nominandi Imperatoris, ex longa
tunc confuetudine, fpectare putabatur: vt &
re ipfa, Iouinianus primùm, mox Valentinianus, ambo Chrifti Confeffores, poft excef-
fum Iuliani, ab eodem exercitu ad imperium funt fubuecti. Quid, quod etfi non totus
exercitus in Chrifti hoftem confpiraffet; attamen foli illi milites, de quibus ex Nazian-
zeno

zeno in libris noſtris de Regno ᵉ, memini- • *Lib.4.*
mus vna cum Iouiniano tunc Confeſſore, *cap.5.*
Iulianum nullo negotio ſuſtuliſſent? vtpote
quos, ſi audaciam & fortitudinem ſpectemus, vſus rei militaris : ſi oportunitatem, fa-
cilis militum tunc temporis ad Imperatores
acceſſus : ſi voluntatem, ardor animorum
martyrij deſiderio flagrantium, & quiduis
pro fidei defenſione molientium, ad Eccleſiam à ſceleratiſſimi hominis perfidia & tyrannide, claro aliquo facinore liberandam,
longè promptiores reddidiſſet, quàm vel vlla furioſum monachum veſana temeritas.
Quid, quod Chriſtiani eo tempore inclytos
Euangelij tubicines, Athanaſium, Baſilium,
vtrumq; Gregorium, Cyrillum, Epiphani-
um, Hilarium, Hoſium, alioſq; complures
doctrinâ & virtute inſignes Pontifices audi-
ebant, qui neq; quid iuris Eccleſia in Principes haberet propter doctrinam ignorare,
neq; cognitum & perſpectum tam neceſſario Reip̄ub. Chriſtianæ tempore ſilere aut
diſſimulare, propter ſummam vitæ ſanctita-
tem atq; in aduerſis conſtantiam potuerunt?
Quid, quod populum diuini illi Antiſtites
docebant, nullum niſi in patientiâ & lachrymis remedium aduerſus Apoſtatam ſupereſſe?

esse? ita enim Nazianzenus. f. *Hæc*, inquit, *Iulianus deliberabat* (loquitur de ijs quæ crudelis Apostata aduersus Ecclesiam meditabatur) *quemadmodum secretorum illius sodales & testes propalarunt: coërcitus est tamen Dei clementiâ, ac lachrymis Christianorum, quæ multa iam & à multis erant effusæ, quum solum hoc contra persecutorem haberent remedium.* Quæso aduerte animum sis, Lector, & perpende Nazianzenum hoc loco. Negat Christianos, hoc est, Ecclesiam, habuisse vllum remedium præter lachrymas aduersus persecutionem Iuliani, cùm tamen certum sit eos pro se totum Iuliani exercitum habuisse. Non igitur sensit hic Pontifex qui κατ᾽ ἐξοχὴν Theologus est appellatus, Ecclesiam ius vllum habere in Imperatorem impijssimum ad commouendum aduersus eum exercitum Christianum: alioqui falsum esset Christianos siue Ecclesiam non habuisse aliud remedium contra persecutorem præter lachrymas. habebant enim exercitum qui iussus ab Ecclesia, propter Dei causam facilè à Iuliano defecisset.

Iam verò quod de Constantio & Iuliano diximus, scilicet nullo negotio in ordinem ab Ecclesia cogi & sceptris vitáq; priuari sinè

vllo

vllo populi incommodo potuiſſe, id in Valente & Valentiniano iuniore multò eſt euidentius. Quandoquidem Valens præcipuos
exercitus ſui duces & præfectos habuit viros
ſummè Catholicos, per quos ipſe reſes & ſe-
cors bella conficiebat: nempe Terentium,
Traianum, Arintheum, Victorem & alios,
qui fidem Catholicam conſtanter profite-
bantur, ſuamq; Imperatori hæreſim & θεομα-
χίαν in os intrepidè exprobrabant. ſed in tam
religioſa libertate, manus abſtinuerunt, nec
vltra admonitionem proceſſit indignatio:
quòd ſcirent ſe vitia Principis indicare tantùm debere, non etiam vindicare. Itaq; in
omnibus quæ ſecularis erant imperij, morem gerebant Hæretico quem facilè de medio tollere potuiſſent, & Monarchiam totam, maximo afflictæ Eccleſiæ commodo,
ad Valentinianum Principem Catholicum,
vnde proceſſerat, reducere. An non poterát
hi belli Duces fœdus inter ſe aduerſus Principem ſuum Hæreticum icere, ſi id iure li-
cuiſſet? An non expediebat Eccleſiæ Imperatorem Hæreticum Catholicis non imperare? An denique Eccleſia doctis & vigilaci-
bus tunc Paſtoribus caruit, eóq; ius ſuum
temporale aut ignorauit aut neglexit? Nam
quod

quod solum superest, nulla ætas Christianos
Prælatis suis magis morigeros, quàm illa habuit : vt si non ius imperandi Principibus
temporalia, sed iuris tantùm executio Ecclesiam defecisset, nec tardè eam populus &
exercitus, Constantij, Iuliani, & Valentis tyrannide liberaturus fuisse videatur. Cuius
rei fidem facit testimonium illustre D. Augustini g inter Canones relatam. h *Iulianus*
extitit infidelis Imperator, inquit : *Nonne ex-*
titit Apostata, iniquus, idololatra ? Milites
Christiani seruierunt Imperatori infideli. Vbi
veniebant ad causam Christi, non agnoscebant
nisi illum qui in cœlo erat. Quando volebat vt
idola colerent, vt thurificarent, præponebant illi
Deum. Quando autem dicebat, producite a-
ciem, ite contra illam gentem, statim obtempe-
rabant. Distinguebant dominum æternum à
domino temporali: & tamen subditi erant prop-
ter dominum æternum etiam domino tempora-
li. Quis hîc non videt facillimum fuisse Ecclesiæ coërcere omni modo Iulianum, si tēporalem aliquam in eum potestatem habuisset? quippe ventum tunc fuisset ad causam
Christi, quo casu Imperatori Christū, id est
Dominum æternum domino temporali milites præponerent. Nam & Ecclesiæ causa,
Christi

g *In Psalm.*
124.
h *Cxi.* q 3.
can. 98.

Christi caufa eft. Aut ergo Pontifices Romani, fiue fummi Pontifices, atq; adeo tota Ecclefia, tunc pro certo crediderunt, nullam fe iurifdictionem & poteftatem temporalem vllo modo habere in Principes feculares, aut certè defuerunt officio fuo, nec tam folicitè gregem fuæ fidei mãdatum curauerunt, quàm poft multa fæcula recentiores noftri Pontifices, qui ad paftoralis fui muneris partem pertinere contendunt, Principes & Monarchas omnes, non folùm ob hærefim aut fchifma, fed ex alijs etiam caufis temporali pœna coërcere, & regnis atq; imperijs, fi id illis vifū eft, fpoliare. cùm ceteroquin neque ipfi vitæ fanctitate, & doctrinâ, cum primis illis Pontificibus conferendi fint, neque iam populus Chriftianus tam dicto audiens, atque primis illis temporibus extitit. Quapropter, fi verum amamus, fatendum eft, neminem vtrorumque temporum Pontifices in hac re vel accufare vel excufare poffe. Extra præuaricationem aut calumniam, alterutrorum laus alteris ad vituperium cedet. Sed pergamus.

E   Cap,

Cap. VIII.

IVnior Valentinianus omnium qui in hunc diem, non solùm Imperio, sed Regno aut Principatui cuiquam præfuerunt, facillimè ab Ecclesia coërceri potuit. Nam non solùm summi Episcopi, id est, Pontificis Romani iussu ab Imperio reijci, sed & solius Episcopi Mediolanensis, Ambrosij scilicet, nutu & arbitrio à proprijs militibus & stipatoribus deseri, & ad priuati hominis statum redigi potuit. *Ante lucem*, inquit Ambrosius, [a] *Vbi pedem limine extuli, circumfuso milite occupatur basilica : idq̃, à militibus Imperatori mandatum dicitur, vt si prodire vellet, haberet copiam, se tamen præsto futuros si viderent eum cum Catholicis conuenire : alioquin se ad eum cætum quem Ambrosius cogeret transituros. Prodire de Arianis nullus audebat, quia nec quisquam de ciuibus erat, pauci de familia regia, nõnulli etiam Gotthi, quibus vt olim plaustrum sedes erat, ita nunc plaustrum Ecclesia est.* & pòst in eadem epistola de seipso loquens, *Ego tyrannus appellor, & plus etiam quàm tyrannus*, inquit. *Nam cùm Imperatorem Comites obsecrarent vti prodiret ad Ecclesiam, idq̃, petitu militum facere se dicerent, respondit : Si vobis*

[a] *Ad sororem suam Marcellinã epist. 33. li. 5.*

vobis iuſſerit Ambroſius, vinctum me trade-
tis. Quid ad hæc aduerſarij? an non vnus
iſte locus ſat eſt qui omnibus linguam oc-
cludat? Omitto quod Maximus cum valida
manu ex Britanniæ & Galliæ partibus colle-
cta in Italiam contendebat, curaturus (vt ille dicebat) ne quid vltra religio Catholica
detrimenti caperet: & Eccleſiæ iam à Valentiniano deprauatæ in priſtinum ſtatum
reponerentur; quod & ipſi Valentiniano per
literas ſignificauerat. qui tamen non vnicus
illi ſcopus; ſed (quod a nonnullis noſtro ſeculo factitatum) hoc colore pietatis flagran-
tem regnandi cupiditatem tegebat. Nam
conſtitutum illi erat, occiſo iam apud Lug-
dunum Gratiano, in Valentiniani Imperium inuadere. Itaq; eius aduentu perterritus
Valentinianus, ex Italia in Illyrium ad Theodoſium Orientis Imperatorem profugit. Res
notatu digna; Hæreticus à Catholico fuga-
tus, ad Catholicum auxilij cauſa fugit: à quo
& reprehenſus eſt propter hæreſim, & propter reuerentiam Maieſtatis humaniter ex-
ceptus, atq; in regnum reſtitutus. Et quia
Eccleſia rebellionem religionis ergo aduerſus legitimum Principem non laudauit, Maximus neq; reformator Imperij dictus eſt, ne-

que restaurator Ecclesiæ, sed rebellis & ty-

b *Sozomen.*
lib.7.ca.13.
Nicephor.
li.12.ca.20.

rannus [b].

Hæc cùm ita sint, desinant nunc velim aduersarij commento suo nobis imponere: aut saltem dicant vnde id hauserint? An apud probatum scriptorem vspiam legerint, Christianos ita viribus & copijs suis tunc diffidisse, vt ne tentare quidem ausi fuerint, quod fortiter aggressi facile perfecissent? aut tentasse saltem, sed belli fortunam humanaque omnia expertos, impijs Principibus succubuisse? Adeóne illis animus & voluntas defendēdæ Ecclesiæ deerat? Adeóne illos religionis ardor & *zelus domus Dei* deficiebat? Adeóne Cōcionatoribus eruditis & buccinis Euangelij destituebātur, vt quid iuris in Principem peruersum & hæreticum Pontifici aut populo sit, minimè intelligerent? Replicent aduersarij omnium annalium memoriam, & versent quousque volent scripta ecclesiastica & profana, nusquam profectò inuenient Ecclesiam illis seculis (cùm fuerit multò quàm nunc potentior) aliquid in Principum quantumuis malorum perniciem esse molitam, aut eis imperium abrogare conatam, vt est à nobis in libris nostris de Regno, perspicuè fuséque demon-

ſtratum

ſtratum ᶜ. Atex ijs contrà quæ in ſanctorum   ᶜ *Lib. 3.*
Patrum ſcriptis de principum ſecularium   *cap. 5.*
  & lib. 4.
poteſtate legimus, conſtat omnes ea ætate *cap. 5.*
ſenſiſſe, nullam vel, Epiſcopo Romano
ſiue ſummo Pontifici, vel Eccleſiæ vni-
uerſæ temporalem poteſtatem, vllo modo,
vllaue ex cauſa in eos competere : ſed ſolius
Dei iudicio, quantum ad pænas temporales
relinquendos. Atque hæc, vt videtur, cauſa
fuit, cur illi Patres nō niſi perraro atque obiter de libertate & impunitate Principum
meminerint : quòd nimirum de ea tunc con-
trouerſia non fuerit; ſed vna omnium ſententia, quam inde ab Apoſtolis ex prædica-
tione maiorum, velut per manus accepe-
rant : Principem in temporalibus ſolum Deum iudicem habere, licet in ſpiritualibus
Eccleſiæ iudicio ſubijciatur.

Huius rei teſtem in primis Tertullianum
produco, qui de Imperatoribus loquens. ᵈ   ᵈ *In apolo-*
ſentiunt, inquit, *Deum eſſe ſolum, in cuius ſo-*   *get. aduerſ.*
lius poteſtate ſunt, à quo ſunt ſecundi, poſt   *gentes.*
quem primi, ante omnes deos & ſuper omnes   ᵉ *Ad Sca-*
homines. & ᶜ alibi, *Colimus Imperatorem ſic,*   *pulam Præ-*
quomodo & nobis licet, & ipſi expedit, vt ho-   *ſid. Carthag.*
minem à Deo ſecundum, & quicquid eſt à Deo
conſecutum, ſolo Deo minorem. Hoc & ipſe vo-
       E 3   *let:*

let : sic enim omnibus maior est, dum solo vero
Deo minor est. Hæc ille, non ex sua sed communi Christianorum omnium persona, velut certam & indubitatam totius Ecclesiæ
doctrinam, profitetur. Nec aliquis hoc argumentum sic eludat, quòd Imperatores tunc
fuerint extra Ecclesiã, ac proinde non subiecti Ecclesiæ. Nam lex Christi iure suo neminem priuat (quod ipsimet aduersarij fatentur) ac proinde, vt supra ostendimus, Reges & Imperatores accedendo ad Ecclesiam, nihil iuris sui temporalis amittunt f.

ᶠ Cap 3.

Secundo loco prodibit S. Ambrosius, qui
de Dauide adulterio homicidium cumulan-
te scribens. ᵍ *Rex vtique erat*, inquit, *nullis*
ipse legibus tenebatur, quia liberi sunt Reges
à vinculis delictorum . Neque enim vllis ad
pœnam vocantur legibus , tuti imperÿ pote-
state.

ᵍ In lib. qui
inscribitur
Apologia
Dauid.

Tertio B. Gregorius Archiepiscopus Turonensis, ʰ qui Francorum Regem Chilperi-
cum Sacerdotes Dei calumniosè vexãtem,
& iniuriose tractantem, his verbis alloquitur.
Si quis de nobis, ô Rex, iustitiæ tramites tran-
scendere voluerit, à te corripi potest : si verò
tu excesseris, quis te corripiet ? loquimur enim
tibi, sed, si volueris, audis : si autem nolueris,
                                              quis

ʰ Lib. 5.
hist cap. 7.
Aimoin.
lib. 3. cap. 26.

quis te damnabit, nisi is qui se pronunciauit esse iustitiam?

Quarto, D. Gregorius Magnus, Gregorij Turonensis ferè cœtaneus, qui cùm Pontifex Maximus effet, Imperatoris se famulum & subditum esse fassus est; ipsíque Imperatori potestatem cælitus datam in omnes homines, humaniter humiliterque agnouit, vti paulò ante retulimus [i].

[i] *Cap. 3.*

Quinto, præclarus Antistes, Otto Episcopus Frisingensis, [k] *Soli Reges*, inquit, *vtpote constituti supra leges, diuino examini reseruati, seculi legibus non cohibentur. Vnde est illud tam Regis quàm Prophetæ, TIBI SOLI PECCAVI. & Mox. Cùm enim iuxta Apostolum, omni mortali horrendum sit incidere in manus Dei viuentis; Regibus tamen, qui nullum præter ipsum supra se habent quem metuant, eo erit horribilius, quo ipsi cæteris possunt peccare liberius.*

[k] *In epistola ad Freder. Oenobarbū.*

Possum & alios non paucos ad huius rei fidem accire: sed quid pluribus opus est? *in ore duorum vel trium testium stet omne verbum* [l]. Si contrariæ opinionis assertores tot antiquorum Patrum testimonia, imò si vel vnum aliquod proferre possint, quo disertè scriptum sit Ecclesiam, vel eius caput Sum-

[l] *Matth. 18.*

E 4   mum

mum Pontificem, habere temporalem vllam poteſtatem in Reges & Principes ſeculares,& poſſe eos temporalibus pœnis quoquo modo,directè ſcilicet vel indirectè, coërcere, aut regno,regniue parte multare :
non equidem recuſabo quo minus lis tota ſecundum ipſos ſine prouocatione iudicetur.
Nihil enim eſt quod malim quàm certam
rationem inueniri poſſe,per quam aduerſa-
rie opinionis ſententia liquidò confirmetur :
ſed dum id fruſtra expecto, interea Veritas
me victum vinctumque,ſecum in aliam partem abducit.

Hoc igitur ab aduerſarijs nunc quæro :
Nunquid veriſimile ſit hos ſanctos & anti-
quos Patres, qui de ſumma Regum & Imperatorum poteſtate impunitateq;,ſcripſerūt,
adeo negligentes fuiſſe, vt per incuriam non
admonuerint ſui ſeculi Principes huius Pontificię poteſtatis temporalis,aut eam admonitionem tabulis conſignatam non relique-
rint : quò Principes non ſolùm occulta Dei
iudicia extimeſcant , ſed etiam Eccleſiaſticam & Pontificalem iuriſdictionem temporalem,per quam deijci loco poſſint, quoties
id Eccleſia, vel eius caput Papa, è religione
atq; è republica eſſe putauerit ? Certè id ſi-
　　　　　　　　　　　　　　luiſſe,

luiſſe, ſi verum erat, fallere fuit Reges &
Principes, quibus literis & prædicationibus
perſuaſerant, eos poſſe à ſolo Deo in temporalibus iudicari. An fingemus ignaros adeò
& inſcios fuiſſe authoritatis Eccleſiæ, vt tali
eam poteſtate præditam eſſe non intellexe-
rint? An deniq; adeo meticuloſos & puſilla-
nimos, vt quod ſcirent, id Principibus nunci-
are non ſint auſi? Si nihil horum priſcis illis
Patribus imputari poteſt, cur aliam, quæſo,
nunc nouam poteſtatem, nullâ certâ neque
authoritate neq; ratione fundatam, ſed poſtremis ſeculis ab hominibus quibuſdam
ſummo Pontifici miſere addictis excogita-
tam populoq; obtruſam amplectamur, &
nouum iugum Principibus imponamus?

CAP. IX.

PRiorem partem ſecundę rationis aduerſariorum falſiſſimam eſſe iam planè o-
ſtendi, *Eccleſiam* ſcilicet, *ideo toleraſſe Conſtantium, Iulianum, Valentem, & cæteros Principes Hæreticos, quia non potuit eos ſine populi
detrimento coërcere.* Poſteriorem partē nunc
æquè falſam eſſe demonſtrabo, nempe Henricum IV. Imperatorem, & alios Principes
in

in quos poſteriores Pontifices ius ſibi temporale arrogarunt, potuiſſe ab Eccleſia ſine populi detrimento coërceri. Quod priuſquam
aggrediar, obſecro atq; obteſtor non modò
lectorem beneuolum, ſed ipſoſmet aduerſa-
rios, vt quæſtione pertractata perpendant a-
nimo, & temperatè, ac ſyncerè æſtiment, an
non facilius Eccleſiæ fuerit in primos iſtos
Principes, ſupradictis modis & medijs animaduertere, quàm dictum Henricum quartum per Rudolfum Sueuum, vel Philippum
Pulchrum per Albertum Auſtriacum in ordinem cogere? quorum alter Papæ arrogantiam riſit & repreſſit: [a] alter verò æmu-
lum & aduerſarium ſibi à Pontifice datum,
poſt varias vario marte dimicationes, poſtremo tandem prælio confecit. [b] & Papam, à
quo fuit excommunicatus, Româ eiectum
perpetuo exilio multauit.

    Quanto cum populi detrimento Papa
temporalem illam in Henricum IV. poteſtatem exercere conatus ſit, teſtatur Otto
Friſingenſis (quem Bellarminus & genere, &
eruditione, & vitæ probitate nobiliſſimum
meritò vocat [c]) qui de excommunicatione
& depoſitione dicti Henrici facta à Gregorio VII. ſic ſcribit. [d] *Lego & relego Romano-*
                             rum

[a] *Philippus Pulcher. authores Platin. Gaguin. & alij.*

[b] *Marian. Scotus in Chronico an.* 1080.

[c] *Lib.* 1. *cap.* 4. *de tranſlat. Imp. & li.* 4. *de Roman. Pont. ca.* 13.

[d] *Lib.* 6. *Chro. ca.* 35.

rum Regum & Imperatorum gesta, & nusquã inuenio quenquam eorum ante hunc à Romano Pontifice excommunicatum, vel regno priua-tum: nisi fortè quis pro anathemate habendum ducat, quod Philippus ad breue tempus à Ro-mano Episcopo inter pœnitentes collocatus, & Theodosius à beato Ambrosio propter cruentam cœdem, à liminibus Ecclesiæ sequestratus sit. vbi animaduertendum est, Ottonem planè pro-fiteri se nullum de priuatione regni exem-plum præcedentibus seculis inuenire; licet de excommunicatione duo ista, si non vera at saltem verorum speciem habentia propo-nat. Deinde verò paucis interiectis ᵉ sic scri- ᵉ *Cap.36.* bit: *Quanta autem mala, quot bella, bellorum�q̃* ˢⁱᵘᵉ ᵛˡᵗ. *discrimina inde subsequuta sunt: quoties mise-ra Roma obsessa, capta, vastata, quod Papa super Papam, sicut Rex super Regem positus fuerit, tœdet memorare. Deniᶬ tot mala, tot schisma-ta, tot tam animarum quàm corporum pericula, huius tempestatis turbo inuoluit, vt solus ex persecutionis immanitate, ac temporis diutur-nitate, ad humanæ miseriæ infœlicitatem suffi-ceret comprobandam. Vnde à quodam Eccle-siastico scriptore densissimis Ægypti tenebris comparatur. Prædictus enim Pontifex Grego-rius à Rege vrbe pellitur, Gibertusᶬ Rauenna-tensis*

tensis Episcopus in locũ eius subtruditur. Por-
rò Gregorius Salerni manens, appropinquante
vocationis suæ tempore, dixisse fertur. Dilexi
iustitiam & odi iniquitatem, propterea morior
in exilio. Quia ergo in Principe suo regnum ab
Ecclesia præcisum grauiter percussum fuit, Ec-
clesia quoq̃ tãto Pastore, qui inter omnes sacer-
dotes & Romanos Pontifices præcipui zeli ac
authoritatis erat, orbata dolorem non modicum
habuit.

Hoccine eft Principem fine populi detrimento coërcere ? Qui fcribunt Romanum Pontificem (quem Ecclefiæ nomine
intelligunt) non toleraffe hunc Imperatorem, quia poterat eum fine populi detrimento coërcere, aut hunc authorem non
legerint, aut nominis & exiftimationis fuæ
curam nullam gerant, neceffe eft; qui tam
manifefto mendacio fe implicent. Si hoc
prius ignorabant, difcant nunc faltem ex hoc
fcriptore grauiffimo, falfum id effe quod pro
vero infcienter proponunt : & cogitent velim, candideque iudicent, an non fatius fuiffet Gregorium Papam vitia & mores def-
peratos Henrici, inftar Conftantij, Iuliani,
Valentis, & aliorum Imperatorum Ecclefiam vexantium perferre, ac Dei bonitatem
lachrimis

lachrymis & precibus pro eius salute vel interitu exorare, quàm tot schismata & cædes, tot populorum & vrbium direptiones, tot in sedem Apostolicam contumelias, in Pontifices bella, aliasque furibundas tragœdias cum totius populi pernicie, vno facto insolente & inaudito, minimeque necessario excitare, excitatasque annos plures magno Ecclesiæ malo alere & fouere? Fieri potest vt bono id animo fecerit Gregorius (Deus de intentione iudicet) At fieri non potest, vt rectè, prudenter, & ex officio fecerit, & quin largiter errauerit, more & consilio humano, cùm id sibi tribueret quod suum sanè non erat ; deponendi scilicet & abdicandi Imperatoris munus, inq; eius locum alterius substituendi potestatem ; ac si ad eum regni illius humani dominium pertinuisset. quod satis versiculus ille indicat ab Ottone relatus, & à nobis supra transcriptus. *Petra dedit Petro, Petrus diadema Rudolfo.* Constat autem non semper rectè, & ex Dei voluntate fieri, quod pietatis feruore & bono zelo, etiam à viris ceteroquin optimis, agitur. Moyses, dum Hebræi defendendi zelo occidit Ægyptium, peccauit. Oza zelo fulciendi arcam Domini nutantem, eam tetigit

git & interijt. Petrus zelo tuendi Dominum
& Magiſtrum, Malcho auriculam abſcidit,
& reprehenſus eſt. Hinc D. Ambroſius ad
Theodoſium. f *Noui te pium, clementem, mi-*
tem atque tranquillum, fidem ac timorem Do-
mini cordi habentem : ſed plerumque aliqua
nos fallunt. Habent aliqui zelum Dei, ſed non
ſecundum ſcientiam g. zelus inconſideratus
non raro ad ſcelus impellit.

Culpa igitur Gregorij Papæ mihi per-
magna in hoc negotio videtur, quod non a-
nimaduerterit ad ſupremi Paſtoris officium
pertinere, vnius facinus impunitum potius
relinquere, quàm eius vindicandi deſiderio
innocentem atque innoxiam multitudinem
periculo inuoluere. Ac proinde ne excommunicare quidē Imperatorem illum debuit, in cuius ſceleris ſocietatem tantus hominum numerus coierat, vt ſeparari ſine
ſchiſmate, & vnitatis Eccleſiæ diſſolutione
nequiret. Id multis antè ſeculis, magnum
Eccleſiæ lumen Auguſtinus ſanctè & ſapienter admonuit, h atque ex Apoſtoli Pauli
ſcriptis luculenter comprobauit: cuius ſententiam Eccleſia adeo gratam & ratam habet, vt eam in Canones retulerit i : digna
ergo quam huc tranſcribam, & quæ non a-
tramento

Marginalia:
f *Lib.5.*
epiſt.29.

g *Rom.10.*

h *Lib.3.*
cap.2.contra
epiſt.Par-
meniani.
i *Can.non*
poteſt.23.
q.4.

tramento sed auro, nec in charta peritura
sed silice vel adamante, aut siquid illis duri-
us & diuturnius est, exaretur. *Non potest,*
inquit, *esse salubris à multis correptio, nisi*
cùm ille corripitur qui non habet sociam multi-
tudinem. Cùm verò idem morbus plurimos
occupauerit; nihil aliud bonis restat quàm dolor & gemitus, vt per illud signum quod Eze-
chieli sancto reuelatur ᵏ, illæsi euadere ab illo- ᵏ*Ezechiel 9.*
rum vastatione mereantur. Ne cùm voluerint
colligere zizania, eradicent simul & triticum:
nec per diligentiam segetem Domini purgent,
sed per temeritatem ipsi potius inter purga-
menta numerentur. Ideoque idem Apostolus
cùm iam multos comperisset, & immundos luxuria, & fornicationibus inquinatos, ad eosdem
Corinthios in secunda epistola scribens, non i-
tidem præcepit vt cum talibus nec cibum sume-
rent. Multi enim erant, nec dici de his poterat,
ˡ *Si quis frater nominatur fornicator, aut ido-* ˡ*1.Corin.5.*
lis seruiens, aut auarus, aut aliquid tale, cum e-
iusmodi nec cibum quidem simul sumere: sed
ait, ᵐ *Ne iterum cùm venero ad vos, humiliet* ᵐ*2.Cor.12.*
me Deus, & lugeam multos ex ijs qui antè pec-
cauerunt, & non egerunt pænitentiam super
immunditia & luxuria & fornicatione quam
gesserunt: Per luctum suum potius eos diuino
flagello

flagello coërcendos minans, quàm per illam cor-
reptionem vt cæteri ab eorum coniunctione se
abstineant. et paulò post, *reuera si contagio*
peccandi multitudinem inuaserit, diuinæ disci-
plinæ seuera misericordia necessaria est. ⁿ *nam*

ᵃ *Id est,*
totum diui-
no iudicio
& vltioni
relinquendü
est.

consilia separationis (hoc est excommunicationis) *& inania sunt, & perniciosa atque sacri-*
lega : quia & impia & superba fiunt, & plus
perturbant infirmos bonos, quàm corrigunt a-
nimosos malos.

Hæc cùm ita sint, nemo vt arbitror, ex
collatione doctrinæ S. Augustini, quæ &
Ecclesiæ est, cum gestis à Gregorio in Henricum, non perspicuè cernet, Papam magnopere errasse, qui Imperatorem, cuius
partes ingens Clericorum & laicorum multitudo sequebatur, cum manifesto maximi
schismatis periculo excommunicauerit :
multoq; amplius, cùm eum Imperij iure (in
quod ipsemet Pontifex ius nullum habebat)
odiosa sententia nixus est spoliare : vt mirum non sit si (quod Sigebertus scribit) eundem Gregorium paulò ante mortem pæni-
tuerit omnium quæ aduersus Imperatorem
gesserat.

Libet Sigeberti locum referre, quòd non
suam ipsius opinionem aduersarijs suspect-
am,

am,eò quòd Henrici partes sequutus sit,sed
historicam narrationem alterius authoris
contineat. *Hildebrandus Papa,* inquit, °*qui* ° *In Chro-*
nograph.
*an.*1085.
& Gregorius septimus, apud Salernum exu-
lans moritur. De hoc ita scriptum reperi . Vo-
lumus vos scire qui Ecclesiastica curæ soliciti
estis, quod Domnus Apostolicus Hildebran-
dus qui & Gregorius,nunc in extremis positus
ad se vocauit vnum de duodecim Cardinali-
bus, quem multum diligebat præ cæteris, &
confessus est Deo,& sancto Petro, & toti Ec-
clesiæ,se valde peccasse in Pastorali cura,quæ ei
ad regendum commissa erat, & suadente dia-
bolo contra humanum genus iram & odium
concitasse.———Tunc demum misit prædi-
ctum confessorem ad Imperatorem & ad totam
Ecclesiam,vt optaret illi indulgentiam,quia fi-
nem vitæ suæ aspiciebat, & tam citò induebat
se Angelica veste,& dimisit ac dissoluit vin-
cula omnium bannorum suorum Imperatori,
& omni populo Christiano, viuis & defunctis,
Clericis & Laicis, & iussit suos abire de domo
Deoderici,& amicos Imperatoris ascendere.

Cap. X.

REdeo nunc ad Episcopũ Frisingensem,
genere,pietate,& eruditione, vti dixim-

F   mus,

mus, nobiliſſimum, atque harum rerum teſtem penè oculatum . Is cùm in loco à nobis producto, tum in alijs, non obſcurè indicat non probari a ſe decretum illud Papæ
de abdicando Imperatore, ſed nouum, inſo-
lens, atque iniuſtum videri . Nam primùm
quod ad facti illius nouitatem & inſolenti-
am, ſic ſcribit, *lego & relego Romanorum Regum & Imperatorum geſta, & nuſquam inuenio quemquam eorum ante hunc à Romano
Pontifice excommunicatum, vel regno priuatum.* Et rurſus libro primo de geſtis Friderici [a]; *Gregorius ſeptimus,* inquit, *qui tunc vrbis Romæ pontificatum tenebat, eundem Imperatorem tanquam à ſuis deſtitutum, anathematis gladio feriendum decernit. Cuius rei noui-
tate eò vehementiùs indignatione motum ſuſcepit Imperium, quò nunquam ante hæc tempora huiuſmodi ſententiam in Principem Romanorum promulgatam cognouerat.* Iniuſtiti-
am verò & iniquitatem facti varijs modis
declarat. Primùm quod inter mala & dam-
na quæ ex illo Papæ decreto nata ſunt, po-
nat mutationem & deiectionem Papæ &
Regis, *quod Papa ſuper Papam ſicut Rex ſuper Regem poſitus fuerit.* quibus verbis oſtendit vtrumque pari iure, ſeu potius pari iniu-

ria

ria factum esse, vt sicut iniustè Papa super
Papam ab Imperatore, ita etiam iniustè
Rex super Regem à Papa *positus sit*. Deinde
quod ait, *quia ergo in Principe suo regnum,*
&c. id quid aliud sonat, quàm propter violatum in Principe Imperium, violatam fuisse in Pontifice Ecclesiam, siue propter percussum regnum in persona Principis, per-
cussam fuisse Ecclesiam in persona Pontificis . inter quæ cùm nullum iuris aut iniuriæ
discrimen faciat, nec possit vtrumque iustè
fieri, consequens est vt vtrumque iniustè factum esse existimet.

Præterea tam defectionem Rudolfi, quem
Papa Imperatorem creauerat, quàm insur-
rectionem filij ipsius Henrici excommuni-
cati, apertè & simpliciter rebellionem vocat: quod vtique nunquam dixisset, si Henricum iure priuatum imperio credidisset.
Nam rebellium esse non potest, nisi aduersus superiorem, ac proinde nec in Henricum esse potuit, qui, si iustè abdicatus & *de-*
positus est, amplius superior non erat. De
Rudolfo itaque sic scribit [b] : *Nec multo post*   [b] *Lib. 1 de*
tempore duo præfati duces Guelfo & Rudol-   *gest. Fride-*
fus, qua occasione dubium, Principi rebellātes,   *rici sap. 6.*
Saxonibus iunguntur. Et mox, *At Romanus*

Pontifex Gregorius,qui iam, vt dictum est,
*Principes aduersus Imperatorem concitabat,
omnibus vt alium crearent, latenter & manifestè scribebat* . Scire autem hîc obiter o-
portet,quod ait *qua occasione dubium* , de
priuata occasione intelligendum,cuiusmo-
di multæ solent inter Magnates & Regem
oboriri : vt nostra ætate inter Borbonium
& Franciscum Regem,Guysium & Henricum, Auriacum & Philippum : nam vterq;
& Guelfo & Rudolfus publicam occasio-
nem prætendebant,nempe efferatos Henrici mores,& quod à Papa excommunicatus
esset ac regno depositus; vt scribit Albert.
Schafnaburgensis[c],atque ita priuatum odium,vt rebellantibus mos est, prætextu publico velauerunt. De filio autem Noster E-
piscopus Frisingensis sic loquitur;[d] *Anno de-
hinc iterum sequente,natale Domini Mogun-
tiæ Imperatore celebrante, Henricus filius e-
ius rebellionem contra patrem in Noricis partibus,consilio Theobaldi Marchionis,& Beren-
garij comitis,sub specie religionis,eò quòd pater eius à Romanis Pontificibus excommunicatus esset,molitur : ascitisq,sibi quibusdam ex
Orientali Francia,Alemania, Baioaria, Principibus, Saxoniam terram & gentem contra*
                                    Regem

[c] *De reb.
German.*

[d] *Lib.7.
Chron.cap.8.*

Regem facile animandam ingreditur . Lector
hîc duo obferuet. Alterum quod hic author
fcientia & pietate confpicuus, hanc infur-
rectionem Henrici filij in Henricum patrem, rebellionem vocet . Alterum, quod
Henricum patrem , & híc & alibi femper,
Regem & Imperatorem nominet, quamuis
excommunicatus & regno priuatus per
fententiam Pontificis, ante annos plus minus viginti quinque fuiffet; & primùm Rudolfus, deinde Hermannus à Papa & rebel-
libus in eius locum fuffectus, ex quo fatis
indicat exiftimare fe fummum Pontificem
ius abdicandi Reges nullum habere, aut aliquid ftatuendi de ipforum imperio temporali : ac proinde decretum illud Gregorij
nec iuftum nec legitimum fuiffe : alioqui
neque Rex appellari Henricus, neque eius
aduerfarij rebelles, fine Romani Pontificis
iniuria potuerunt.

Eft & alius eiufdem authoris locus, [e] in
quo idipfum manifeftius declarat, Papam
fcilicet per illam excommunicationem &
abdicationem nihil iuris regni Henrico ad-
emiffe. Nam poftquam narrauit Bertolfum
Rudolfi generùm (quem vt dictum eft Papa
Regem creauerat) perempto focero, duca-

[e] *Lib.1.de
geft.Fride-
rici.cap.8.*

tum Sueuiæ tanquam fibi à focero conceffum vfurpaffe, & ex altera parte Henricum
(Papæ iudicio depofitum) conceffiffe eundem ducatum nobili cuidam Sueuiæ, cui
Friderico nomen, qui Bertolfum ad pacis
conditiones , & ad *exfeftucationem ducatus*
adegit, addit. *Bertolfus iste, quamuis in hoc*
negotio Imperio fimul & iuſtitiæ cefferit, tamen
ſtrenuiſſimus ac fortiſſimus fuiſſe traditur. En
vt nihil circuitione vfus, affirmat Imperium
& iuftitiam ab Henrico ſtare, in quem Pōtifex fententiam depofitionis multò antè tulerat;nō autem à Rudolfo,quamuis Pontificia
authoritate ad Regnū vocato, cū epigraphe
iam bis fuperius relata; *Petra dedit Petro &c.*

Denique cùm ferio dicat & doceat, *Re-*
ges nullum præter Deum fupra fe habere quem
metuant. Nonne hoc ipfo fatis admonet, nihil iuris temporalis Pontifici Romano effe,
vt de ipforum regnis & imperijs vllo modo
difponat? Et verò licet aliud non effet,quo
facinus illud Gregorij Pontificis improbe-
tur, fanè tot lugubres & calamitofi euentus,
tot funefti ac miferabiles cafus , qui ex illa
Papæ in Imperatorem tunc primùm occupata & vfurpata iurifdictione orti , vniuer-
fum Imperium totos viginti quinque annos
affiixerunt,

afflixerunt, & Ecclefiam continuo fchifma-
te lacerarunt, nobis argumento effe poffunt,
decretum illud non afflatu diuino, fed humano impetu factum effe : nec ab ordinaria
fanctæ fedis Apoftolicæ iurifdictione, fed vel
ab extraordinaria fedem tenentis ambitione, vel iuris fui ignoratione & zelo inconfi-
derato proceffiffe . Neque enim verifimile
eft Deum , qui Iuftitiæ author & Ecclefiæ
protector eft, quique primas fpiritualis poteftatis Ecclefiæ executiones, præfentibus
miraculis & horrendo effectu formidabiles
reddidit, non eodem modo primam illam
tantæ tamque fublimis authoritatis & iuris
Ecclefiæ fuæ executionem, fingulari aliquo
miraculo vel extraordinario auxilio fecun-
dare voluiffe: cùm præfertim tot precibus à
Pontifice in auxilium effet vocatus, ipfíque
Apoftoli folennj obfecratione rogati , his
verbis. *Agite igitur Apoftolorum fanctißimi*
Principes, & quod dixi veftra authoritate in-
terpofita confirmate, vt omnes nunc demum
intelligant , fi poteftis in cælo ligare & folue-
re, in terra quoque Imperia, Regna, Principa-
tus, & quicquid habere mortales poffunt, au-
ferre & dare vos poffe. Edifcant nunc Reges
huius exemplo, & omnes feculi Principes, quid

F 4 *in*

in cælo possitis , quantique apud Deum sitis,
ac deinceps timeant sanctæ Ecclesiæ mandata
contemnere. Hoc autem iudicium citò in Hen-
ricum exercete, vt intelligant omnes, iniqui-
tatis filium non fortuitò, sed vestra opera è reg-
no cadere. Hoc tamen à vobis optauerim, vt
pænitentia ductus, in die iudicij vestro rogatu
gratiam à Domino consequatur. Actum Romæ
Nonis Martij indictione tertia [f]. His & simi-
libus precationibus ad Deum & Principes
Apostolorum fusis , inquè Henricum exe-
crationibus & imprecationibus solenni more coniectis, quis Deum, qui Ecclesiam per
beatos suos Apostolos continua protectio-
ne custodit non facilè passurum se exorari,
& primam hanc Pontificis supplicationem
in tantæ authoritatis Ecclesiæ manifestan-
dæ exordio non statim fuisse auditurum arbitretur, si talis ad Ecclesiam authoritas pertinuisset? Cùm tamen planè contrà, nihil
non infaustum Pontifici, Pontificiæque par-
tis authoribus & fautoribus acciderit, tri-
umphante interim & Imperium tenente
Henrico. Nam quod à filio tandem post
annos viginti quinque passus est, *sub specie*
religionis, vt ait Frisingensis, id parum aut
nihil ad hanc rem pertinet: prætextus hic
tantùm

f Platin in
vita huius
Pontif.

tantùm filio peſſimo fuit, qui ante diem pa-
trios in annos inquirebat. Vera autem cauſa,
ambitio, & ardens dominandi libido, *quæ*
multos mortales falſos fieri ſubegit. [g] & patres
in filios, & hos in illos, ſæuis & furialibus o-
dijs ſæpe armauit, vt vberius alibi oſtendimus: [h] Belliſſimè quidam, [i] *patris longior vi-*
ta malo filio ſeruitus videtur.

[g] *Saluſt.*

[h] *Lib. 6. de regno. cap. 4.*
[i] *Gaguin.*
in vita Lu-
do. Pÿ.

Cap. XI.

EX his, vt opinor, ſatis patet, Eccleſiam
non toleraſſe olim Conſtantium, Iulianum, Valentem, & alios malos Principes,
quòd ſuis tunc copijs & viribus diffideret,
nec quòd eos ſine magno populi incommodo in ordinem cogere nequiret. Nam re vera facilius, & minore populi detrimento, veteres illos coërcere potuit, quàm non ſolum
Henricum IV. cuius cauſa tam diuturnum
ſchiſma ortum eſt, ſed vel Othonem IV. vel
Fridericum II. vel Philippum Pulchrum, vel
Ludouicum XII. vel Ioannem Nauarrum,
& alios, in quos Pontifices ſucceſſu rerum
tumidi, ſententias excōmunicationis & pri-
uationis regnorum protulerunt; non ob hæreſim, neq; ob malè obitum imperium, neq;

ad

ad ſupplicationem ſubditorum, ſed proprio
motu, priuato inquā odio incenſi infenſiꝗ.
Nō deniꝗ; quòd ſtatus Eccleſiꝗ illâ ætate E-
piſcopos magis quàm hoc ſeculo ad martyrium paratos eſſe voluerit. Tunc enim Eccleſia tutiſſimo loco erat, atꝗ; in portu vt dicitur, nauigabat: vtpote fundata iampridē
Apoſtolicis inſtitutis, & ſatis ſuperꝗ; labore
ac ſanguine Martyrum ſtabilita. Quinimo is
tunc Eccleſiæ ſtatus erat, vt multò minus
quàm hoc tempore Epiſcopis ad martyrium
paratis opus eſſet: quòd tota tunc multitudo, velut recente Martyrum ſanguine aſper-
ſa, nihil niſi martyrium redoleret: adeo vt
non minus exemplo gregis Paſtor, quàm ſin-
guli de grege exemplo Paſtoris, officij ſui
commoneretur.

At nunc ſecus, proh dolor! ſe res habet:
Eccleſia grauiſſimis tempeſtatibus agitata
eſt, ac tantum non obruta Hæreticorum impetu, multis eorum ipſorum qui Catholici
dici cupiunt ita affectis, vt nec magnas ex-
antlare moleſtias, nedum exequi mortem,
pro vera religione velint: quapropter vt in-
caleſcat ille tepor, & homines ad expeditiſſi-
mam viam & quaſi compendiariam ſalutis
excitentur, quis non videt opus eſſe Epiſcopis

pis qui verbo & exemplo viam monſtrent :
& ad martyrium potius,quàm ad arma & in-
ſurrectiones, in quæ naturâ procliues ſumus,
& ſemetipſos componant & alios adhorten-
tur? Quis non paternam Clementis VIII.
pietatem cum ſumma prudentia coniunctâ,
quà Reges & Principes Chriſtianos ad con-
cordiam reducere, & in concordia retinere
annititur, infinitis partibus Eccleſiæ vtilio-
rem iudicet, quàm Iulij II. loricati furores
Martios, quibus Italiam, Galliam, Germa-
niam, Hiſpaniam, cæteraſq; gentes Chriſti-
anas, hoſtilibus animis inter ſe committere,
impiè & inhumaniter connitebatur ?

Hæc cùm ita ſint, ſane vel priſcos Eccleſiæ
patres grauiter deliquiſſe fateamur, quod
fontes illos, & execrados fidei deſertores, nô
ſolû pertulerint, &, cùm facilè poſſent, non
peremerint ; ſed obſeruarint comiter, & re-
galibus titulis atq; honoribus dignati ſint:vel
eos eiuſmodi Principibus peperciſſe propter
reuerentiam Maieſtatis, & ſolo Deo inferiorem in temporalibus poteſtatem, arbitre-
mur neceſſe eſt : vel certè præter cauſas ab
aduerſarijs redditas, aliam adhuc ſubeſſe
meliorê credamus, quâ nemo ipſorû hactenus prodidit, nec vt ſuſpicor, vnquâ prodet.

Nam

Nam quod quidam seditiosus in opere illo infami quod aduersus Reges scripsit, ᵃ vt
vim superioris obiectionis de antiquorum
Patrum tolerantia eludat, *quasi verò*, inquit,
*eadem instituenda Ecclesiæ ratio, atq̃ institutæ
esse credenda sit, ac non prius plantari & irri-
gari vineam, quàm incidi oporteat: sed tum
demum id* potestatis *datum est Ecclesiæ, cùm
id Propheta impletum est: Erunt Reges nutrity
tui, & vultu in terra dimisso adorabunt te, &
puluerem pedum tuorum lingent.* ᵇ id certè
est eiusmodi quod vix responsione dignum
putem cùm nec authorem ipsum sat quid dicat scire arbitrer. Quid enim? An non putida Ecclesiæ membra ab eius infantia & pri-
mordijs abscindi solebant? An nescit inci-
sionem illam spiritualem, quæ propria Ecclesiæ est, vnà cum ipsa Ecclesia cæpisse?
Quid Ananias, quid Corinthius, an non ab
Ecclesia amputati? Hoc si ignorat, malus
Theologus, & peior vinitor credendus est:
siquidem in plantatione resecat hic etiam
quicquid in vite superfluum est & inutile, nec
prominere terra putridas aut vitiatas gem-
mas sinit: mox eam, vbi paululum excreue-
rit, pampinat, ne infructuosis colibus onere-
tur. Quod si de incisione corporali intelligat,
                                                    scire

*ᵃ Lib.3.
cap.18. de
inst. Henr.4.
abdicatione.*

ᵇ Esaie 49.

ſcire debet Eccleſiam non noſſe ſanguinem,
non ſolere inquam extremo ſupplicio quenquam afficere, niſi fortè per miraculum, vt
in perſona Ananiæ & Saphiræ ᶜ, contingat. ᵉ *Act.5.*
Sed quid? an Eccleſiam temporibus Am-
broſij, Hieronymi, Auguſtini nondum per-
fectè inſtitutam fuiſſe retur? aut non ſatis
plantatam & irrigatam, vt iam tunc commodè incidi potuerit? Certè B. Auguſtinus
alicubi aſſerit, ᵈ paucos ſuo ſeculo vſpiam ᵈ *Tract.27.*
inueniri qui de Chriſto malè ſentirent. Cur ᶦⁿ *Ioan.*
ergo Valentem, Valétinianum, Heraclium,
& alios ſimiles tolerauit Eccleſia? Nam à
Conſtantino Magno impletum erat id prophetiæ quod allegat. At nondum tempus in-
cidendi vineam Domini. Egregia ratio ſcilicet, atqʒ inter alias eius viri ineptias, quas a-
libi ſeorſus indicauimus, ᶜ collocáda. Nunc ᵉ *Lib.5. &*
ad indirectæ poteſtatis propugnatores tran- *6.de Regno.*
ſeamus.

Cap. XII.

HOrum opinionem capite primo & capite quinto ſuprà propoſui: ea eſt, *Pa-*
pam ratione ſua ſpiritualis Monarchiæ habere
poteſtatem temporalem indirectè, eamʠ ſum-
mam diſponendi de temporalibus rebus omni-
um

um Christianorum, & posse mutare regna, &
vni auferre atque alteri conferre, si id necessa-
rium sit ad animarum salutem. Cui sententiæ

Aduersario-
rum senten-
tia toti an-
tiquitati ec-
clesiasticæ
contradicit.

tam multa repugnant, vt eam omnino im-
probabilem, ne dicam incredibilem, existi-
mem. Nam in primis quid ei magis contrarium, quàm quòd tota antiquitas Christiana semper censuit, Reges solo Deo minores
esse, solum Deum iudicem habere, nullis
legibus humanis subijci, nullisq; pœnis tem-

Vide cap. 8.

poralibus plecti vel coërceri posse, [a] ac proinde quod iuris authores dixerūt, *Princeps le-*

[b] *L. Prin-*
ceps. D. de
legib.

gibus solutus est [b], id Græci de legibus pœna-
libus præcipuè intelligūt; ἤγεν ἁμαρτίͅας ὀυ κο-
λαʒεται. id est, videlicet si quid delinquat non
punitur. Nihil horum cum aduersariorum
opinione potest consistere. Nam si verum
est, Papam de Regnis rebusq; Principum secularium posse disponere, & ab ijs sceptra
omnemq; dignitatem auferre, consequitur
necessariò Papam Regibus superiorem atq;
etiam iudicem in temporalibus esse, ac præterea Reges omnes temporalibus pænis subijci posse : quod superiori veterum sententiæ ex diametro vt aiunt opponitur. conse-
cutionis necessitas inde patet, quòd qui alium legitimè iudicat, is superior sit eo quem
iudicat

iudicat necesse est. (Nam par in parem non habet imperium, e multo minus inferior in superiorem) & quòd regni priuatio, sicut bonorum publicatio, inter pænas temporales easq́; grauissimas numeranda sit.

Quid quod ipsi Pontifices fatentur Reges non habere superiorem in temporalibus d. Habent & non habent, simul vera esse nequeunt. falsum ergo est Reges non habere superiorem in temporalibus, si alius ijs possit iure temporalia auferre alteriq́; conferre. si enim hic non sit actus superioritatis, vt ita loquar, non video equidem quid sit esse superiorem : aut si Regem causâ cognitâ condemnare, & regali dignitate multare, non sit Regis iudicem esse; nullam neq; iudicij neq; iudicis notionem à maioribus traditam & relictam esse fatendum est. Nam quod in verbis, *directè & indirectè*, discrimen statuunt, id non ad facultatem iudicandi & effectum iudicij, sed solùm, ad modum & rationem acquirendi tantam potestatem pertinet. Canonistæ enim dicunt Papam directè dominium temporale totius orbis à Christo accepisse. Hi verò negant eum accepisse tale dominium directè, quasi dicas per se, simpliciter, & sine alterius rei consideratione; **sed**

ſed tantùm indirectè,hoc eſt per conſequen-
tiam, ratione illius poteſtatis ſpiritualis quá
directè à Domino accepit. hæc igitur ex
verbis iſtis differentia, ad initium & modum
acquirendi temporalem poteſtatem, non
autem ad eius vim & effectum referri debet.
Vtrumuis enim dicas, nihil ad Pontificalis
iudicij in Reges firmitatem & efficaciam
omnino intereſt : niſi fortè quis dicat Papam, ſi vir malus fuerit, liberius indirectè
quàm directè in Regum corpora & fortunas
poſſe graſſari.

Quod ſi aduerſariorum ſententiæ locus
ſit, Reges & Principes Chriſtiani non erunt
ſolum vaſalli & clientes Papæ in temporalibus, ſed quod vilius eſt, quaſi precariò Regna
& Principatus ab eo poſſidebunt. Id facilè
ex ipſis aduerſariorum principijs ſic oſtendo.
Summus Pontifex poteſt alicui regnum auferre, & alteri conferre, ſi id neceſſarium ſit
ad animarum ſalutem: Atqui iudicare & decernere an ſit neceſſarium, pertinet ad eundem Pontificem, de cuius iudicio, æquum-
ne ſit an iniquum, nemo poteſt iudicare : [c]
ergo vbi libitum ei erit poterit quemlibet
regno priuare, & illud alteri conferre. Pro-
poſitio in hac ratiocinatione, eſt ipſamet
ſen-

* Can.patet.
can.aliorum
ix. q 3.

ſententia aduerſariorum. Aſſumptio verò
inter omnes Catholicos extra côtrouerſiam
eſt: nemo enim niſi Hæreticus negabit curam animarũ ad Petri ſucceſſorem & Chriſti
vicarium pertinere. Concluſio denique ex
præmiſſis neceſſariò ſequitur; quia ſi volet
Pontifex Regnum aliquod ab vno in alium
transferre, poterit dicere ſe iudicare ad animarum ſalutẽ id eſſe neceſſarium: & de eius
quidem iudicio, vt dictum eſt, iudicate nemo debet. Atq; ita ſemper in eius voluntate ſitum erit, vtrum velit ſceptra Regibus
adimere. quod' quid eſt aliud, quam Reges
omnes velut iure precarij regna ad nutum
Pontificis auferenda detinere [f] ? Ecce quàm
lubrico in loco Reges & Principes Chriſtiani conſiſterent, ſi verum eſſet, Papam habere poteſtatem indirectè diſponendi de
omnibus rebus' temporalibus Chriſtianorum, qui eam poteſtatem ſuo ſemper arbitrio iudicioq; metietur, vt nihil irato illi
facilius futurum ſit, quàm indirectæ poteſtatis exercendæ cauſam prætexere, quoties eum aut priuatas iniurias vlciſcendi libido, aut ambitioſe dominandi cupiditas in-
ceſſerit, aut etiam vbi ſe læſum ſpretúmue,
quamuis ſine publica offenſione, eſſe credet:

[f] *L.1.D.de precar.*

G   Cuius

Cuius rei illustria documenta præbuerunt
Bonifacius VIII. & Iulius II. vt alios tace-
am, cùm magno multorum scandalo, conceptum in Reges potentissimos odium, ob-
liqua hac indirectæ potestatis via effundere
conarêtur. Quod igitur de beneficijs Clericorum tradunt Pontificij iuris interpretes,
omnia scilicet *manualia esse respectu Papæ :* i-
dèm de Regnis dici posset, si ista ei in Reges
potestas temporalis indirectè concedatur,
quasi in manu & potestate eius sit, alijs sub-
inde atq; alijs tanquam precario possessori-
bus ea auferre & conferre. Sed mitto hanc
ab incommodo siue absurdo rationem, quæ
licet aduersus Bozium & Canonistas nullius
sit momenti, quòd ipsi id quicquid est in-
commodi admittant, fateanturq; Reges nihil nisi mandatam à Papa executionem in
regnis obtinere, tamen est efficax contra
Theologos, & omnes indirectæ potestatis
assertores.

Sed & omnis potestas, omneq; dominium & iurisdictio, aut iure diuino acquiritur, aut iure humano : & qui aliquid possidet seu tenet, si neutro horum possideat,
iniustè possidet, vt præclarè in Donatistas
ratiocinatur Augustinus **s.** Fieri igitur non

's Tract.6.
ad cap.1.
Ioa.can.quo
iure dist.8.

potest,

potest, vt Papa imperium aliquod temporale in Reges & Principes seculares iustè
exerceat, nisi constet id ei iure diuino vel
humano esse tributum. At nullus neq; in diuinis neq; in humanis legibus locus reperitur, qui talem illi potestatem conferat. cùm
tamen contrà, Regum Dominatio & authoritas multis sacrarum literarum testimonijs
apertè commendata sit & probata, vt cùm
dicitur, *Per me Reges regnant. Data est à*
Domino potestas vobis. Reges gentium domi-
nantur eorum. Cor Regis in manu Dei: Dabo
illis Regem in furore meo. Time Dominum, fili
mi, & Regem. Deum timete, Regem honorifi-
cate, & passim id genus similia.

Postremò, quandoquidem potestas & iurisdictio ista temporalis Papæ, de qua nobis
sermo, neq; expresso Dei verbo in Scripturis
comprehensa, neq; ex traditione Apostolorum quasi per manus recepta; neque vsu &
consuetudine in Ecclesia per totos mille annos & amplius obseruata, aut ab vllo Pontifice occupata; neque ab antiquis Ecclesiæ
Patribus laudata & probata, imò ne memo-
rata quidem inuenitur; quæ nos, obsecro,
credendi necessitas, cogat eam admittere?
aut qua nobis eam authoritate persuadeant?

Ratio-

Rationibus, inquiunt, & exemplis noſtra probatur ſententia. quàm vellem inquam id verum eſſe. Sed ſcire inprimis oportet, eas tantùm rationes huic ipſorum ſententiæ probandæ idoneas eſſe, ex quibus apodixes &
demonſtrationes euidentes conficiuntur,
quales nemo illorum adhuc attulit, aut vt arbitror afferre potuit. Nam quod ad proba-
biles & veriſimiles tantùm rationes attinet,
ex quibus ſyllogiſmi Dialectici conſtant, illarum non ea vis eſt, vt per eas ſummum Regibus & Principibus imperium abiudicetur:
cùm ne quidem in quotidianis minimarum
rerum controuerſijs aliquid euinci poſſit, niſi
manifeſtis & euidentibus teſtimonijs vel te-
ſtibus res petitoris eſſe comprobetur. & ideo
actore non probante, qui conuenitur, etſi nihil
ipſe præſtat, obtinebit. [h]. In exemplis autem
infirmum atq; inualidum omnino præſidi-
um eſt, quia quid factum ſit tantummodo,
non quid fieri debuit, oſtendunt: exceptis ijs
quæ ſacrarum literarum teſtimonio laudi
vel vituperio dantur. Quæ cùm ita ſint, videamus nunc quibus rationibus ſententiam
ſuam aduerſarij confirment.

[h] *L. qui ac-*
cuſare. C. de
eden. l. actor.
C. de prob.
cap. 1. de
probat.

C A P. XIII.

NEmo omnium, vt antè dixi, Pontificiæ
partis, rationes aut diligétius collegit,
aut argutius propofuit, aut breuius & fubti-
lius conclufit, quàm infignis Theologus Bellarminus, quem honoris caufâ nomino, qui
licet quantum honeftè potuit, & plus etiam
quàm debuit Papæ authoritati in temporalibus tribuit : fatisfacere tamen non potuit
ambitioni imperiofiffimi hominis Sixti V,
qui fe fupremam in omnes Reges & Principes
vniuerfæ terræ, cunctofg̃ populos, gentes, &
nationes non humana fed diuina inftitutione
fibi traditam poteftatē obtinere affirmabat. [a]. [a] *In Bulla*
Itaq; parum abfuit quin omnia Doctoris il- *contra Hen-*
lius opera, quæ hærefim fummo hodie fuc- *ricẽ. I I I.*
ceffu oppugnant, Pontificia cenfura magno *Franciæ*
cum Ecclefiæ detrimento aboleret. yt illius *Regem.*
ordinis patres, cuius tunc erat Bellarminus,
feriò mihi narrarunt. Quæ res me reficit, fi
fortè, quod nolim, Pontifex aliquis pari ambitione præditus, librorum meorum lectione ob fimilem caufam Catholicis interdi-
cet. Quicquid vólet fanè faciat, at nunquam
efficiet, vt ego Catholicam, Apoftolicã, &
Romanam fidem, in qua à puero ad grauem

G 3   hanc

hanc senectutem versatus sum, vnquam de-
seram; aut in alia fidei professione moriar,
quam quæ à Pio IV. præscripta est. Rationes
igitur ex Bellarmino huc referemus; sunt e-
nim numero quinque, relictis alijs, maximè
verò nugis Bozianis, quæ indignæ sunt, in
quartum refutatione vir doctus se exerceat.

Prima ratio est, quam his verbis proponit
Bellarminus. *Potestas ciuilis subiecta est pote-*
stati spirituali, quando vtraque pars est eius-
dem Reip. Christianæ: ergo potest Princeps spi-
ritualis imperare Principibus temporalibus,
& disponere de temporalibus rebus in ordine
ad bonum spirituale. omnis enim superior im-
perare potest inferiori suo. Et ne quis fortè rationem hanc eludat per inficiationem pro-
positionis, eam illicò tribus argumentis, siue
medijs, vt aiunt, demonstrare conatur, hoc
modo.

Quod autem potestas politica, non solùm vt
Christiana, sed etiam vt politica, sit subiecta
Ecclesiasticæ, vt talis est: primo demonstratur
ex finibus vtriusq̃. Nam finis temporalis sub-
ordinatur fini spirituali, vt patet. quia felici-
tas temporalis non est absolutè vltimus finis, &
idea referri debet in felicitatem æternam: con-
stat autem ex Aristotele lib. 1. Ethic. cap. 1. ita
subordi-

subordinari facultates, vt subordinantur fines.

Secundo, *Reges & Pontifices, Clerici & Laici, non faciunt duas Respub: sed vnam, id est, vnam Ecclesiam. Sumus enim omnes vnum corpus. Rom.* 12. *& 1 Corinth.* 12. *at in omni corpore membra sunt connexa, & dependentia vnum ab alio: non autem rectè asseritur, spiritualia pendere à temporalibus, ergo temporalia à spiritualibus pendent, illis q̃ subijciuntur.*

Tertio, *si temporalis administratio impedit spirituale bonũ, omnium iudicio tenetur Princeps temporalis mutare illum modum administrandi, etiam cum detrimento temporalis boni, ergo signum est subiectam esse temporalem potestatem spirituali.* Hæc ille.

Quibus vt ordine satisfiat, respondeo, falsum in primis esse, quod pro vero, certo, & solido fundamento in hac prima ratione nobis obtruditur: falsum inquam, ciuilem potestatem subiectam esse spirituali, quando vtraq; pars est eiusdem reipublicæ Christianæ: nisi id ita intelligant, subiectam esse in spiritualibus, & è diuerso hanc illi in temporalibus obedire oportere. Siquidem hæ duæ potestates ita sunt partes reipublicæ Christianæ, vt neutri in alterum imperium sit, vtpote quæ cùm liberæ & sui iuris essent,

mutuo

mutuo amore coierunt. Vtraq; ergo alteram in suo ordine & munere *recognoscit* &
veneratur, & suam vtraq; functionem arbitratu suo exercet: tantùm inter eas conspi-
rans quidam consensus & societas est, ad
Christianam Rempub. conseruandam : v-
traq; enim potestate, siue (vt Genebrardi ᵇ
verbis vtar) *vtroq̃, magistratu Ecclesiastico &*
Politico Ecclesia continetur,munitur,& viget.
ad quam protegendam & sartam tectam
conseruandam

ᵇ *In Psal.*2.

——————————————*alterius sic*

Altera poscit opem res, & coniurat amicè,
Vt quamdiu societatem retinet,Respublica
Christiana innumeris concordiæ & pacis
commodis efflorescat: At vbi coitam dissoluunt,spiritualis quidem potestas, licet diui-
nâ virtute præstans,imbecillior tamen in o-
culis hominum & corporalibus auxilijs de-
stituta plerumq; cõtemnitur : temporalis verò quantumuis potens atque fortis,in suam
ipsius perniciem per omne scelus & insani-
am properat, nimirum cælesti gratia desti-
tuta,qua per spiritualis potestatis coitionem
fruebatur. Nihilo tamen magis potestas Ecclesiastica suas vlcisci iniurias per se, nisi armis spiritualibus, vel potestas temporalis in
Eccle-

Ecclesiasticam sæuire, nisi visibilibus & corporalibus telis potest. Cuius rei vtinam non
tot luctuosis exemplis & superiorum seculorum monimenta, & nostra nos ætas memo-
riaque admonerent. Atque hoc nimirum illud est, quod, vt antè dixi, Hosius ad Constantium Arianum. *Neque fas est nobis,* inquit, *in terris imperium tenere, neq, tu thymi-*
amatum & sacrorum potestatem habes, Impe-
rator. & quod D. Bernardus ad Eugenium
Papam, *habent hæc infima & terrena iudices* *Lib.1.de*
suos, Reges & Principes terræ. Quid fines alie- *consider.*
nos inuaditis? quid falcem vestram in alienam *cap.6.*
messem extenditis? Non sunt igitur hæ potestates, Ecclesiastica & Politica, ita partes
reipublicæ Christianæ, vt altera in alteram
planè dominetur: sed ita sunt partes, vt quæ
cùm essent separatæ & inter se dissidentes,
singulari tandem concordia se coniunxe-
runt, vt vtraque alteri opem & operam suam
præstaret, mutuisque officijs & munijs sese
inuicem demererentur. Nec quòd potestas
Ecclesiastica sanctior & excellentior sit Politicâ, idcirco hanc illi subiectam esse con-
cedendum est: sed tantùm (vt fit non rarò in
societate ciuili) illam digniorem & diuitio-
rem huic ignobiliori & minus locupleti, ad
vtriusq;

vtriuſque vtilitatem ſe adiunxiſſe; ita vt ambæ in illa ſocietate liberæ maneant, neutraque ab altera vllo modo pendeat. Itaq; perbellè in hanc ſententiam Driedo [d] : *Chriſtus*,
inquit, *vtriuſq; poteſtatis officia diſcreuit, vt
vna diuinis & ſpiritualibus rebus atque perſonis, altera profanis ac mundanis præſideret.*
& mox, *En planè vides Chriſtum diſcreuiſſe
vtriuſq; poteſtatis officia. Diſtinctio igitur Eccleſiaſticæ poteſtatis Papalis à poteſtate ſeculari
ac imperiali eſt de iure diuino facta.* & pòſt e-
odem capite, *Vnde Papa & Imperator ſunt in
Eccleſia non tanquam duo rectores ſummi inter ſe diuiſi, quorum neuter alterum cognoſcit,
aut veneratur tanquam ſuperiorem* (Nam hic
illum in ſpiritualibus, hunc ille in temporalibus recognoſcere ac venerari tanquam ſuperiorem debet, & ſecundum antiquam
gloſſam in can. Hadrianus. 63. diſt. quemadmodum ille huic in ſpiritualibus, ita hic illi
in temporalibus pater eſt) *quia regnum ſic
contra ſe diuiſum deſolabitur. Neq; item ſunt
tanquam duo iudices ſubordinati, ſic vt alter
ſuam iuriſdictionem accipiat ab altero. Sed ſunt
tanquam rectores duo, qui ſunt vnius Dei mi-
niſtri, diuerſis officijs deputati, ita vt Imperator præſit ſecularibus cauſis & perſonis ad pa-*
cificum

'd *Lib.* 2. *de
liber. Eccle-
ſiaſt. cap.* 2.

cificum conuictum huius ſeculi : Papa verò præ-
*fit ſpiritualibus ad lucrum Chriſtianæ fidei &
charitatis.*

Sed & ipſemet Bellarminus ᶜ. *Nota,* inquit, *quemadmodum non eſt idem ſydus Sol
& Luna, & ſicut Lunam non inſtituit Sol, ſed
Deus : ita quoq̧, non eſſe idem Pontificatum &
Imperium, nec vnum ab alio abſolutè pendere.*
Sunt quidem Sol & Luna duo luminaria
magna ᶠ, quæ Pontifex Innocentius per allegoriam interpretatur ᵍ. *duas dignitates, quæ
ſunt Pontificalis authoritas, & regalis poteſtas :* & illam Soli, hanc Lunæ comparat. Vnde hoc modo diſputo. Quemadmodum Luna non minus Luna eſt, nec minus per ſe
conſiſtit, tunc cùm à Sole recedit, & mutua-
tum ab eo lumen errans amittit, quàm cùm
eius radijs pleno orbe atque aſpectu illuſtra-
tur ; & neutro caſu aut hæc ab illo, aut ille
ab hac dependet : ſed ambo inſtitutionis ſuæ
ordinem & modum tenentes, deo mundó-
que deſeruiunt. Sic etiam poteſtas Regalis
ſiue politica, proprijs ſubnixa viribus per ſe
ſemper conſiſtit : & licet magnum quidem
lumen ad benè beatéq; viuendum à Pontificali & ſpirituali poteſtate accipiat, tamen eius neque acceſſu neque receſſu vlla
ex

ᵉ *Lib.5 de Rom.Pont. cap.3.*

ᶠ *Geneſ.1.*

ᵍ *Cap.ſolitæ de maiorit. & obedien.*

ex parte in sua ὀυσίᾳ siue essentia mutatur,
minuitur vel augetur: multoq; minus ad-
uenienti subijcitur. Superest vt vitia argumentorum, quibus primam istam rationem
fulciri Bellarminus putat, singillatim indicemus.

Cap. XIIII.

QVod igitur ad primam attinet, nego
constanter talem ordinationem vel
subordinationem finium harum potestatum
esse, quatenus ipsæ potestates tales sunt.
Nam finis Politicæ seu ciuilis potestatis,
quatenus politica est, nihil aliud absolutè
complectitur quàm felicitatem temporal-
lem, commune scilicet bonum, & vitæ degendæ ordinatam tranquillitatem, vt ipsemet alibi Bellarminus fatetur. *Politica pote-*
stas, inquit, *habet suos Principes, leges, iudicia*
&c. & similiter Ecclesiastica suos Episcopos,
Canones, iudicia. Illa habet pro fine temporalem
pacem; ista salutem æternam. Nec vlterius
progreditur hæc potestas ciuilis, nullumque
alium in finem refertur, vt talis est. Nam
quod ad æternam felicitatem aspirat, id
non à seipsa habet: non, inquam, quatenus
politica

politica est, eò tanquam in vltimum scopum conatus suos dirigit: sed quà spiritualis, siue ecclesiasticæ potestatis societate & consilijs adiuuatur. vt patet ex innumeris populis & ciuitatibus, apud quos ciuilis potestas seuerè viguit, licet exiguam vel planè nullam æternæ felicitatis, de qua loquimur, notionem habuerint. Hoc etiam indicat Apostolus [a], cùm iubeat orare pro Regibus, & omnibus qui in sublimitate sunt, *vt tranquillam vitam agamus in omni pietate & castitate:* tranquillitatem vitæ nimirum politicæ gubernationi, pietatem & castitatem Christianæ disciplinæ adscribens. Itaque, vt vno verbo dicam, sciendum est fines actionum humanarum in intentione esse, & non in intellectu, id est, non quod intellectus discursu rationis excogitare potest, id finis actionis est; sed quod voluntas agendo consequi cupit, dum animus actionem meditatur, id actionis finis est. Vnde Nauarrus [b] rectè ait, finem potestatis laicæ esse *vitam bonam, beatam, & quietam temporalem mortalium, quæ & finis est legum ab ipsa emanantium. Potestatis verò ecclesiasticæ finem esse vitam æternam supernaturalem: eandemq́; esse finem legum ab ipsa emanantium.* Prosequerer hæc pluribus,

ni

[a] 1. ad Timoth. 2.

[b] In relect. cap. nouit. num. 90. de iudic.

ni rem acutis hominibus, vel ex ipsa Philosophia satis perspectam iudicarem.

Secundum verò argumentum vsque adeo
friuolum est & fallax, vt nihil inscitius dici,
aut vitiosius colligi possit, quàm quod eo
concluditur. Ecqua enim anus tam excors
est, vt nesciat non valere hanc consequuti-
onem, *Sunt membra vnius corporis ; ergo v-*
num ab alio pendet. Nam neque pes à pede,
neque brachium à brachio, neque humerus
ab humero pendet, sed alicui tertio & medio connexa sunt per se, vel per alia membra quibus adhærent. An non eadem ratiocinandi forma, & eodem planè argumento
colligitur: brachia vniuscuiusque hominis
sunt membra vnius corporis : *at in omni cor-*
pore membra sunt connexa & dependentia
vnum ab alio : non autem rectè asseritur dextrum pendere à sinistro : ergo sinistrum cu-
iuslibet hominis brachium pendet a dextro,
eique subijcitur ? Quis eiuscemodi argumenta futilitatis plena non rideat? Ego mi-
seras istas demóstrationes odi, quæ rem qua
de agitur argutijs, præstigijs, & captionibus
inuoluunt potius, quàm explanant. Vt enim
brachia ad humeros, & humeri ad collum
& caput annectuntur : nec dextrum brachium,

um, dexterue humerus, finistro, vel contrà, fubijcitur : ita potestas fpiritualis & temporalis , fiue Ecclefiastica & Politica, licet membra fint vnius corporis politici, & partes vnius Reipublicæ atq; Ecclefię Christianæ, neutra tamen alteri fubijcitur; neutraque alterius fines & iurifdictionem fine fcelere potest inuadere : fed ambæ, velut vnius corporis humeri, ad caput qui Christus est annectuntur. quarum hæc, Politica fcilicet, vitæ degendæ præcepta , quibus focietatis humanæ tranquillitas continetur, ciuibus & fubditis præfcribit : illa verò ad immortalitatis & felicitatis æternę contemplationem fupernaturalem (quæ & cum politica tranquillitate, & fine ea interdum fubfistit) animos hominum erigit informatq; . ex quibus fequitur feparatas effe has potestates in eadem Republica Christiana, ita vt neutra alteri, quatenus talis est, fubijciatur. Et verò nifi hoc ipfe Bellarminus fateatur, fua eum doctrina alibi tradita redarguet. Nam libro tertio de Romano Pontifice, cap.19. vbi nugas Synodi Smalchaldicæ Lutheranorum refutat , atque ad illud eorum argumentum refpondet, quo dicunt *Papam fe Deum facere cùm nolit ab Ecclefia aut ab vllo iudicari.*

oftendit

oftendit vitiofam effe confequentiam, argumento ducto à Regibus, qui & ipfi quoque
nullum in terris Iudicem habent quantum
ad temporalia. *Reges terræ*, inquit, *certè Iudicem in terris quo ad res politicas attinet
nullum agnofcunt: Num igitur tot erunt Dij
quot funt Reges?* Quid aliud eft quæfo Reges non habere iudicem in terris, *quo ad res
politicas*, quàm quod nos contendimus, fe-
paratam effe poteftatem Politicam ab Ecclefiaftica, & de illa fummum Pontificem
nullo modo difponere vel iudicare poffe?
Nam fi poffet, certè aut Reges haberent iudicem in terris etiam *quo ad res politicas*, aut
Papa femper in cæleftibus habitaret. Fieri
ergo non poteft quin Bellarminus aut à fe-
ipfo diffideat, aut immemoriâ lapfus fit, aut,
quod non credo, veritatem variare ftudeat,
cùm alibi affumat pro certo & conceffo,
Reges nullum habere iudicem in terris quo
ad res politicas; alibi verò Regibus & Principibus omnibus iudicem ferat Pontificem,
qui eos iudicare & deponere, ac de regnis
rebufque ipforum omnibus arbitratu fuo
difponere poffit. Nam quod in verbis iftis,
directè & indirectè, difcrimen ftatuit, id ad
formam & modum procedendi tantùm fpe-
ctat,

ctat,non autem ad vim & effectum iudicij:
semper enim verum est, eum habere iudicem in terris quo ad temporalia, quem Papa quoquo modo, seu directè seu indirectè,
in temporalibus iudicat. Et verò quid interest ad miseriam & calamitatem Regis à Papa iudicati & regno priuati, vtrum Papa directè id fecerit, veluti si in Siculum aut Ne-
apolitanū Regem, tanquam directus dominus feudi in vasallum, sententiam ferat : an
verò indirectè, vt in Reges alios, qui ei nullo
clientelari iure subiecti sunt; si modò vtramque sententiam par pœna sequatur? Et hæc
quidem de secundo argumento satis. Nunc
tertium quam vim habeat dispiciamus.

Tertium igitur argumentum quàm suble-
stum sit, vel ex eo patet, quod nihil inde colligi ab authore potuerit, quàm quòd *signum*
sit subiectam esse temporalem potestatem spiri-
tuali. Suscepit rem demōstrandam, & signum
tantùm profert, & illud quidem non τεκμήριον,
sed εἰκὸς, quod sæpe nos falso indicio decipit.
Ad argumentum igitur respondetur, negando consequentiam. Quamuis enim verum
sit, Principem temporalem teneri mutare
regiminis modum, si eo impediatur bonum
spirituale : non tamen inde efficitur necessaria

ria consequutione, subiectam esse temporalem potestatem spirituali : sed hoc tantùm, spirituale bonum temporali bono esse præstantius; quod verũ est,& nos fatemur. Non enim si vnum alio dignius est, protinus consequitur minus dignum à magis digno pendere, eiq; substerni. Possunt namq; generibus siue ordinibus adeo diuersis contineri, vt neutrum ab altero pendeat, aut subiectionis vinculo teneatur. Concedimus itaq; Principem in casu proposito mutare debere formam politicæ administrationis; & vt id faciat, ab Ecclesia, vel eius capite & summo Pastore in terris Papa, cogi posse : sed pœnis tantùm spiritualibus, quarum metus viro bono quibuscunque suppliciis grauior est (nam

c Cic. lib. 2. de legib.

vel Ethnico teste, *c metus diuini supplicij multos à scelere reuocauit*) non autem pœnis temporalibus, qualis est bonorum amissio, regniq; priuatio, cùm Princeps in temporalibus nullum superiorem agnoscat. Itaque quantum ad has pœnas attinet, diuino iudicio &

d 23.q.5. can. Principes in si.

vltioni relinquendus est. Hinc Isidorus, cuius sententia inter Canones refertur, *d Siue augeatur pax & disciplina Ecclesiæ per fideles Principes, siue soluatur, ille ab ijs ratione exiget, qui eorum potestati suam Ecclesiam tradidit.*

CAP.

CAP. XV.

ETsi postremum istud argumentum per ea quæ diximus iam satis eneruatum est, operæ pretium tamen erit adhuc longius excurrere, & totum animi nostri sensum de ea re vberius explicare. Sciendum igitur, sic nos statuere, Reges, & Principes omnes christianos, quà Ecclesiæ filij sunt, Ecclesiasticæ potestati esse subiectos, eique, quoties spiritualia imperat parere debere: quod ni faxint, Ecclesia, pro suo in illos imperio & iurisdictione, animaduertere in eos Ecclesiasticis censuris, & ancipiti spiritus gladio potest (licet non semper debeat vt superius ostendit) sed eo solo gladio, non etiam visibili & temporali: quoniam hic politicæ tantum & seculari potestati commissus est. vnde quoties gladij temporalis auxilio spiritualis potestas indiget, fidem atq; amicitiã solet sociæ ciuilis potestatis implorare. E côtrario autê Principes & Prælatos Ecclesiasticos Principibus politicis in têporalibus esse subiectos, & non secus obedire debere in omnibus quæ ad politicâ dispensationem pertinent, quàm hi illis spiritualia imperantibus parere tenentur:

a *Cap. 9.*

H 2   dummodo

dummodo talia ſint, quæ neque fidei Catholicæ neque bonis moribus aduerſentur.
Quin imo nec ipſummet ſummū Pontificem
alia ratione ab hac temporali ſubiectione
excludi, quàm quòd Regum beneficio Rex
ipſe factus ſit, Princeps inquam politicus,
neminem in temporalibus ſuperiorem ag-
noſcens. idque fatetur acerrimus ille iuriſdictionis Eccleſiaſticæ aſſertor, quem plerique
Bellarminum eſſe affirmant, in ſua reſponſi-
one *ad præcipua capita Apologiæ & c.* [b] *Generalis*, inquit, *& veriſſima eſt illa ſententia, debere omnes omnino ſuperiori poteſtati obtem-
perare. Sed quia poteſtas eſt duplex, ſpiritualis
& temporalis, Eccleſiaſtica & Politica, quarū
altera Epiſcoporum altera Regum eſt: Epiſcopi
Regibus in temporalibus rebus, & Reges Epiſcopis in ſpiritualibus ſubiecti eſſe debebunt,
vt copioſe diſputant Gelaſius primus in epiſt.
ad Anaſtaſium, & Nicolaus primus in epiſt.ad
Michaelem. quoniam verò Roman. Epiſcopus
non modò ſummus eſt Princeps Eccleſiaſticus,
cui omnes Chriſtiani diuino iure ſubijciuntur,
ſed eſt quoꝗ in ſuis prouincijs Princeps temporalis; neque vllum in temporalibus ſuperiorem agnoſcit, vt neque reliqui abſoluti ac ſupremi Principes in ſuis regnis & ditionibus,
inde*

⟶ *Pag.*114.

inde fit, vt ipse nullam supra se potestatem in terris habeat. Non ergo quia summus Pontifex est, & pater spiritualis omnium Christianorum, ideo à subiectione temporali liberatur, sed quia temporalem principatum nemini subiectum obtinet. In ijs itaque quæ ad reipublicæ salutem, & ciuilem societatem spectant, nec ordinationi diuinæ refragantur, Clerici non minus summo Principi temporali parere, quam ceteri ciues tenentur : vt ipsemet Bellarminus egregiè ostendit, [c] addita etiam ratione, *quia Clerici, præterquam quod Clerici sunt, sunt etiam ciues, & partes quædam reipublicæ politicæ. Non sunt exempti clerici vllo modo,* inquit, *ab obligatione legum ciuilium, quæ non repugnant sacris Canonibus vel officio Clericali.* & quamuis dicat se non de obligatione coactiua loqui, tamen veriùs est eos ad obsequium legum vbi causa postulat, à temporali Iudice cogi posse, vt nec in ea re exemptionis suæ beneficio gaudeant, quod ab Imperatorum & Principum legibus eos accepisse satis constat. Frustra enim legum auxilium inuocat qui contra eas committit.

Hinc est, ex hac inquam Clericorum & Laicorum in republica societate, quòd in

H 3   conuentibus

[c] *In lib. de Clericis cap. 28.*

conuentibus publicis, Clerici de temporalibus negotijs conſulturi, primo poſt Principem loco conſidunt. Poteſtas itaq; ſpiritualis (poteſtatis verbo poteſtate præditos ſig-
nificari tritum eſt) politicæ poteſtati, & hæc
illi viciſſim, pro ſuo. vtraque imperio, imperat atq; paret. Atq; hoc nimirum eſt, de quo
B. Gregorius Pontifex Mauriciū Imperato-
rem admonet ^d. *Sacerdotibus,*inquit,*non ex*
terrena poteſtate dominus noſter citius indig-
netur, ſed excellenti conſideratione, propter e-
um cuius ſerui ſunt, eis ita dominetur, vt etiam
debitam reuerentiam impendat. Dominetur
nimirum, quatenus ciues ſunt,& partes reipublicæ; reuerentiam impendat, quà Dei ſa-
cerdotes & patres ſpirituales, quibus ipſe Imperator vt Eccleſiæ filius ſubijcitur. Et has
quidem inter vtramque poteſtatem parendi
imperandiq; vices, Salomon ſingulari exemplo demonſtrauit, ^e qui ſummum Sacerdotem Abiatharem capitis reum pronuncia-
re non timuit, quod coniuranti Adoniæ
conſenſiſſet. Ait enim hiſtoria, *Abiathar*
quoq; ſacerdoti dixit Rex. Vade in Anathoth ad
agrum tuum, & quidem vir mortis es: ſed ho-
die te non interficiam, quia portaſti Arcam Do-
mini coram Dauid patre meo, & ſuſtinuiſti la-
borem

d Lib.4.
epiſt.75.

e 3.Reg.c.2.

borem in omnibus quæ laborauit pater meus.
Eiecit ergo Salomon Abiathar, vt non esset sa-
cerdos Domini. En vt Salomon oftendit ius
fibi in facerdotes ex caufa politica & temporali effe : cùm tamen fatis conftet in veteri lege Sacerdotes præfuiffe Regibus, eifq;
imperare ac refiftere folitos , in omnibus
quæ ad cultum diuinum & minifterium Sacerdotale pertinebant.

Quod autem Bellarminus contendit ^f ¹ *Lib.2.de*
Salomonem non vt Regem hoc feciffe, fed *Rom.Pon-*
vt Prophetam & executorem Diuinæ iufti- *tif.cap.29.*
tiæ, eius ego interpretationis probationem
aliquã requiro, cùm id neutiquam ex Scripturis appareat : eoq; mera diuinatione nita-
tur. Nam nulla ibi neq; mandati fpeciatim
à Domino dati, neq; extraordinariæ poteftatis Delegatæ mentio fit : quin planè contrà, Salomon ipfe apertè fatis indicat, fe vt
Regem , pro ordinaria imperij poteftate
quod iure regni erat adeptus, iudicium illud
exercuiffe, hac præfatione vfus. *Viuit Domi-*
nus qui firmauit me, & collocauit me fuper fo-
lium Dauid patris mei,&c. Et verò non de re
fpirituali vel Ecclefiaftica, fed de temporali
& politico negotio agebatur, cuius iudicem
legitimum & ordinarium effe Regem, vt Re-

H 4 gem,

gem, Salomon non ignorabat : & ideo non
alio iure in Adoniam, alio in Abiatharem
sententiam pronunciasse legitur. Deinde
quod Bellarminus pro interpretationis suæ
firmamento arripit, verba scilicet illa, *vt im-*
pleatur sermo Domini. &c. leuissimum quidem est, ne dicam absurdum. quid hoc enim
ad modum implendi pertinet ? quis nescit e-
iusmodi Scripturæ dictum, tam de eo verifi-
cari, quod iure communi & ordinaria potestate perficitur, vt hoc loco ; quàm de eo
quod vel extra ordinem mirabili quodam e-
uentu, vel per hominum impietatem & tyrannidem completum est ? Impij cùm cruci-
fixissent Saluatorem, *diuiserunt vestimenta*
eius, vt impleretur quod dictum est per Pro-
phetam, [g] siue, *vt Scriptura impleretur.* [h] Verba igitur eiusmodi in Scripturis apponi tantùm solent, ad prædictionis & prophetiæ veritatem ostendendam, vt inde argumentum
sumere ad aliud colligendum, planè ridiculum & puerile videatur. Erat quidem eo casu Salomon executor diuinæ iustitiæ, nihil
moror : erat & Propheta, esto, quid tum postea ? At regia tamen authoritate, & iure
communi, ne leuissima quidē specialis mandati mentione facta, id eum fecisse legitur.

Nec

[g] *Mat.27.*
[h] *Ioan.19.*

Nec vllus in Scripturis locus eſt, ex quo hanc ei iuriſdictionem nominatim mandatam fuiſſe legamus: veriſimile porrò non eſt, authorem hiſtoriæ diuino ſpiritu afflatum, tam differentes tantæ rei tantíq́; momenti cauſas, ſine vllo indicio vel admonito præterire voluiſſe, ſi Rex alio iure & authoritate in Adoniam laicum, alio in Abiatharem Sacerdotem ſententiam protuliſſet.

Æquè fallitur vir idem doctiſſimus, [i] cùm ait, *non mirum eſſe ſi in teſtamẽto veteri, ſumma poteſtas fuiſſet temporalis, in nouo ſpiritualis : quia in veteri teſtamento promiſſiones tantùm temporales fuerunt, & in nouo ſpirituales & æternæ.* Nam neq́; in vetere Teſtamẽto ſumma poteſtas omnino temporalis fuit, neq́; in nouo ſpiritualis eſt : ſed in ſuo vtraq́; regno, hoc eſt, in ſuæ poteſtatis iuriſdictione, vt par eſt, tunc dominabatur, & adhuc imperat : Iam tunc, inquam, ſuis ambæ finibus contentæ, alienis abſtinebant, vt nec temporalis poteſtas ſpiritualem iuriſdictionem, & Sacerdotale munus; nec ſpiritualis temporalem pro ſuo iure inuaderet. [k] Ius autem quod in Clericos Salomon illa tempeſtate Principibus competere oſtendit, à Regibus in noua lege, & republica Chriſti-

[i] *Eod. lib. & cap.*

[k] *2. Paralip. 26.*

ana agnitum & retentum est. Inde priuilegia, quæ Principum nonnulli insignes piera-
te Ecclesiasticis personis concesserunt [l]:
nam quorsum illis Priuilegia, si iure communi Regibus subiecti non fuissent? quandoquidem communi auxilio, & mero iure
munitis exemptisq;, nullo priuilegio, vel extraordinario auxilio opus est [m].

Et his quidem consentiunt, quæ ipsemet
Bellarminus rectissimè contra Canonistas
asserit. [n] *Exemptionem* nempe *Clericorum in*
rebus politicis, tam quoad personas, quàm quo-
ad bona, iure humano introductam esse, non di-
uino. idq; confirmat tum authoritate Apostoli (cuius illud, *omnis anima potestatibus*
sublimioribus subdita sit, [o] tam clericos quã
laicos, teste Chrysostomo includit.) tum
testimonijs antiquorum Patrum : tum deniq; quod, vt ipse ait, *nullum proferri potest*
Dei verbum, quo ista exemptio confirmetur.
Addo ego, grauissimum eius rei argumentum esse, quod in florentissimo Ecclesiæ statu, & sub illis Principibus, qui summum Pontificem Pastorem Ecclesiæ vniuersalis, &
Christi vicarium agnoscebant, Imperialibus legibus constitutum & obseruatum fuerit, vt Clerici de criminibus ciuilibus respõ-
derent

[l] *Extant in*
Cod. & De-
cret.atque in
Hist. Eccle-
siast.

[m] *L.in cau-*
sa.16.D.de
minor.l.1.de
constit.
Princip.
[n] *Tom.1.*
Controuer.5.
lib.1.cap.28.

[o] *Rom.13.*

derent apud iudices feculares, & ab eifdem
condemnarétur, fi rei criminis effent inuenti P. Et verò, nequà erremus, fciendum eft,
non omnia ifta libertatis perfonarum & rerum priuilegia, quibus nunc Clerici fruuntur, ab ijfdem Principibus, neq; eodem tempore, fuiffe conceffa. Nam primùm Conftantinus Magnus tàntùm illis fingulari priuilegio indulfit, ne nominationibus & fufceptionibus effent obnoxij, id eft, ne nominati fiue electi cogerentur magiftratum gerere, aut tutelam aliquam adminiftrare, vel
annonis aut tributis colligendis & recipiendis præeffe; cùm antea aliorum ciuium more ad ea omnia fine excufatione vocarentur.
Anno poftea octauo vacationem & excufationem munerum omnium ciuilium, eiufdem Principis beneficio acceperunt, vt patet ex illius Imperatoris conftitutionibus.
in quibus hanc priuilegij fui rationem reddit. Ne fcilicet Clerici *facrilego liuore quorundam à diuinis obfequijs auocentur.* Et quidem notatu digna res, aduerfus ingratam quorundam Clericorum temeritatem, qui immunitatis fuæ originem Principibus fecularibus accepto ferre faftidiunt, quòd idem pijffimus Princeps exemptiones illas priuilegia

P *Nouell. vt
Clerici* 83. §.
*Si tamen
collat.* 6.

q *L. 1. & 2.
Cod. Theod.
de Epifc. &
Cleric. li.* 16.

gia appellet, ita enim ille. *Hæreticorū factio-*
ne comperimus Ecclesiæ Catholicæ Clericos ita
vexari, vt nominationibus seu susceptionibus
aliquibus, quas publicus mos exposcit, cōtra in-
dulta sibi priuilegia prægrauentur. Constantius deinde & Constans, anno circiter trige-
simo sexto à primi priuilegij concessione,
Arbitione & Lolliano Conss. aliud Episcopis priuilegium indulserunt, ne de criminibus apud seculares iudices accusarentur. [r]
Cæteri verò Ecclesiastici ordinis homines,
Episcopis inferiores, Clerici scilicet & Monachi, sub magistratuum ciuilium iurisdictione vsq; ad Iustiniani tempora permanse-
runt. ob eamq; causam Leo & Anthemius
Impp. (ante imperium Iustiniani annis plus
minus sexaginta) beneficij loco sanxerunt,
ne Orthodoxæ fidei sacerdotes & clerici, cuius-
cunque gradus, aut monachi, in causis ciuilibus,
extra prouinciam, aut locum, aut regionem quā
habitant, ex vllius penitus maiorisue
sententiâ iudicis, pertrahantur; sed apud suos
iudices ordinarios, id est, Prouinciarum recto-
res, omnium contra se agentium excipiant acti-
ones. en vt isti, admodum pij & Catholici
Principes ordinarios Clericorum & Monachorum Iudices, esse præsides prouinciarum
affir-

[r] *L. mansue-*
tudinis 12.
eod. tit.

affirmant. quos nemo tamen eius feculi Patrum Pontificumue errare, aut non verè, piè,
& orthodoxè loqui profeffus eft. Inde patet
eos nimis peruerfè de Iuftiniano iudicare qui
afferunt eum aliquam in Ecclefiafticos iurifdictionem vfurpaffe; cùm gratias ei maximas habere debeant, quòd Imperatorum
primus fuerit, qui Clericos ante eum diem
politicis magiftratibus omnino fubiectos,
feculari iudicio in ciuilibus caufis exemit. ᶠ. ᶠ *Dict.Nͤ-*
Quæ cùm ita fint, fatis patet Reges & Prin- *uell.83.*
cipes feculares fumma poteftate temporali
præditos, ijfq́; Clericos in rebus politicis effe fubiectos. Alioqui profectò nec Reges po-
tuiffent hæc priuilegia concedere : nec viri
fancti & fapientes, ita malè fibi & toti Ecclefiæ confuluiffent, vt liberos fe fuo iure fo-
lutofq́; à vinculo tēporalis poteftatis, talibus
beneficijs ac priuilegijs obligari paterentur.
quippe effe fe in ditione eorum fatebantur à
quibus poterant eiufmodi libertate donari.
folui enim vel eximi nō poteft, quod non fuit
colligatū vel cōclufum. Præterea tantæ pietatis Principes toto orbe tunc erant, vt fi iure
diuino Clericos ab omni iurifdictione feculari exemptos effe, vel per fe refciuiffent, vel
ab Epifcopis & Principibus facerdotum au-
diuif-

diuissent, id statim in edicta & leges relaturi
fuerint, nec sibi ius vllum in ipsorum corpora bonaue vindicaturi. Si enim quæ sua propria credebant, solo pietatis zelo tam pro-
fusè largiebantur, quanto magis ab alienis
& nullo iure debitis abstinuissent?

Exemptiones ergo & priuilegia, quæ Principes Christiani Ecclesiasticis personis, ho-
nestatis & reuerentiæ causa, concesserunt,
sat ostendūt, imò conuincunt, eosdem Principes temporali potestate cunctis Sacerdotibus esse maiores: nec summum Pontificem & Principem Sacerdotum, atq; adeo
Christi Vicarium, alia ratione eximi, & diuerso iure censeri, quàm quòd ipse Princeps
quoq; temporalis sit, & duplicem personam
sustineat, successoris nimirum Petri in regimine Ecclesiæ, & Principis secularis in temporali imperio, quod aliorum Principum
largitate accepit.

Cap. XVI.

EAdem opera refelli manifestè pōtest differentia, quam constituit inter Principes Ethnicos, & Principes Christianos, quā-
tum ad dominationem temporalem in Ecclesiasticos attinet: qui locus præteriri hîc
                                        sine

fine vitio nequit. Ait enim.[a] Pontificem fu-
iffe fubiectum *ciuiliter & de facto* Ethnicis
Principibus , *quia lex Christiana neminem
priuat suo iure & dominio. ficut ergo ante
Christianam legem homines subiecti erant Imperatoribus & Regibus, ita etiam postea. At
verò cùm Principes Christiani facti sunt, &
sponte leges Euangelij susceperunt, continuò se,
tanquam oues Pastori, & membra capiti, subiecerunt præsidi Ecclesiasticæ Hierarchiæ; & proinde ab illo iudicari, non illum iudicare deinceps debent.*

[a] *Lib.2 de
Roman.Pon-
tif.cap.29.*

Maximum in differendo vitium eft , ea
quæ de vno aliquo certa de caufa dicuntur,
vel ab vno aliquo certa de caufa remouentur, alij planè diuerfo ac diffimili, & cui non
eadem caufa cohæret, attribuere, vel eripere: aut quæ diftinctione aliqua fecerni ac
feparari debent , ea indiftinctè confufeq;
concludere. Quod vitium quis non in fuperiore hac Bellarmini ratiocinatione perfpi-
cuè deprehendat? in qua id generaliter &
indefinitè de vtraq; poteftatis & iudicij fpecie concluditur, quod de altera tantùm verè
recteq; dici debuit. Nam quod Principes ad
Chriftum conuerfi fefe, *tanquam oues Pastori
& membra capiti, subiecerunt præsidi Ecclesiasticæ*

astica Hierarchia, id non nisi de subiectione
spirituáli intelligi, citra calumniam, potest.
Quandoquidem nõ alia ratione efficieban-
tur filij eius & oues, quàm quòd ab eo spiritu
regenerati in Christo Iesu erant, atq; in fide
Ecclesiæ gubernati. Proinde in omnibus
quæ spiritualis iurisdictionis sunt, verum est
eos ab illo, non illum ab ijs debere iudicari.
At hæc quid ad ciuile iudicium & temporalem iurisdictionem submissio? Nunquid tam
diuersas & separatas species permiscere &
confundere oportuit? & quod de altera tantùm verum fuit asserere, de vtraq; generaliter & indefinitè pronunciare? Si dixisset, *ac*
proinde ab illo iudicari in spiritualibus, non il-
lum iudicare deinceps debent, rectè sane argumentum conclusisset. At illud simpliciter &
absolutè, *ab illo eos iudicari posse*, vitiosa collectio est, quippe duplex est iudicij species,
quarum alterâ tantum possunt Principes à
Pontifice iudicari, alterâ verò ab ijs iudica-
retur ipse, nisi temporale imperium nulli alij
subiectum fuisset adeptus. Nunquid veniente ad Ecclesiam Constantino Magno, Imperium Romanum, quod ante baptismum eius
erat, in ditionem ac potestatem Siluestri
Pontificis ilico transijt? & Imperator tam a-
uidus

uidus gloriæ temporalem Papæ illius ſupra
ſe poteſtatem agnouit? Nunquid aut Fran-
cicum Clodouæus, aut Scoticum Donaldus
primus, aut alij ſua regna, ſimul atq; fidem
amplexi ſunt, in manum & poteſtatem temporalem Pontificis tranſtulerunt? Scitum
eſt illud Pauli I. C. ᵇ *ante omnia animaduer-*
tendum eſt, ne conuentio in alia re facta, aut
cum alia perſona, in alia re aliáue perſona no-
ceat. Replicet igitur Bellarminus quantum
volet annales omnium nationum; Scripturas, & Hiſtorias perlegat, nullum in ijs locum inueniet, ex quo colligi poſſit, primos illos Principes Chriſtianos cùm Eccleſiæ nomen darent ſceptra ſubmiſiſſe Pontifici, &
ſummo ſe magiſtratu temporali ſpecialiter &
nominatim abdicaſſe. At verò conſtare o-
portet, Principes ſcientes prudentes conceſ-
ſiſſe in ditionem ac poteſtatem temporalem
Pontificis; vel fatédum, ipſos eo iure & conditione, quantum ad regalem dignitatem
attinet, poſt baptiſmum permanſiſſe, quo fuerant antequam ſacris Chriſtianis initiaren-
tur. *Nam*, vel ipſomet teſte, ᶜ *lex Chriſtiana*
neminem priuat ſuo iure & dominio. At verò
antequam Chriſto nomen darent, ciuiliter
de iure & de facto, vt ille ait, dominabantur

ᵇ *I. Si vnus*
.7 §. ante
.m.11. D. de
iaſt.

ᶜ *Lib. 2. de*
Rom. Pont.
cap. 29.

I   Pon-

Pontifici, & eum iudicare in temporalibus
iure poterant: ergo similiter & post baptif-
mum iure potuerunt. Quod si ita est, fieri
nullo modo potest, vt ipsi ab illo in temporalibus iudicentur: cùm sit impossibile aliquem esse superiorem & inferiorem in eodem potestatis genere, respectu vnius & e-
iusdem. Verum quidem est, Principes illos
Christianos, ob reuerentiam qua non summum solùm Pōtificem, sed ceteros etiam E-
piscopos, atq; adeo sacerdotes omnes prose-
quebantur, id iudicij perrarò sibi assumpsis-
se. Sed hoc voluntatis tantummodo, non
etiam potestatis defectum arguit. Quapropter vt Consul, vel Præses, cùm se in adoptionem dat, nihil eorum quæ iure magistratus
ei competunt, in patris adoptiui familiam &
potestatem transfert, vel transferre potest;
sed integrè omnia, sibi reseruat: ita Principes cùm se initio in adoptionem spiritualem Hierarchæ Ecclesiastico tradiderunt,
nihil eorum quæ ad ius regni, & statum publicum ciuilem pertinebant, amittere illo facto potuerunt: quòd harum potestatum separata natura sit, vt quamuis iugatæ in eadem republica Christiana concinnè apteq;
cohæreant; tamen neutra, quà talis est, alte-

ri

ri subijciatur aut imperet, neutraq; alteram
necessario comitet: sed alterutra tum acqui-
ri sine altera, tum amitti vel retineri possit.

Iam verò quoniam eruditissimus Bellarminus similitudinibus plurimùm delectatur:
& præterea vulgarem istam *de indirecta po-*
testate temporali summi Pontificis opinionem,
nullo vel sacrarum literarum, vel antiquorum Patrum testimonio probat: sed tantum
argumentis quibusdam à simili petitis, (sub-
lesto admodum & debili ad demonstran-
dum fundamento) operæpretium me facturum arbitror, si nostram quoq; de ea re sententiam, similitudine multò accommodatis-
sima confirmauero.

Filius familias, licet militet, vel magistratum gerat, & publica potestate fungatur, patri, in cuius sacris constitutus est, iure diuino
atq; humano subijcitur, eiq; quatenùs filius
est parere debet: [d] & rursum pater, cui hæc
in filium potestas est, ipsi filio, vt magistratui, subijcitur: alio tamen atq; alio potestatis genere. Alter enim, quà parens, imperiùm
sibi in filium vendicat, quo delinquentem &
committentem in leges familiares, aut in se
aliquid molientem, aut alioqui filio probo
indigna facientem, multet, puniat, & coër-

ceat,

[d] *Ephes.6.*
Col.ss.3.
L.S. mariti
7.C.de patr.
pot. §. filius-
familias
Instit.q;ib.
mod. itis po-
test. soluit.

ceat, non iure quidem magiſtratus, ſed authoritate patriæ poteſtatis : nec pœnis quibuſlibet, ſed certis tantùm à iure conceſſis.
Itaq; malè meritum exhæredare, domo eij-
cere, familiæ & adgnationis iure priuare, ali-
iſq; domeſticis remedijs coërcere poteſt. ᶜ.
At neq; magiſtratum ei abrogare, neq; ca-
ſtrenſia bona auferre, neq; publico iudicio
condemnare, aut multam vel pœnam aliam
lege ob ſcelus debitum irrogare, directè vel
indirectè poteſt : quòd hæc patriæ poteſtatis modum & iuriſdictionem excedant. Alter verò, quamuis filius, & nexu patris deten-
tus, tamen quatenus eſt magiſtratus publico
cum imperio, in patrem dominatur, eiq; in
publicis negotijs poteſt, atq; etiam in priuatis non domeſticis, perinde ac cæteris ciuibus imperare. *Si quis filiusfamilias eſt*, inquit Vlpianus, ᶠ *& magiſtratum gerat, patrem
ſuum, in cuius eſt poteſtate, cogere poterit, ſu-
ſpectam dicentem hæreditatem, adire & reſti-
tuere.* hinc *ſi Conſul vel Præſes filiusfamilias
ſit, poterit apud ſemetipſum vel emancipari, vel
in adoptionem dari.* ᴳ. Qua de cauſa pater filio magiſtratum habenti, haud ſecus ac ſi eſſet extraneus, non ſolùm obedire, ſed etiam
aſſurgere tenetur, & eum omni honore atq;
cultu

*L.3.C. de
patr.poteſt.*

ᶠ*L. ille à quo
13. inſin. D.
ad Sc, t reb.*

ᵗ*L.3.D.de
adopt.*

cultu qui magiſtratui debetur venerari. ᵸ.

Eodem planè modo ſummus Pontifex, qui
ſpiritualis omnium Chriſtianorum pater eſt,
Regibus & Principibus, perinde ac cæteris
fidelibus, paterna poteſtate Eccleſiaſtica, vt
Chriſti in ea re vicarius præſidet: ob eamq́;
cauſam Reges, ſi quid in Deum vel Eccleſiam commiſerint, ſpiritualibus pænis acer-
biùs caſtigare, & domo atq; familiâ Dei ei-
cere, regniq́; cæleſtis exhæredes facere poteſt (at quàm timenda & tremenda Chriſtianis animis ſupplicia?) quòd hæc omnia
patriæ poteſtatis ſpiritualis propria ſint. At
neq; principatum & dominationem temporalem auferre, neq; pœnis ciuilibus eos afficere poteſt, quòd nullam in eos politicam &
temporalem iuriſdictionem nactus ſit, per
quam talis animaduerſio expediri debeat:
& patria illa poteſtas ſpiritualis, qua Pontifex præditus eſt, à politica & temporali finibus, officijs, etiam perſonis plurimum ſe-
paretur. Vt enim ſpiritualem Deus Pontifici, & cæteris Sacerdotibus, ſic politicam
Regi, & qui ſub eo ſunt magiſtratibus, æterna diſpenſatione commiſit. *Non eſt poteſtas*
niſi à Deo. ᶦ.

Huc pertinet antiqua illa gloſſa, quam

ᵏ *Liu. lib. 24.*
Valer. Max.
lib. 2. cap. 2.
Plutarc. in
apothe. Rom.
Gell. lib. 2.
cap. 2.

ᶦ *Rom. 13.*

I 3   Cark *Lib.3.de concord. cathol.cap.3.*

Cardinalis de Cusa ᵏ ſcribit fuiſſe appoſi-
tam ad Can.Hadrianus Papa.diſt.63.in quo
Canone traditur Papam cum vniuerſa Sy-
nodo cóceſſiſſe Patriciatus dignitatem Carolo Magno. dicebat enim gloſſa, Patricium
fuiſſe patrem Papæ in temporalibus, ſicut
Papa eius pater in ſpiritualibus. Atq; idem

l *Cap.4.*

Cardinalis eodem libro, ˡ de Germanorum
Imperatorum Electoribus loquens, *Vnde E-
lectores,* inquit, *qui communi conſenſu omnium Alemanorum, & aliorum qui Imperio ſubiecti erant, tempore ſecundi Henrici conſtituti
ſunt, radicalem vim habent ab ipſo communi
omnium conſenſu, qui ſibi natural: iure Imperatorem conſtituere poterant : non ab ipſo Romano Pontifice, in cuius poteſtate non eſt, dare
cuicunq; prouinciæ per Mundum Regem vel
Imperatorem, ipſa non conſentiente.* Addit &
alia ibidem Cardinalis ille, magnus quidem
& Theologus & Philoſophus, quibus diſtin-
ctionem noſtram confirmat, & Imperatores
ac Reges tum præeſſe Pontifici, tum ſubeſſe
declarat. Atq; hæc de prima ratione Bellarmini, & argumentis ad eam demonſtran-
dam adductis.

C A P.

Cap. XVII.

SEquitur secunda,quæ duplici argumento concluditur . *Secunda ratio,* inquit, *Respublica Ecclesiastica debet esse perfecta, & sibi sufficiens in ordine ad finem suum. Tales enim sunt omnes respublicæ bene institutæ. ergo debet habere omnem potestatem necessariam ad suum finem consequendum. sed necessaria est ad finem spiritualem potestas vtendi & disponendi de temporalibus rebus : quia alioqui possent mali Principes impunè fouere hæreticos,& euertere religionem. igitur & hanc potestatem habet. Item potest quælibet respublica, quia perfecta & sibi sufficiens esse debet, imperare alteri reipublicæ non sibi subiectæ,& eam cogere ad mutandam administrationem, imò etiam deponere eius Principem, & alium instituere,quando non potest aliter se defendere ab eius iniuriis : ergo multo magis poterit spiritualis respublica imperare temporali reipublicæ sibi subiectæ, & cogere ad mutandam administrationem, & deponere Principes, atq; alios instituere,quando aliter non potest bonum suum spirituale tueri.*

Respondeo,tam variè hic peccatum esse,

vt

vt verisimile sit authorem vel hoc totum
quicquid est ex alio perfunctoriè & oscitan-
ter trāscripsisse, vel, si totum eius est, non satis eorum quæ prius dixerat meminisse. Nam
paulo antè, cùm niteretur alio argumento
probare, politicam potestatem esse subiectam Ecclesiasticæ, asseruit has duas potestates esse partes tantùm vnius reipublicæ,
& tantùm vnam Rempublicam constituere.
Prima ratio, inquit, *est eiusmodi ; potestas ciui-*
lis subiecta est potestati spirituali, quando v-
traque pars est eiusdem reipublicæ Christianæ.
Et iterum, *Secundo Reges & Pontifices, Cle-*
rici & Laici, non faciunt duas respublicas, sed
vnam. At hoc loco transmutat has duas Potestates, in duas Respublicas, quas proinde
ita separari ac disiungi oportet, vt Reges &
Laici constituant politicam & temporalem
Rempublicam ; Pontifices & Clerici spiritualem siue Ecclesiasticam. quo nihil absurdius, aut minus apposite, quantum ad præsens
institutum, dici potest. Nam aut loquitur
hic de potestate Ecclesiastica separata prorsus a potestate ciuili, vt olim fuit tempore
Apostolorum, & nunc est ijs in locis, vbi
Christiani inter Ethnicos aut infidéles degunt : quo casu satis constat potestatem illam,

Iam, siue Rempublicam Ecclesiasticam, vt
ille vocat, aut eius Principem & Hierar-
cham, nihil quicquam iuris, ne quidem spiritualis, habere in Principem politicum:
quòd neutiquam filius sit Ecclesiæ ª. Aut
loquitur de potestate Ecclesiastica coniuncta cum ciuili, vt in Republica Christiana:&
tunc perperam facit duas Respublicas, vnam
Ecclesiasticam, & alteram Politicam : cùm
sint due tantùm potestates vnius Reipublicę
Christianæ, vniusque Ecclesiæ & mystici
corporis Christi partes & membra, vt ipsemet antea tradidit.

Deinde falsum est quod assumit, potestatem scilicet vtendi & disponendi de temporalibus rebus necessariam esse ad finem spiritualem, &c. Nam ipse Princeps Apostolorum apertè docet, nullum sibi ius eiusmodi
fuisse in res temporales Christianorum, præter illas quas ipsi sponte contulerant obtu-
lerantque Ecclesiæ, cùm ait ᵇ, *Anania cur
tentauit satanas cor tuum, mentiri te Spiritui
sancto, & fraudare de pretio agri? Nonne manens tibi manebat, & venundatum in tua erat
potestate?* Si Apostolis facultas fuisset disponendi de rebus temporalibus Christianorum, non vtique dixisset Petrus, Nonne? &c.
cùm

ª 1. *ad Co-*
rinth. 5.

ᵇ *Act.* 5.

cùm ei ſtatim reponere poſſet Ananias:
imò verò tibi poteſtas eſt de rebus meis diſponendi, & propterea veritus ne eas mihi
fortè ex cauſa auferres, pretij partem occu-
lui. ſed quia Eccleſia hanc poteſtatem non
habebat; ipſe ſine cauſa erat *Spiritui ſancto*
mentitus. Quid, quòd ex iſto Bellarmini fundamento ſequeretur, Eccleſiam *primævam*
ſiue primitiuam non habuiſſe omnem poteſtatem neceſſariam ad ſuum finem conſequendum? Nam hac poteſtate diſponendi
de rebus temporalibus Chriſtianorum, inuitis dominis, trecenis, & amplius, poſt Chriſti paſſionem annis, ſub Ethnicis Principibus
agens, omnino caruit: quo tempore tamen
infinitam hominum multitudinem, ac penè
maximam Orbis partem, Chriſto nomen
dediſſe, & multò quàm vnquam ſeueriorem
in Eccleſia diſciplinam viguiſſe, ſatis conſtat: vt nefas ſit dicere Eccleſiam tunc omnibus medijs neceſſarijs iuris & facti ad finem ſuum adipiſcendum inſtructam non
fuiſſe. *opera enim Dei perfecta ſunt*. Et verò
non mediocrem Chriſto iniuriam faciat,
qui deſtitutam medijs neceſſarijs Eccleſiam
ab eo relictam, atque Apoſtolis traditam
arbitretur. Quidquid Eccleſiæ neceſſarium
fuit

fuit ad suum finem consequendum, id à
Christo abundè collatum est Apostolis,cum
dixit, *ego dabo vobis os , & sapientiam,cui nō
poterunt resistere, & contradicere omnes aduersarij vestri* [c]. Quicunque igitur Dominum commendasse Ecclesiam suam Petro   [c] *Luc.*21.
intelligit,& ei ter mandasse vt agnos & oues
suas pascat, [d] nec ei ad illos pascendos, & [d] *Ioan.*21.
finem mandati explendum necessaria om-
nia & iuris & facti tribuisse existimat,is mihi Atheo similis videtur, & de diuina proui-
dentia,potentia,ac bonitate dubitare. Fingamus eum non dedisse omnem potestatem
ad executionem tanti mandati necessariam;nunquid alia non dandi causa excogita-
ri potest,quàm quòd aut ignorabat Dominus quid facto opus esset, aut eius dandi facultatem non habebat, aut, quod extremæ
malitiæ est,seruos & amicos suos decipere
volebat, id illis munus imperando, quod
eos per impotentiam exequi non posse cer-
tò sciret? Ex his perspicuum est, temporale *Apostolos*
imperium, & potestatem deponendi Prin- *Christi seruos*
cipes,nullo modo necessariam esse Ecclesiæ *& amicos*
ad finem suum consequendum : licet huma- *esse.*
na consideratione videri aliquando vtile
possit : Deus enim,qui *quæ stulta sunt mundi
elegit,*

elegit , vt confundat fapientes : & infirma
mundi elegit ,vt confundat fortia ^c *,ſciens Ec-*
cleſiam non niſi ſpiritualibus armis indige-
re,eam illis ita ab initio inſtruxit,vt omnem
humanam potentiam ſuperaret , dicique
verè potuerit, *à Domino factum eſt illud, &*
eſt mirabile in oculis noſtris ^f. Præclare vt cætera, D.Bernardus ad Eugenium Papam ^g.
Petrus hic eſt,qui neſcitur proceßiſſe aliquan-
do vel gemmis ornatus vel ſericis, non tectus
auro,non vectus equo albo,nec ſtipatus milite,
nec circumſtrepentibus ſeptus miniſtris. Abſ-
que his tamen credidit ſatis poſſe impleri ſalu-
tare mandatum, Si amas me paſce Oues meas : *in his ſucceßiſti non Petro ſed Conſtantino.*
Quamuis itaque poteſtas temporalis,de qua
nobis ſermo, hominibus videri potuerit Eccleſiæ neceſſaria,Deo tamen neque neceſſaria neque vtilis viſa eſt,ob eam fortè rationem,quiam rerum euentus atque experien-
tia poſteritatem docuit : ne humano ſcilicet imperio freti Apoſtoli,& eorum ſucceſſores,ſpiritualia ſegnius curarēt,& quam
in virtute verbi diuini, Deiq; auxilio ſingulari,ſpem ponere debebant , eam in armis
& authoritate ac poteſtate temporali po-
tiſſimùm collocarent. Et verò ſi quis ſtatum
　　　　　　　　　　　　Eccleſiæ

* 1.Cor.1.　f Pſal. 117　g Lib.4.c.3.

Ecclesiæ à Christo passo in hunc diem, oculis atque animo in historijs colluſtret, cernet
omnino illam citò creuiſſe, ac diù floruiſſe,
ſub Pontificibus ſua ditione, id eſt, ſpirituali
iuriſdictione contentis, qui Chriſti humilitatis diſcipuli, vnicum Eccleſiæ tuendæ præ-
ſidium in virtute prædicationis Euangelij, &
ſedula diſciplinæ Eccleſiaſticæ obſeruatione, ſine vlla poteſtatis temporalis mentione,
eſſe poſitū iudicabant. Et rurſus ex quo Pontifices quidam ad ſummum, quod habent,
ſpirituale imperium, ſummum quoque temporale adiungere atque annectere conati
ſunt, Eccleſiam & numero credentium &
moribus præſidentium indies defeciſſe; &
remiſſa, ſeu verius omiſſa, illa antiquæ diſciplinæ ſeueritate, multos Eccleſiæ miniſtros
ſua munera ſegnius & negligentius obijſſe.

Omitto, quòd, ſi ratio iſtorum bona eſſet,
ſequeretur econtrariò, Rempublicam temporalem vt illi loquuntur, habere poteſtatem diſponendi de rebus ſpiritualibus, & deponendi ſupremum Reipublicæ Eccleſiaſticæ Principem: quia *debet eſſe perfecta & ſibi*
ſufficiens in ordine ad finem ſuum, & habere
omnem poteſtatem neceſſariam ad ſuum finem
conſequendum. Sed neceſſaria eſt ad finem
temporalem

temporalem potestas disponendi de rebus
spiritualibus, & deponendi Principem Ecclesiasticum. quia alioqui possunt mali Principes Ecclesiastici turbare statum & quie-
tem Reipublicæ temporalis, & impedire finem ciuilis gubernationis, vt de facto nonnulli summi Pontifices aliquando pertur-
barunt : igitur hanc potestatem habet Res-
pub.temporalis. Consequens planè falsum
est & absurdum (Nam Princeps temporalis,
quatenus talis est,nullam habet potestatem
spiritualem) proinde & illud quoque falsum
est,cui hoc est consequens.

Sed,vt dici solet, *dare absurdum, non est
soluere argumentum,*Respondeo igitur aliter
ad priorem partem huius secundæ rationis.
Non esse scilicet hîc duas Respublicas,vt ille
retur,sed vnam tantùm; in qua sunt duæ potestates, siue duo Magistratus, Ecclesiasticus,& Politicus, quorū vterq; habet ea quibus necessariò indiget ad suum finem obti-
nendum; alter nempe spiritualem,alter temporalem iurisdictionem : & neque hanc iurisdictionem illi potestati,neque illam huic
prorsus esse necessariam. Alioqui fatendum
est vtramque potestatem medijs necessarijs
fuisse destitutam,tunc cùm separatæ, vt o-
lim,

lim, fuerunt : quod planè falsum esse iam
ostendi, tam ex fine temporalis siue politicæ
gubernationis, quatenus talis est,[h] quàm ex   [h] *Su.s.14.*
statu Ecclesiæ sub Ethnicis & infidelibus
Principibus constitutæ[i]. Ad hunc modum   [i] *Sum.hoc*
in vna eademq; *ciuili politia*, in vna inquam   *ʿap.*
Ciuitate aut Regno, plures Magistratus distinctis officijs, potestate, atq; imperio, præ-
diti inueniuntur, qui Rempub.in partibus
sibi mandatam gubernant; quorum quilibet
potestatem necessariam ad muneris sui finem consequendum, àRege vel Repub.ac-
cipit; ita vt nemo eorum possit vel audeat
alterius iurisdictionem atque imperium inuadere,sibique arrogare. Non si Consulibus
aliquid Tribunitiæ potestatis deest, vel contrà Tribunis abest imperium Consulare, idcirco dici potest,vtrique alterius potestatem
necessariam esse ad suum finem consequendum : Nam vterque magistratus,secundum
suæ institutionis rationem, perfectus, atque
omni potestate necessaria ad muneris sui
executionem munitus est.

   Vel vt notiora exempla proferamus.   *n.*
Quemadmodum in eodem regno , & sub   *2*
vno Rege,duo amplissimi magistratus sunt,
quorum alterum Cancellarius , alterum
               Conestablus

Coneſtablus Rege mandante gerit (Illi
νομοφυλαχία &iuris ac iudiciorum cura præcipua incumbit: huic armorum adminiſtratio
ac totius diſciplinæ militaris præfectura
committitur) & vterque pro ratione & qua-
litate ſui officij perfectus eſt, atque omnem
poteſtatem neceſſariam ad muneris ſui executionem, finiſque eius conſequutionem à
Rege obtinet. Nec,ſi alter fortè alterius ex-
ercitiũ vel incuria vel iniuria impediat, poteſt impeditus propria authoritate alteri
magiſtratum abrogare, aut eius iuriſdictionem vſurpare,aut eum denique ad peccati
ſui emẽdationem, niſi modis legitimis à Rege ſibi cum officio conceſſis adigere : ſed
vtrumque de alterius commiſſo ad Regem,
à quo ipſi diſtinctam officijs poteſtatem acceperunt, referre oportet; vt ipſe læſum vl-
ciſcatur,& quid de cauſa ſtatuendum ſit,im-
perio iudicioq; ſuo arbitretur. Quandiu autem hi magiſtratus in regno concordes ſunt,
alter alterius ius tuetur,& quod ei deeſt, de
ſuo ſupplere conſueuit. Vt ſi paganus, vt
iudicium eludat,in caſtra ad exercitum pro-
ficiſcatur, auxilio Præfecti militiæ implora-
to,ad eum vnde fugerat locum remitti ſo-
leat. et cõtrà,ſi militiæ deſertor ab exercitu
in

in vrbem ſe proripit, magiſtratus vrbanus
à militari rogatus, eum mox in caſtra puni-
endum releget. Aſt vbi diſſentiunt, ea ſtatim
Reipublicę vulnera imponunt, quibus poteſt
ſolus Princeps occurrere ac mederi; quòd
ipſis inter ſe ius faſque non ſit alieno imperio vti : & huic ſolùm arma tractare, illi iudicia tantùm exercere liceat. Simili planè modo ſummi illi magiſtratus Reipub. Chriſtianæ, Rex & Pontifex, poteſtatem aliam atque
aliam, vtramque in ſuo genere perfectam,
à communi omnium Rege & Domino, Deo
Opt. Max. accipiunt, & diſtinctis imperijs atque officijs populo præficiuntur. Atque hi
quidem, donec conſentiunt, ad vtriuſque poteſtatis tutelam, ſibi inuicem de ſuo com-
modant : vt & poteſtas eccleſiaſtica ſeditio-
ſos & rebelles in Principem ſecularem ſubditos, cæleſti & ſpirituali mucrone feriat : &
viciſſim poteſtas temporalis & Politica Hæreticos, Schiſmaticos, & alios à fide deficiē-
tes, aut alioqui piæ matri Eccleſiæ non pa-
rentes, armata manu perſequatur, [k] & tem- ^[k] *Can. Prin-*
poralibus ſupplicijs, pœniſq; ciuilibus acriter *cipes. 23. q. 5.*
coerceat. Aſt vbi ſcinduntur in contraria
ſtudia, ſibique inuicem aduerſantur, tota re-
ſpublica Chriſtiana vel protinus concidit,

K vel

vel saltem grauissimè sauciatur : quòd nemo
sit, nisi solus Deus, qui causæ illius cognitor,
iniuriæque vltor legitimus esse possit.

Cap. XVIII.

CVpienti mihi ad alia transire, morulam
iniecit, dubitatio quædam de sensu posterioris argumenti secundæ rationis , his
verbis ab authore concepti [a]. *Item potest*
quælibet respublica, quia perfecta & sibi suffi-
ciens esse debet, imperare alteri reipublicæ non
sibi subiectæ, & eam cogere ad mutandam ad-
ministrationem, imò etiam deponere eius Prin-
cipem, & alium instituere, quando non potest
aliter se defendere ab eius iniurijs. Nam, vt
ingenuè fatear, cum hæc primùm apud eum
legissem, substiti aliquandiu, vt quis verborum istorum sensus , quantiq́; ponderis &
momenti esset argumentum, penitus intel-
ligerem. videbatur enim non planè & ex-
plicatè illud proponere, quòd modos nullos
cogendæ vicinę Reipub. & eius Principis deponendi, nobis patefaceret. Et cùm diu omnia mente versassem, aut hoc ænigma esse
statui, aut hunc verba eius sensum interpre-
tationemq́; admittere; Quælibet Respub.

contra

[a] *Cap prox-*
imo Sum.

contra aliam rempublicam, armis animisq;
sibi infestam, cùm aliter se ab eius iniuria tueri nequeat, bellum iustum indicere atque
inferre potest, eamque prælijs & armis vic-
tricibus ad pacis conditiones cogere : vel si
non satis sibi adhuc prospectum ea cautione
retur (quia fortè cum populo natura fœdi-
frago & rebelli negotium est) totam gentem
in suam ditionem ac potestatem redigere,
eiq; leges & iura dare, Principem abdicare,
imperium auferre, totam denique reipublicæ administrationem suo arbitrio in aliam
formam commutare. Quòd si hic verus sit,
vt & esse arbitror, horum verborum intellectus, argumentum illud nequicquam sanè à
Bellarmino adductum est ; Nec enim inde
colligitur quod ipse concludit, nempe *multò*
magis posse spiritualem rempublicam imperare
temporali reipublicæ sibi subiectæ, & cogere ad
mutandam administrationem , & deponere
Principes atque alios instituere, &c. tum quia
non sunt hoc casu duæ respublicæ, vt ille falsò assumit, sed vna tantum Christiana, duabus potestatibus nixa, quarum neutra alteri
subijcitur, vt est iam abunde in superioribus
demonstratum : tum etiam quia si ei concedamus, esse duas respublicas inter se distinctas,

&tas,Ecclesiasticam siue spiritualem & temporalem,necesse quidem est fateatur in illa
tantū contineri Pontifices & Clericos,in hac
verò Principes seculares & Laicos omnes; siue istā ex solis Ecclesiasticis,hanc ex solis lai-
cīs componi.licet enim Laici & Clerici simul
vnā Ecclesiam,& vnā Rempublicam Chri-
stianā constituant, non tamen faciunt simul
vnam Rempublicam Ecclesiasticam & spiritualem,prout distinguitur à temporali; neque vnam Rempublicam temporalem & secularem : sed secundum diuisionem & separationem supradictam,Laici temporalem,&
Ecclesiastici spiritualem, in casu quo temporalis à spirituali hoc modo distinguitur.
Iam verò cùm Respub . Ecclesiastica solos
Clericos contineat, quorum arma non alia
esse debent,nisi preces & lachrymæ,qui fieri
potest,vt illa inermis & imbecilla, armatam
Rempublicam temporalem mutare administrationem nisi fortè per miraculum cogat?

Nihil ergo hac comparatione & consecutione Bellarmini ineptius,quandoquidem
à Rebus publicis simili armorum vsu &appa-
ratu instructis, ad Respublicas quarum altera prorsus inermis est,ratiocinando procedit

Quoties

Quoties enim vna Respub. alterius iniurias
aut inferendas propulsat, aut acceptas vlcis-
citur, ijs armis contendit quæ sibi concessa
sunt, & quibus iure belli vti potest: corporé-
is nimirum & visibilibus, quorum impetu
corpora hostium sternit, præsidia inuadit,
ciuitates expugnat, ac totum Reipublicę ad-
uersantis statum euertit. At Respublica spiritualis, quam vocat, toto hoc armorum genere deficitur, & quoniam ex Clericis tantum composita est, solis armis spiritualibus,
precibus scilicet & lachrymis, pugnare illi
fas est. *Talia enim sunt munimenta sacerdo-*
tum: aliter nec debent nec possunt resistere [b].
Nam & materialem gladium omnes in persona Petri iubentur recondere. Quo igitur
modo spiritualis Respublica, Rempublicam
temporalem, fulminum spiritualium con-
temptricem, vt *administrationis* suæ modum
& formam *commutet,* cogere, aut *eius Princi-*
pem deponere, & alium instituere possit? Quod
si quis fortè proponat, Rempub. Ecclesiasticam in rei tantæ executione profanis secularium hominum armis adiutum iri (Principes enim, & reliqui omnes Christiani, nu-
tritij & defensores Ecclesiæ esse debent) ei
statim respondebitur, Rempublicam Eccle-

siasticam

[b] *Can. non.*
pila. can.
conuenior.
23. q. 8.

siasticam eo casu non cogere Rempub. temporalem, sed esse tantùm causam , cur alia Respublica temporalis, cuius auxilio spiritualis illa defensa est & protecta, iniuriam Ecclesiæ factam vindicet. Non secus ac si iniuriæ vel cladis acceptæ in vnius ciuis persona, tota Respub. se vindicem præbeat : quo modo in omnes Beniamitas , ob stupratam vnius Leuitæ vxorem, à cæteris tribubus Israel acerbissimè sæuitum esse constat ᶜ. sic Græci olim Menelai iniuriam Troiano excidio vlti sunt : & Romani necem à Teuca Illyriorum Regina L. Coruncano allatam, durissimo bello vindicarunt, & Reginam Illyrico excedere, ac tributum quotannis pendere coegerunt ᵈ. Nunquis hîc Beniamitas, Troianos, Illyrios, à Leuita, Menelao, aut Coruncano iam mortuo domitos & compressos esse dixerit, ac non potius ab ijs qui istorum ergo bella susceperunt, hostesque domuerunt? Nunquis similiter Ecclesiasticam Rempublicam esse dixerit, quæ temporalem iniuriam & lasciuientem , in ordinem cogat; ac nó potius aliam Rempublicam temporalem, quæ Ecclesiasticæ Reipublicæ causa bellum suscipit; & sine cuius auxilio Ecclesia ipsa, atque omnes eius ordines protriti & conculcati

ᶜ *Iud cap. pen. & vlt.*

ᵈ *Polyb. l. 2.*

conculcati iacerent ? Quid fi nulla temporalis Refpub. fit,quæ velit vel audeat armis
çum republica Ecclefiafticæ inimica contendere ? quibus tunc fe modis vindicet ?
Quid multis ? licet fuam illis comparationem conclufionemque concedamus, nihil
inde effici poteft, nifi Papam habere talem
poteftatem difponendi de rebus temporalibus Chriftianorum,& eorum Principes deponendi, qualem vel Rex Franciæ in An-
glos,Hifpanos, aliofue populos vicinos fibi
iniurios, vel horum finguli in res Regefque
Francorum ipfis infeftos habere dignofcun-
tur : quæ qualis quantaq; fit, ferro tantùm
cerni poteft.

Cap. XIX.

HÆc quanquam fecundæ rationi refu-
tandæ fufficiunt, tamen ne quid in hif-
ce doctiffimi viri fcriptis præteream, quod
intactum, aut negligentius tractatum, lectori errorem creare, fcrupulumue inijcere
poffit, operæpretium eft, id etiam quale fit
excutere, quod ad rationis fuæ firmamentum ex S.Bernardo in libris de confideratio-
ne ad Eugenium ᵃ affert. Monet quidem ᵃ *Lib.4.s.3.*

K 4   Bernardus,

Bernardus, gladium materialem effe militis
manu, ad nutum facerdotis, & iuffum Imperatoris, exercendum : quod nos certè fatemur. bella namque & iuftius fufcipiuntur,
& fœlicius conficiuntur, quando Ecclefiaftica fanctitas cum regali authoritate confpi-
rat. Sed animaduertendum eft, Doctorem
illum tribuere tantummodo nutum facerdoti, hoc eft, belli gerendi confenfum & voluntatem : iuffum verò & imperium Imperatori. ex quo perfpicuum eft, non eum alia
ratione dicere gladium materialem ad Ecclefiam pertinere , quàm quod in Repub.
Chriftiana , licet imperium belli fit penes
Imperatores, & Reges, ac Principes, tamen
iuftiùs bella gerantur, vbi Ecclefiafticæ poteftatis confenfus acceffit, quæ poteft Dei
fpiritu gubernata, inter æquum vel iniquum,
pium vel impium, folertius iudicare. Sed
quid fi Imperator nolit ad nutum facerdotis
gladium ftringere ? imò quid fi planè contra nutum facerdotis ftrinxerit ? Nunquid
aliquam S. Bernardus hoc cafu poteftatem
temporalem facerdoti tribuit in Imperatorem ? hoc enim eft quod hîc quærimus, & in
quo tota noftra verfatur difputatio. nullam
fanè; quin potius nullam ei competere poffe
docet,

docet, cùm dicat materialem gladium(quo verbo summa potestas temporalis significatur [b]) ab Ecclesia exerceri non posse : sed tantùm manu militis & iussu Imperatoris. Quod idem apertius tradit Gratianus, [c] Bernardi ferè coætaneus. *Cùm Petrus,* inquit, *qui primus Apostolorum à Domino fuerat electus, materialem gladium exerceret, vt Magistrum à Iudæorum iniuria defensaret, audiuit, Conuerte gladium tuum in vaginam, omnis enim qui gladium acceperit, gladio peribit : ac si apertè ei diceretur, Hactenus tibi, tuisq́ue prædecessoribus, inimicos Dei gladio temporali licuit persequi : deinceps in exemplum patientiæ gladium tuum, id est, tibi hactenus concessum, in vaginam conuerte : & tamen spiritualem gladium, quod est verbum Dei, in mactatione veteris vitæ exerce. Omnis enim præter illum, vel authoritatem eius, qui legitima potestate vtitur, qui, vt ait Apostolus,* [d] *non sine causa gladium portat, cui etiam omnis anima subdita esse debet: omnis inquam, qui præter authoritatĕ huiusmodi, gladium acceperit, gladio peribit.*

Si hæc Bernardi & Gratiani vera sunt, fieri nullo modo potest, vt Papa in Imperatorem, aut alios Principes seculares, temporalem potestatem vnquam iure exerceat : exerceri

[b] *Imperium.*
D. de iurisd.
Paul. ca. 13.
ad Rom.
[c] *23. q. 8.*
in princ.

[d] *Rom. 13.*

erceri quippe nisi gladio nequit, & gladius
non nisi horum iussu à milite stringi debet:
atq; ita potestas hæc temporalis, inanis prorsus & inutilis in persona Papę esset, cum eius
illi executio denegetur. nisi fortè Imperator
aliquis tam fatali fatuitate laboret, vt milites
tes contra se arma gestare iubeat, aut tanta
sanctitate & iustitia preditus sit, vt ne sibi ipsi
quidem parcendum, si deliquerit, edicto ca-
ueat. Huc pertinet quod D. Ambrosius scribit, ᵉ. materialem scilicet gladium Sacerdotibus vsq; ad Euangelium tantummodo
fuisse concessum. *Lex*, inquit, *ferire non ve-*
tat, & ideo fortasse Petro duos gladios offeren-
ti, Sat est, dicit Christus, quasi licuerit vsq; ad
Euangelium, vt sit in lege æqnitatis eruditio, in
Euangelio bonitatis perfectio.

  Præterea sciendum est, locum illum E-
uangelij de duobus gladijs, ᶠ quem nobis
obiectant, non necessariò intelligendum esse de gladio spirituali & temporali: imò verò longè congruentius esse sermoni Saluatoris illic habito, vt intelligatur de gladio spirituali & de gladio passionis, sicut Ambrosius doctè pieq; ibidem exponit. Nam Christus extremo illo ante passionem cum Disci-
pulis colloquio, eos admonuit longè alia cõ-
ditione

• *Lib.* 10.
comment. in
Euan. Lucæ.

ᶠ *Luc.* 22.

ditione mittendos esse ad prædicationem E-
uangelij, post ipsius mortem, cùm mandatum hoc acceperint, *euntes in mundum vni-*
uersum prædicate Euāgelium omni creaturæ ᵍ, ᵍ *Marc.16.*
quam antea ab eo missi fuerant, dum adhuc
in terris inter viuos ageret : quasi dixisset,
hactenus vos ita misi, vt neq; sacculo, neq;
perâ, neq; calceamentis indigeretis : at post-
hac mittam vos ad prædicationem Euangelij, & erit vobis sacculo opus & perâ, solicitu-
dinis nimirum & patientiæ : atq; etiam duobus gladijs, spirituali scilicet & passionis, de
quo dictum est, ʰ *tuam ipsius animam per-* ʰ *Luc.2.*
transibit gladius. Est enim gladius spiritualis,
inquit ibi D. Ambrosius, *vt vendas patrimo-*
nium, emas verbum quo nuda mentis penetra-
lia vestiuntur. Est etiam gladius passionis, vt
exuas corpus, & immolata carnis exuuijs ema-
tur tibi sacri corona martyrij, quod ex benedi-
ctionibus dominicis colligere potes , qui sum-
mam omnium coronarum, si quis persecutionem
patiatur pro iustitia prædicauit. Deniq; vt sciat
qua de passione locutus est, ne turbaret discipu-
lorum animos, de se exemplum protulit dicens.
Quoniam adhuc hoc quod scriptum est, oportet
impleri in me : quod cum iniustis deputatus
est. ⁱ. Hæc ille. quibus postremò adiungam, ⁱ *Isaie 53.*

quod

quod ipsemet Bellarminus, in libris de sum-
k *Lib.5.ca.3.* mo Pontifice, ᵏ contendat non eum sensum esse illius loci Euangelij, vt intelligatur
de spirituali & temporali gladio. *Respondeo,*
inquit, *ad literam, nullam fieri mentionem in*
eo loco Euangelij de gladio spirituali vel tempo-
rali Pontificis, sed solùm Dominum illis verbis
admonere voluisse discipulos, tempore passionis
suæ in ijs angustijs, & metu ipso futuros fuisse,
in quibus esse solent, qui tunicam vendunt vt
emant gladium. Vnde asserit S. Bernardum
& Bonifacium VIII. Papam, mysticè tantùm hunc locum, de duobus gladijs interpretatos esse.

Quod cùm ita sit, constetq́; tum ex inter-
pretatione Patrum, tum ex confessione ipsius Bellarmini, verba Saluatoris non de gladijs istis, de quibus nos digladiamur, verè,
propriè, ac strictè esse accipienda, perperam
sanè allegatur scriptum illud Bernardi, ad
probãdum Papam habere potestatem tem-
poralém vllo casu in Principes Christianos,
vel gladium temporalem esse sub gladio
spirituali; quod nec dicit ibi S. Bernardus,
nec dicere sine calumnia potuit. Quamuis
igitur maximè concedamus, locũm illum
Scripturæ, de spirituali & temporali gladio
esse

esse mysticè accipiendum, tamen ad hoc
tantùm valebit illa Bernardi expositio, vt in-
telligamus, Reges & Principes Christianos
consilio Ecclesiæ , siue summi Pontificis,
bellum gerere debere pro Ecclesia ; quod
nemo sanus vnquam negauerit. Atque ita
Christus (si eius verba mysticè eo modo in-
terpretemur) ostensis duobus gladijs, dixit,
Satis est. non vt gladium alterum alteri sub-
ijciendum, vel vtrumq; in manu Pontificis &
Sacerdotum futurum esse significaret (ea
quippe expositio vitiosa est, & tum rectæ rationi , tùm antiquorum Patrum doctrinæ
repugnat, qua traditur Reges & Imperatores solum Deum in têporalibus superiorem
habere)sed vt admoneret vtriusq; gladij, spiritualis & temporalis, concursum aliquando
fore in Repub. Christiana, Principibus ad fidem conuersis ; & illis duobus Ecclesiam vndiq; ab iniuria tutum ad defensum iri.

Sed quoniam in hunc insignem D. Bernardi locum incidimus , velim perpendat
mecũ obiter in eo lector, quod nescio an vllus ante hac animaduerterit. Quid est quòd
de gladio temporali ad Eugenium Papam
scribens, primùm dicat, *tuo forsitan nutu, etsi
non tua manu euaginandus.* Deinde, paucis
inter-

interiectis, ſubijciat, eundem gladium nutu
ſacerdotis eſſe exercendum, nec addat *forſi-*
tan? Nunquid illud *forſitan*, aut abundat in
priore ſententia, aut in poſteriore deſidera-
tur? Nempe id conſultò vir ſanctus ac prudens: vt perſonam Pontificis ab authoritate
& officio Pontificali, ſiue ſacerdotali, ſubtiliter diſtingueret, doceretq́; permagni referー
re, vtrum Papa an Eugenius, licet idem &
Papa & Eugenius ſit, aliquid aut vetet, aut
iubeat: vtrum inquam Pontifex, vt homo a-
nimi perturbationibus obnoxius, gladium
non pro Eccleſia ex officij debito, ſed deprauatæ affectionis incitamento ſtringi cupiat: an verò vt Sacerdos, id eſt, vir bonus &
pius, non ſuis ſed publicis commodis ſerui-
ens, gladio exercendo & bello gerendo an-
nuat abnuatue. Quaſi diceret; Eugeni Pontifex Maxime, gladius temporalis non ſimpliciter & abſolutè tuo nutu euaginandus
eſt, ſed forſitan: tunc ſcilicet, cùm ob eui-
dentem Eccleſiæ vtilitatem, id illis ſobrio
ſanoq́; conſilio ſuadebis, qui gladium in ſua
poteſtate habent: non autem tunc, cùm aut
veteres inimicitias cum aliquo exercere, aut
recens odium effundere, 'aut ambitioſam
dominandi cupiditatem explere cupiens,

Principes

Principes & populos Christianos inter se
committere, aut ipsorum vni bellum indicere atq; inferre cogitabis. Illa enim sacerdotis, ista hominis : illa Pontificis, ista Eu-
genij, aut alterius Pontificatum tenentis, co-
gitatio actioq; dicenda est. Atq; hæc quidem verbis illis sensisse Bernardum, res ge-
stæ à Pontificibus quibusdam impensè ira-
cundis & superbis, haud obscurè declara-
runt. Sed ad institutum reuertamur.

Cap. XX.

TErtia apud Bellarminum ratio est. *Non
licet Christianis tolerare Regem infidelem, aut Hæreticum, si ille conetur pertrahere
subditos ad suam hæresim, vel infidelitatem : at
iudicare an Rex pertrahat ad hæresim, necne,
pertinet ad Pontificem, cui est commissa cura religionis : ergo Pontificis est iudicare, Regem
esse deponendum, vel non deponendum.* & huius quidem rationis propositionem tribus
argumentis probare conatur.

Ad eam igitur respondeo. Quod ait, *non
licere Christianis tolerare Regem hæreticum
vel infidelem, &c.* id adeo falsum esse, quàm
quod falsissimum : alioqui damnanda tota
antiqui-

antiquitas, quæ Reges Hæreticos & Infideles, Ecclesiam Dei destruere conantes, sub-
misse pertulit ; *non solùm propter iram, sed*
propter conscientiam ; hoc est, non quod defi-
cerentur viribus ad impios Principes exigen-
dos, sed quod id sibi per Dei legem non licere iudicarent. Verùm quoniam hunc errorem perniciosissimum in libris contra Mo-
narchomachos, [a] atq; etiam superius hoc
libro, [b] iam satis refutauimus : non est quod
eius falsitati arguendæ hîc amplius immo-
remur. Id tantùm superest, vt vitia argumentorum, quibus falsam suam propositionem
probare nititur, breuiter indicemus.

    Primum argumentum ducit ex Deutero-
nomio, [c] vbi prohibetur populus eligere Regem qui non sit de fratribus suis, id est, qui
non sit Iudæus : ne videlicet pertrahat eos
ad idololatriam : ergo etiam Christiani pro-
hibentur eligere non Christianum. Hoc totum verum sit. Deinde ex his partibus concessis progreditur hoc modo. *Rursum, eius-*
dem periculi & damni est, eligere non Christi-
anum, & non deponere non Christianum, vt
notum est : ergo tenentur Christiani non pati
supra se Regem non Christianum, si ille conetur
auertere populum à fide.

                          Respon-

[margin notes]
a *Lib.3.*
cap.6.7.8.9.
& seqq.
& lib.4.
cap.5.& 6.
b *Cap. VII.*

c *Cap. 17.*

Respondeo, consequentiam hanc minimè
bonam esse, & eiusmodi vitiosis ac fallaci-
bus argumentis multos à veritate auocari.
Captio autem in eo est, quòd statuat ac pro
certo assumat, idem ius esse vbicunq; est i-
dem damnum vel periculum; quòd plane
falsum esse mox demonstrabitur. nec ei simile est quod tradunt Iurisconsulti, *vbi eadem ratio est, ius idem esse debet* [d]. Animaduertendum igitur, eum non dicere, *eiusdem
peccati esse eligere non Christianum, & non deponere non Christianum.* quòd si id dixisset,
negassem vtiq; antecedens : sed dicit, *eiusdem periculi & damni esse.* ex quo perperam
deinde colligit, Christianos teneri non pati
supra se Regem non Christianum. Non e-
nim sequitur, vbicunq; idem damnum & periculum vertitur, eandem faciendi potestatem concedi debere ei qui in damno vel periculo versatur: nec vbicunq; par damnum
est & periculum, ibi par quoq; peccatum
meritúmue subesse : idque exemplis facilè
probari potest. Qui plagas accipit, aut for-
tunis spoliatur, idem periculum & damnum
subit, siue per vim à latrone, aut milite deser-
tore, siue à magistratu per iniquam sententiam opprimatur : sed non idem aduersus v-

[d] *L. illud 32.
D. ad leg.
Aquil.*

trumq; remedium comparatum eſt. in di-
reptorem irruere, & eum, ſe ſuáq; tuendo,
occidere ius faſq; eſt ᶜ : ſeruato, vt aiunt, mo-
deramine inculpatæ tutelæ. At magiſtratui iniquam ſententiam, pro poteſtate imperij, exequenti, propter rerum iudicatarum
authoritaté reſtare non licet. ᶠ. Ecce quamuis vtrobiq; idem damnum & iactura ſpoli-
ati ſit, tamen non idem ius vtrobiq; obtinet.
Rurſus eiuſdem periculi & damni eſt, in nauigium cogitatò conſcendere, cuius cari-
nam ſcis eſſe quaſſatam ; & illud intrare
quod putas eſſe probum, cùm re vera rimo-
ſum ac diſſolutum ſit. eiuſdem dico periculi
eſt, ſed non eiuſdem peccati. priore caſu ten-
tas Deum, tibíq; tua ſponte necem paras :
poſteriore verò, ſi humanam diligentiam ad-
hibuiſti, nihil peccas qui ignarus tali te naui
commiſeris. Sic eiuſdem periculi & damni
eſt, mulierem, quam inſigniter moroſam &
iurgioſam eſſe noſti, propter fortunas vel
formam ducere : & in eam alias incidere
quam neſcias eſſe talem. & tamen qui ſciens
prudens in tam manifeſtum diſcrimen ſe
coniecerit, haud leuiter peccare videtur,
qui in vitæ degendæ modo, & ratione ineun-
da, Deum tentet. At qui ſortis ſuæ, & muli-
eris

ᶜ *L. vt vim
D. de luſt &
iur. cap. 2. de
homicid.
L. 2 C. quấd
liceat vni-
cuiq, ſiue
indig.*

ᶠ *L. Seruo
inuito. 65.
§. cum Pre-
tor. D. ad
S c. Trebell.*

eris malitiæ ignarus, talem duxerit, non modò in Numen non committit, sed quotidianis molestijs miserijsq;, si eas forti & patien-
ti animo perferat, velut specie quadam
martyrij demeretur. Possem multa id genus
exempla proferre, quibus argumentum istud
Bellarmini captiosum esse cõuincãm. Quẽ-
admodum ergo non sequitur, si is qui nouit
mulierem esse impensè improbam, & ita
peruersam, vt spes nulla sit cum ea tranquil-
lè viuendi, non debet eam sibi vxorem ascis-
cere (quod eo facto in apertum se discrimen
conijciat) vt is etiam qui talem mulierẽ fortuitò & imprudenter nactus est, debeat eam,
non obstante matrimonij vinculo, deserere
vel repudiare; quamuis eiusdem periculi &
damni res sit, si eam retineat. Ita etiam non
sequitur, Si Christiani tenentur non eligere
Regem non Christianum vel Hæreticum;
vt teneantur quoq; non pati iam electum.
quia multa impediunt faciendum, quæ factum non dissoluunt, vt vberius alibi ostendimus. Atq; hæc quidem ad argumenti istius vim eneruandam satis.

L 2 C A P.

C A P. XXI.

SEd cogor tamen hîc diutius inſiſtere, vt
alium adhuc errorem indicem & conuel-
lam, quem ſuperiori argumento tanquam
ſupplementum adiungit. Nam vt confirmet
illud quod dixit, *Chriſtianos teneri non pati
ſuper ſe Regem non Chriſtianum. &c.* & ne
quis de eâ ſententia dubitet,propterea quòd
Chriſtiani olim multos Principes partim
Ethnicos,partim Hæreticos, ſine vllo côſci-
entiæ ſcrupulo,tolerarunt ſimul & coluerūt,
eo ipſo quod Principes erant : vt inquam
obiectionem hanc efficaciſſimam,& ſuperi-
oris ſententiæ ſuæ peremptoriam aliqua ſo-
lutione præoccuparet ſtatim ſubijcit. *Quod
ſi Chriſtiani olim non depoſuerunt Neronem,
& Diocletianum, & Iulianum Apoſtatam, ac
Valentem Arianum,& ſimiles,id fuit quia dee-
rant vires temporales Chriſtianis. Nam quòd
alioqui iure potuiſſent id facere, patet ex Apoſtolo* 1.*Corinth.*6. *vbi iubet conſtitui nouos Iudices Chriſtianis temporalium cauſſarum, ne
cogerentur Chriſtiani cauſſam dicere coram
Iudice Chriſti perſecutore.Sicut enim noui Iudices conſtitui potuerunt,ita & noui Principes,*

&

& Reges, propter eandem causam, si vires ad-
fuissent.

Multa hîc sunt reprehensione digna, &
quæ miror equidem ab homine tam erudi-
to, & in authoribus sacris profanisq; exercitato, literis vnquam esse mandata. Nam primùm quod ait, defectionem virium in causa
fuisse, cur Christiani olim non deposuerint
Neronem, Diocletianum, Iulianum, Valentem, & similes; id falsissimum esse, testimonijs perspicuis & indubitatis, in libris nostris,
De Regno,[a] atq; etiam suprâ hoc libro,[b] iam   [a] *Lib.4.ca.5*
satis superq; ostendimus : & mox etiam de-   *& lib.3.*
monstrabimus ex principijs ab eo ipso positis *cap.10.*
atq; concessis. Deinde nihil ineptius, aut ma- *cum seqq.*
gis à ratione alienum, imò verò, pace tanti   [b] *Cap.6.7.8.*
viri dictû sit, nihil magis delusorium & cap-
tatorium, quàm ad illius falsæ sententiæ fidem faciendam, Apostoli Pauli authoritatem *allegare*; in cuius scriptis ne verbum quidem est, quod vel ad literam, vt aiunt, vel
figuratè & per interpretationem, talis sentê-
tiæ confirmandæ, sine calumnia & cauillati-
one, accommodari possit. Et verò, vt liberè
loquar, licéter nimis doctrinâ Pauli abutun-
tur, qui ex illa eius Epistola ad Corinth. pri-
ma[c], colligunt licuisse Christianis, Princi-   [c] *Cap.6.*
L 3   pes

pes Ethnicos vel Hæreticos deponere, & alios in eorum locum instituere. Reprehendit quidē Apostolus acritèr eo loco Christianos, tum quia se inuicem litibus vexabant, & iudicia omnino habebant: tum etiam quia ad tribunalia Iudicum Ethnicorum & infidelium, quibus nomen omne Christianum erat exosum, alij alios pertrahebant. Sed hoc ille tamen, non vt ea reprehensione doceret aut significaret, nullam Magistratibus Ethnicis temporalem iurisdictionem in Christianos fuisse, aut potuisse Christianos vlla pactione efficere, ne Ethnici in ipsos politicè dominarentur. Verùm vt ostenderet, indignum esse religione & professione Christiana, eos qui recens in Christo regenerati erant, & in eius
[d] 1. Corint. 1. societatem vocati, [d] malle litigare apud Iudices infideles, quàm fratrum, id est, Christianorum arbitrio iudicioq; negotia, & controuersias obortas sopire atq; componere.

Non itaq; abrogat Apostolus imperium Ethnicis hoc sermone, nec indicat Christianos ab illis posse deficere: sed tantùm improbat, & vitio vertit quorundam Christianorum procacitatē & pertinaciam, quòd cùm haberent fratres, hoc est, eiusdem religionis homines, qui de communi consensu Iudices

constituti,

conſtituti, cauſas ipſorum iuſtè ac ſapienter
intra priuatos parietes, amica affectione diſ-
ceptarét, ijs non contenti, ad Iudices infideles & iniquos, & Chriſtianis omnibus infen-
ſos, magno cum religionis ſcandalo, conten-
tioſius prouocabant. Vnde in eum locum
D. Thomas, *Sed videtur*, inquit, *eſſe contra
id quod dicitur* 1. *Pet*. 1. *Subditi eſtote omni
humanæ creaturæ propter Deum, ſiue Regi tanquam præcellenti, ſiue ducibus tanquam ab eo
miſſis. Pertinet enim ad authoritatem Principis iudicare de ſubditis. Eſt ergo contra ius diuinum prohibere quod eius iudicio non ſtetur,
ſi ſit infidelis. Sed dicendum, quòd Apoſtolus
non prohibet, quin fideles ſub infidelibus Principibus conſtituti, eorum iudicio compareant, ſi
vocentur: hoc enim eſſet contra ſubiectionem
quæ debetur Principibus: ſed prohibet quòd fideles non eligant voluntariè infidelium iudicium* Idem ferè in eundem locum ſcribit Theodoretus. & Lyranus: *Apoſtolus*, inquit, *non
prohibet hîc fideles ſub Principibus infidelibus
conſtitutos comparere coram eis quando vocantur; hoc enim eſſet contra ſubiectionem quæ
Principibus debetur: ſed prohibet ne voluntariè recurrant ad Iudices infideles in illis negotijs quæ determinari poſſunt per fideles.* Nihil
L 4   ergo

ergo iubet Apoſtolus eo loco, quod Iudicum infidelium iuriſdictionem & imperium
in Chriſtianos aut tollat, aut minuat, aut ei
aliquo modo præiudicet. imò verò nihil cōtra eiuſmodi ſubiectionem iuſtè iubere potuit, cùm ſit iuris naturalis, Dei authoritate
cōfirmati, vt, teſte D. Ambroſio, ipſemet A-
poſtolus alibi docet ᶜ. Hæc igitur Iudicum
conſtitutio, de qua loquimur, nullo modo ex-
imebat Chriſtianos à ſubiectione & iuriſdictione magiſtratuum Ethnicorum, ſed tantùm auferebat illis neceſſitatem interpellan-
di iudices infideles, cùm habèrent iudices
inter ſe communi conſenſu conſtitutos, quorum ſententijs obortæ controuerſiæ componi potuerunt. Erant autem hi Iudices re vera
Arbitri ſine imperio, ſine prehēſione, volun-
tariam tantùm iuriſdictionem exercentes ;
& ideo ſi vel refractarius Chriſtianus, vel
Ethnicus aliquis Chriſtianum ad Iudicem
infidelem vocaſſet, nihil vocato profuiſſet
Iudicum illorum Chriſtianorum authoritas,
quo minus ethnico tribunali ſe ſiſtere teneretur; teneretur inquam in conſcientia, propter ſubiectionem quam ſuperioribus iure
naturali debemus.

Præterea ſi quis locum illum Apoſtoli non
limis

ᶜ Rom. 13.
cap.

llmis oculis percurrerit, animaduertet eum
id ibi negotij sibi dare, vt ad Euangelicam
perfectionem, quæ consilij magis quàm præ-
cepti est, Christianos animos erudiat, cùm
eos hortetur vt potius iniuriam ferant, &
fraudem patiantur, quàm vt iudicia inter se
exerceant. secundum illud Saluatoris ᶠ, *si* ^f *Matth.5ͥ*
quis te percusserit in dexteram maxillam, præ-
be illi & alteram; & ei qui vult tecum in iu-
dicio contendere, & tunicam tuam tollere, di-
mitte ei & pallium. Et ita Ecclesiæ Patres,
Ambrosius, Primasius, Theodoretus, reli-
quíque omnes locum illum intellexerunt.
Nam quod ait, *Iam quidem omnino delictum*
est in vobis, quod iudicia habetis inter vos.
quare non magis fraudem patimini? &c. id
nisi de vitæ perfectione, siue de perfectissi-
mo vitæ statu intelligatur, vix est vt admitti
possit: cùm inter omnes constet, eos non de-
linquere, qui iniurijs & contumelijs oppressi,
subleuari se atque iuuari à Iudice postulant.
Facit igitur D.Paulus eo loco, sicut bonus
multorum liberorum parens, qui filios inter
se dissidentes meritò increpat, tum quòd fra-
ternum amorem dissentionibus ac discordijs
violent, tum etiam quòd exortas inter se
controuersias, non de fratrum potius consilio

lio transfigere, quàm forensi strepitu inuoluere,& iudiciali calculo decidere ac termi-
nare malint.

Hæc cùm ita se habeant,Deum immortalem! quæ isthæc miserabilis cæcitas & insci-
tia, vel certè malitia,est, velle ex illis Pauli
verbis colligere, ius fuisse Christianis deponere Imperatores & Magistratus omnes
Ethnicos,si vires illis ad eam rē suppetissent?

g Rom.13. cùm præsertim ipsemet Apostolus alibi *g*
præcisè iubeat Christianos omnes *necessita-*
te subditos esse ijsdem illis potestatibus Ethnicis,*non solùm propter iram*, ne si defectionem scilicet molirentur,iratis & infensis potestatibus pœnas darent :*sed etiam propter*
conscientiam, quòd nimirum sana & salua
conscientia,subtrahere se eorum iurisdictio-
ni & subiectioni, quæ Dei ordinatio est,aut
eis resistere, nullo modo possent. hoc enim
est, necessitate subditos esse propter conscientiam,siue *propter Deum*,vt præcipit D.Pe-
h 1.Petr.2. trus ʰ. Adhæc quoque primi ab Apostolis
Christiani omnes, Imperatorem, quamuis
Ethnicum & persecutorem fidei,a Deo constitutum, &solo Deo minorem esse ingenuè
i Tertull ad fatebantur ⁱ. Si itaque Christiani propter
Scapul & in conscientiam necesse habebant parere Eth-
Apologet. nicis

nicis magistratibus, nonne certum est eos,
non quia facti, sed quia iuris potestatem non
habebant, omni rebellionis & defectionis
molimine abstinuisse? Aut si Deo solo minor erat Imperator, & maiorem minor deponere non possit, qui poterant eum subditi
Christiani deponere? Nunquid aut Apostolus secum ipse pugnat, aut aliud Petrus, aliud Paulus docuerunt? aut nunquid prisci illi
Patres qui Apostolis successerunt, ius suum
omne erga Reges & Magistratus infideles
vel hæreticos ignorabant? nam vires illis
facto exequendo pares, & plusquam suffici-
entes fuisse, pluribus alibi demonstraui-
mus ^k.

Ex his igitur perspicuum est, Apostoli
Pauli authoritatem nihil quicquam ad superiorem Bellarmini sententiam de Regibus
deponendis pertinere, ac proinde largiter ab
eo erratum esse, quòd in re tam seria, tantiq;
momenti, Apostolicæ authoritatis fuco lectori imposuerit. Si constitutio siue creatio
Iudicum, Apostoli iussu facta à Christianis,
Iudicum infidelium authoritatem, imperium, & iurisdictionem sustulisset, aut aliqua
ex parte abrogasset, vel ab eorū subiectione
Christianos exemisset, nihil fuisset Bellarmini

k *Lib. 3. de Regno. cap.* 10. 11. 12. 13 *& lib. 4. cap. 5. & 6.*

mini argumēto validius; nihilq; eius sententia verius. Sed quoniam illa iudicum con-
ftitutio non magis Poteftatibus Ethnicis
præiudicabat, quàm vel regum fabariorum
creatio in vigilia Epiphaniæ, vel Principum
& iudicum à lafciuiente iuuentute in Bac-
chanalibus, vero Regi, Magiftratibufq; præiudicat, nullum inde pro eius fententia argumentum elici poffe certum eft.

Quoniam autem fingula perfequimur,
admonere oportet, D. Thomam alicubi in
ea opinione effe [1], vt exiftimet ius domini; &
prælationis Ethnicorum Principum iuftè vllus auferri poffe, *per fententiam vel ordina-*
tionem Ecclefiæ, authoritatem Dei habentis, vt
ille ait. D. Thomæ magna apud me authoritas eft, fed non tanta, vt omnes eius difputationes pro Canonicis Scripturis habeam; vel
vt rationem vincat aut legem. eius ego Ma-
nes veneror, & doctrinam fufpicio. Sed non
eft tamen cur illa eius opinione aliquis mo-
neatur: tum quia nullam fuæ fententiæ vel
rationem idoneam & efficacem, vel authoritatem profert: tum etiam quia in
explicatione epiftolæ Pauli ad Corint [m]. 1.
contrarium planè fentit: tum denique
quia neminem fecum antiquorum Patrum

[1] 22. q 10.
art. 10.

[m] Cap. 6.

trum confentientem habet,& rationes mul-
tę,authoritatefque in contrarium fuppetunt,
Ratio autem quam adfert eft, *qua infideles*
merito fuæ infidelitatis merentur poteftatem
amittere fuper fideles, qui transferuntur in fi-
lios Dei. Mala ratio, & tanto viro indigna :
quafi verò fi quis meretur priuari officio, beneficio,dignitate, authoritate, aliouè iure
aliquo quod poffidet,idcircò ftatim fpoliari
poffit ab alio quàm ab eo à quo id accepit
retinetque, vel ab alio expreffum mandatum,& poteftatem ab ipfo habente . Quis
nefcit Cancellarium, Coneftablum,aliofq;
Magiftratus à Rege datos, mereri quidem
amittere dignitaté fuam, fi qua in re fuo officio abutantur?at eam tamen nemo illis auferre poteft, quamdiu eos Princeps, à quo
folo pendent,dignitate fua fungi patitur. Simili modo Principes infideles, licet *merito*
fua infidelitatis mereantur poteftatem amitte-
re: tamen quia funt à Deo conftituti,& folo
Deo minores, non poffunt nifi à Deo defti-
tui imperio ac deponi.Et verò idem Thomas, in expofitione epiftolæ Pauli fuperius
hoc capite relata, fatis aperte indicat, Ecclefiam non habere eam authoritatem qua
poffit Ethnicos deponere:ait enim effe con-

ꝗ3

tra ius diuinum, prohibere ne Principum infidelium iudicio ftetur à fubditis. Cónftat
autem, Ecclefiam nihil contra ius diuinum,
vel iubère, vel prohibere poffe. Porro tollere
Principibus infidelibus *ius Domini & Præla-*
tionis, eft re vera prohibere ne ipforum iudicio ftetur : Ecclefia ergo eam poteftatem
non habet. Et verò peruoluat quifquis velit
hiftorias, nufquam inueniet Ecclefiam id fibi
iuris affumpfiffe, vt de Principibus Infidelibus fiue Ethnicis iudicaret. Nec folùm propter fcandalum abftinuit, vt putat Thomas
eo loco, fed propter defeĉtum poteftatis,
quia non erat iudex infidelium, fecundum
illud Apoftoli [n], *quid mihi de ÿs, qui foris*
funt, iudicare. Et quia Principes à Deo conftituti, folum Deum fupra fe iudicem habent, à quo folo deponi poffunt. Nec ad rem
pertinet, quòd Paulus, dum iubet feruos
Chriftianos dominis fuis infidelibus omnem
honorem exhibere, illud folum addit, *ne no-*
men Domini & doĉtrina blafphemetur. non
enim id dixit, quafi ea fola de caufa ferui dò-
minis obedire debeant, fed quòd præcipuè
ea de caufa. expreffit itaque maximum malum quod inde oriri potuit, vt feruos à con-
temptu dominorum deterrèret, nempe fcandalum

° 1. Cor. 5.

dalum publicum totius Eccleſiæ Dei & doctrinæ Chriſtianæ. Non vult ergo Apoſtolus ijs verbis, ſeruos poſſe ſe licitè ſubtrahere
iugo ſeruitutis, inuitis dominis, ſi id ſine
ſcandalo poſſent Eccleſiæ; furtum enim ſui
facerent [o], iure gentium; ſed vult oſtendere
eos non ſolùm peccare, quod alibi apertè
docet [p], ſed etiam publicum toti Eccleſiæ
ſcandalum generare: quod ſingulorum peccatis longè grauius & pernicioſius eſt, &
ſuper omnia euitandum.

[o] L. ancilla 60. D. de furt. l. 1. C. de ſer. fugit.
[p] Rom 13.
ad Philip. 6.
Coloſſ. 3.

Reliquum igitur nunc eſt, vt, quod ſumus
polliciti, ſuperiorem Bellarmini ſententiam
de iure abdicandorum ſiue deponendorum
Regum & Principum Ethnicorum, falſam
eſſe, ex principijs ab eo poſitis & conceſſis,
demonſtremus. Res eſt expedita, nec factu
difficilis. Nam libro ſecundo de Romano
Pontifice [q], fatetur, Apoſtolos, & reliquos
Chriſtianos omnes, æquè ſubiectos fuiſſe
Principibus Ethnicis, in ciuilibus omnibus
cauſis, atque cæteros homines. verba eius
hæc ſunt. *Reſpondeo, primùm dici poſſet Pau-*
lum appellaſſe ad Cæſarem, quia de facto erat
iudex ipſius, etſi non de iure: ita enim reſpon-
det Ioannes de Turrecremata lib. 2. cap. 96.
Summa de Eccleſia. Secundo dici poteſt, & me-
lius

[q] Ca. 29.

lius, cum Alberto Pighio lib.5. Hierarchia Ecclesiastica cap.7. discrimen esse inter Principes Ethnicos & Christianos. Nam quo tempore Principes erant Ethnici, non erat Pontifex iudex illorum, sed è contrario illis subiectus erat in ciuilibus omnibus causis, non minus quàm cæteri homines. Quòd enim non esset Pontifex iudex illorum, patet: quia non est iudex nisi fidelium, iuxta illud, 1. Corin.6. Quid ad me de his, qui foris sunt, iudicare. Quòd verò è contrario esset ipse illis subiectus ciuiliter, de iure, & de facto, patet etiam. Nam lex Christiana neminem priuat suo iure & dominio. Sicut ergo ante Christianam legem homines subiecti erant Imperatoribus, & Regibus: ita etiam postea. Quare Petrus & Paulus passim hortantur fideles, vt subditi sunt Principibus, vt patet ad Rom.13. ad Titum.3. & 1. Pet.2. Meritò itaque Paulus Cæsarem appellauit, eumq; iudicem agnouit, cùm accusaretur seditionis & tumultus in populo excitati. Hæc ille, ex quibus patet non solùm defectum virium in causa fuisset, cur primi Christiani non deposuerint Principes Ethnicos, sed etiam quia ius omne, diuinum, & humanum, tali facto repugnabat. idque eodem libro, eodemque capite apertius docet, cùm dicat *iudicare, punire, deponere,*

deponere, ad superiorem tantùm pertinere, quod verissimum est,& communi hominum iudicio extra controuersiam confirmatur.

Iam verò ex his certissimis principijs, ab eo positis & concessis, quilibet ratiocinandi peritus facile colliget, Christianos, quantumuis numero & viribus potentes extitissent,non potuisse iure deponere Neronem, Diocletianum,& cæteros Ethnicos & impios Principes. idque hac firmissima &indissolubili demonstratione concluditur.

Subiecti non possunt iure iudicare, punire, vel deponere superiorem:

Atqui omnes Christiani erant subiecti Neroni, Diocletiano,

Et cæteris Imperatoribus ac Regibus Ethnicis.

Ergo non poterant eiusmodi Imperatores vel Reges deponere.

Propositio ab eo concessa est, itemque subsumptio, & certissima veritate nituntur: Conclusio autem ex antecedentibus necessaria consecutione pendet, atque ex diametro opponitur ei quod dixit, *Christianos olim iure potuisse deponere Neronem, Diocletianum* &c. sed quia viribus temporalibus deficiebantur eo consilio abstinuisse. Falsum igitur

M   illud

illud eſt,& reprehenſione dignum; ſiquidem
aientia & negantia ſimul vera eſſe nequeunt. Hinc etiam patet falſitas opinionis D.
Thomæ, quam ſuprà hoc capite refutauimus.

Cap. XXII.

Ixi Bellarminum triplici argumento v-
ſum eſſe, ad tertiæ rationis ſuæ confirmationem; quæ eſt, *non licere Chriſtianis
tolerare Regem infidelem vel hæreticum &c.*
ex quibus primi iam vitia notaui : reliqua
autem duo cuiuſmodi ſint, & quam vim
habeant, hoc capite & ſequēti peru
eſtigan-
dum eſt. Secundum igitur argumētum hoc
eſt. *Tolerare Regem hæreticum vel infidelem,
conantem pertrahere homines ad ſuam ſectam,
eſt exponere religionem euidentiſſimo periculo. At non tenentur Chriſtiani, imò nec debent,
cum euidenti periculo religionis tolerare Regem infidelem. Nam quando ius diuinum &
humanum pugnant, debet ſeruari ius diuinum,
omiſſo humano. de iure autem diuino eſt ſeruare veram fidem & religionem, quæ vna tantùm eſt, non multa; de iure autem humano
eſt, quod hunc aut illum habeamus Regem.*

Ad

Ad hæc respondeo, Bellarminum & alios, vnde ipse ista acceperit, non rectè, neque ex arte hîc ratiocinari : sed duo argumenta simul confusè & permixtim sine forma proponere. Nam pro eo quod assumit, *at non tenentur Christiani, imò nec debent, cum euidenti periculo religionis tolerare Regem infidelem.* reponi debet in bona dialectica. *at non tenentur Christiani, imò nec debent, exponere religionem euidentissimo periculo.* vt inde concludatur, *non licere Christianis tolerare Regem infidelem vel hæreticum.* Nam assumptio quam ipse ponit, nihil ferè aliud est, quàm ipsa propositio controuersa. Sed vt aliquid ei largiamur, demus eum optima forma ratiocinationem confecisse, & ad vim argumenti respondeamus. Dico igitur propositionem eius falsam esse, dico inquam, non verum esse, quòd *tolerare Regem hæreticum, vel infidelem conantem pertrahere homines ad suam sectam, est exponere religionem euidentissimo periculo.* sed est tantùm pati religionem versari in periculo, in quod incidit vitio Regis hæretici aut infidelis, & cui iam sine culpa populi exposita est : cùm nullum eius liberandæ iustum & legitimum remedium, præter constantiam & tolerantiam,

populo

populo ſuperſit. Hoc autem Chriſtianis vitio verti non poteſt,niſi eàdem opera priſcos
illos Patres,& Chriſtianos omnes acriter in-
cuſemus,qui Conſtantio, Iuliano, Valenti,
& alijs Catholicæ religionis deſertoribus,
quòd Imperium legitimè eſſent adepti, ſine
vlla tergiuerſatione, aut minimo rebellionis indicio,ſubmiſsè paruerunt & quos tollere de medio vel deponere facillimè potuerunt, eos, quia Imperatores & Reges erant,
ſunt omni honore, obſequio, & reuerentia
proſequuti. Hi ergo ſancti Patres, & optimi
eo ſeculo Chriſtiani,tolerarunt quidem Reges hæreticos & infideles, quanquam eos
deponendi maxima facultas & opportunitas
(ſi vires tantùm temporales ſpectemus)ipſis
ſuppeteret : at eos tamen nemo ſani cerebri
vnquam dixerit expoſuiſſe religionem euidentiſſimo periculo, per eiuſmodi patienti-
am & tolerantiam Chriſtianam. De eo autem Rege tolerando loquor, qui vel Ethnicus ab Ethnicis eſt conſtitutus vbi Chriſtiani non dominantur : vel qui cùm inaugura-
retur, in Chriſtianis eſt habitus. Nam
eligere nullo iure cogente, ſuper ſe Regem,quem ſciunt eſſe hæreticum vel infidelem, eſt verè exponere religionem euidentiſſimo

tissimo periculo , eoq; grande Christianis
piaculum : & qui id faciunt, digni sunt omnes qui malè pereant.

Iam verò ad illud quod deducit ex pugna
iuris diuini & humani, respondeo breuiter,
illum valde falli in eo , quòd putet esse ibi
concursum & conflictum diuini & humani
iuris; non sunt enim pugnantia, seruare veram fidem & religionem, & tolerare Regem
hæreticum vel infidelem , nec alterum de
iure diuino est, alterum de iure humano, vt
ille putat. Sed sunt duo præcepta iuris diuini, colere Deum vera religione, & seruire
atque obedire Regi : quæ simul seruari &
expleri possunt ac debent, vt ipsimet Iesuitæ
asserunt[a] : & nos pluribus contra Monarcho-
machos lib. 3. ostendimus[b]. Itaque hoc casu
non solùm possunt subditi, sed etiam debēt,
Regem eiusmodi tolerare, & in vera interim
religione constanter permanere; atque ita
reddere Cæsari quæ sunt Cæsaris , & quæ
sunt Dei Deo . Nam si, quod alibi Bellarminus tradit, [c] non licet Concilio iudicare, punire, vel deponere Papam nitentem turbare
& destruere Ecclæsiam Dei, sed tantùm *ei*
resistere non faciendo quod iubet, & impedi-
endo ne exequatur voluntatem suam : cur non

[a] Contra
Arnaud.
pag. 69.
[b] Cap. 8.

[c] Lib. 2. de
Rom. Pont.
cap. 29.

M 3 similiter,

ſimiliter,& potiore etiam ratione,idem de
Regibus cenſeamus?cùm & ipſi ſint populis,
d *Lib.*1 *de
Rom.Pont.
cap.*9.& *lib.*
3.*cap.*19. teſte eodem [d] authore,ſuperiores,& iudicem
in terris nullum habeant : cumq; præterea
nonnullis magni nominis Theologis viſum
ſit,Concilium Oecumenicum maiore ſupra
Papam, authoritate præditum eſſe, quàm
habeat populus in Principem ? quod Eccleſia nimirum ſemper Dei ſpiritu regatur, nec
temere quicquam faciat. Populus verò tur-
binibus ſeditionum frequenter agitatus
multa ſine conſilio, ſine iudicio, impiè, crudeliter,& iniuſtè moliatur.

At difficile eſt Regem impium tolerare,
& veram ſeruare religionem; reponet aliquis. Fateor equidem, ſed impoſſibile non
eſt.Impoſſibilitas (detur venia verbo)ab obſeruatione mandatorum excuſat;difficultas
non item. Cæterùm quod ait, *de iure diuino
eſt ſeruare veram fidem & religionem : de iure autem humano eſt,quod hunc aut illum habeamus Regem*; id quidem totum verum eſt.
ſed caue tamen lector ne capiaris. Omiſit
Bellarminus quod eſt præcipuum : addere e-
nim debuit, *at vbi hunc vel illum Regem ſemel habemus,de iure diuino eſt, vt ei in ciuilibus cauſis cum omni honore & reuerentia pa-
reamus.*

reamus. Hac adiectione, quam nemo Catholicus negare poteſt, illud eius argumentum prorſus eliditur. Nam in ſpecie ab eo propoſita non concurrunt ius diuinum & humanum, vt ille putat (quod ſi contingeret, æquum eſſet humanum diuino cedere) ſed concurrunt duo capita iuris diuini, veram ſcilicet fidem & religionem ſeruare; & Regem honorare, eique in politicis obedire: quorum vtrunque impleri poteſt & debet, *reddendo vt dictum eſt, Cæſari quæ ſunt Cæſaris, & quæ ſunt Dei, Deo.* vt in perſona Papę conantis Eccleſiam deſtruere, ex Bellarmini doctrina iam didicimus.

Cap. XXIII.

SVpereſt poſtremum argumentum, quod ſubtili ſed captioſa interrogatione hoc modo proponit. *Deniq; cur non poteſt liberari populus fidelis à iugo Regis infidelis, & pertrahentis ad infidelitatem, ſi coniunx fidelis liber eſt ab obligatione manendi cum coniuge infideli, quando ille non vult manere cum coniuge Chriſtiana, ſiue iniuria fidei, vt apertè deducit ex Paulo 1. ad Corin. 7. Innocentius III. cap. Gaudemus, extra de diuortijs?* non enim mi-

nor eſt Poteſtas coniugis in coniugem, quàm Regis in ſubditos; ſed aliquanto etiam maior.

Nihil hoc argumento frequentius eſt in ore omnium Monarchomach-n, quòd eò facilè quamplurimos fallant. eſt enim ciuſmodi, quò non aliud aut primo aſpectu magis moueat, aut penitus inſpectum & intellectum minus vrgeat. Ad id igitur reſpondeo, longè diuerſa & diſſimilia hæc eſſe, *liberari à iugo alicuius, & liberari ab obligatione manendi cum aliquo*, & propterea haud rectè componi & comparari inter ſe: quandoquidem ne ipſe quidem coniunx, cui obligatio manendi cum aliquo remittitur, protinus à iugo eius vnde decedit hoc ipſo liberatur. cuius rei quotidiè exempla nobis Eccleſia ſuppeditat, quæ coniuges ex varijs cauſis, quoad torum & menſam, vt aiunt, hoc eſt, quoad conuerſationem & obligationem manendi cum altero coniuge, liberat & abſoluit, manente nihilominus matrimonij iugo, quod Chriſti & Eccleſiæ ſacramentum eſt. Quapropter talis argumenti à coniungibus ducti vis nulla eſt, niſi à iugo maritali ſiue matrimoniali, ad iugum regale procedat, veluti ſi dixerit, *cur non poteſt liberari populus fidelis à iugo Regis infidelis & pertrahentis*

hentis ad infidelitatem, si coniunx fidelis liber est à iugo coniugis infidelis. Quod si placeat Reuerendissimo Domino Bellarmino, suum illud argumétum in hoc conuertere, vt ponderis & momenti plus habeat, tunc alitèr ei respondebo. Nempe aut loqui eum de illis coniugibus, qui cùm essent ambo fideles matrimonium contraxerunt, & alter ad hæresim vel infidelitatem postea delapsus est: aut de coniugibus ethnicis & infidelibus, quorum alter ad fidem Christianam conuersus est, altero pertinaciùs in suam superstitionem paganicam incumbente. Si de prioribus argumentum intelligit, malè laudat authorem Innocentium, qui de tali coniugio ne verbum quidé in dicto cap. Gaudemus: & præterea falsum esset quod pro arguméto nobis obtrudit; videlicet coniugem fidelem liberú esse à iugo coniugis infidelis, quando ille non vult manere cum coniuge Chrstiana sine iniuria fidei. vt idé Innocétius expressè docet in cap. Quanto. §. si verò. extra. de Diuort. *Si verò,* inquit, *alter fidelium coniugum vel labatur in Haresim, vel transeat ad gentilitatis errorem, non credimus quod in hoc casu is qui relinquitur, viuente altero, possit ad secundas nuptias conuolare, licet in hoc*

casu

casu maior appareat contumelia Creatoris. Et
rursus idem Innocentius in cap. ex parte extra. De conuerf. coniugat. in eandem fententiam refcribit. Matrimonium fcilicet inter
legitimas perfonas contractum, & carnali
copula confummatum, *in nullo cafu poffe diffolui, etiam fi vnus fidelium, inter quos eſt ratum coniugium, fieret Hæreticus, & nollet permanere cum altero fine contumelia creatoris.*
En vt argumentum à coniugibus deductum
non modo non pugnat pro iftorum fententia, fed eam acriter oppugnat: veluti fi
ἀντιϛρέϕω: argumentum aliquis per interroga-
tionem, hoc modo proponat. *Cur liberari
debet populus fidelis à iugo Regis infidelis vel
Hæretici conantis pertrahere fubditos ad fuam
fectam, fi coniunx fidelis non eſt liber à iugo
coniugis infidelis, licet ille noluerit manere cum
coniuge fideli fine iniuria fidei, & contumelia
Creatoris.* Vt apertè docet Innocent. III. in
cap. Quanto. §. fi verò. De Diuort. & in cap.
ex parte. De conuerf. coniugat. adeo vt Panorm. in illum. §. Si vero. dicat, ex ratione ibi
pofita fequi, Ecclefiam non poffe tale matrimonium diffoluere, & liberare coniugem fidelem à iugo coniugis infidelis : cùm tamen
multo facilius poffit coniunx fidelis à coniuge

ge infideli, quàm totus populus à Rege per-
uerti. Sed & vinculum fubiectionis quo populus Regi aftringitur, cùm fit iuris naturalis
& diuini, videtur difficilius diffolui poffe,
quàm illud coniugum inter fe : vt inde quis
facile contendat, non plus in vno quàm in altero Ecclefiam poffe.

Quòd fi de pofterioribus coniugibus argumentum intelligat, in promptu refponfio
eft, ex eadem Innocentij epiftola Decretali :
nimirum inter tales coniuges non effe ratum
Matrimonium, quantum ad indiffolubile
coniunctionis vinculum attinet. & ideo e-
iufmodi coniuges plenam diffoluendi Matrimonij libertatem habent, vt vel mutuo
confenfu, & bona gratia, vel *cum ira fui animi & offenfa* difcedant ; & alter inuito altero, vbi ei libitum fit, nexum illum coniugij
per repudium & diuortium diffoluat ; æquè
enim mulier viro, ac vir mulieri repudium
mittere folet. [a] Vnde idem Innocentius rationem differentiæ inter coniuges fideles &
infideles, in eodem capite, hanc tradit. *Nam
etfi,* inquit, *Matrimonium verum inter infideles exiftat* (quia fcilicet fecundum præcepta
legum coeunt [b].) *non tamen eft ratum : inter
fideles autem verum & ratum exiftit, quia fa-
cra-*

cramentum fidei quod semel est admissum nun-
quam amittitur, sed ratum efficit coniugÿ sa-
cramentum, vt ipsum in coniugibus illo duran-
te perduret. Non mirum ergo si coniunx ad
fidem perductus, à coniungis in infidelitate
manetis consortio & potestate liber sit : cùm
etiamsi ambo in infidelitate mansissent, æ-
què liberum alterutri eorum fuisset ab altero recedere, & Matrimonium repudio dissoluere : quia nullum initiò inter eos ratum
& firmum obligationis vinculum intercessit.
Et ideo ne coniunx fidelis, ab infideli volen-
te cum eo habitare, recedat, non præcipit
Apostolus [c], sed consulit : vt doctè & ele-
gantèr docet.S.August.lib.1.de adulterinis
coniugijs, & sacri Canones inde desumpti
nos admonent [d].

Quæ cùm ita sint, sequitur profectò, ad-
uersarios nequicquam argumentum à coniugibus petere vt populum à regali iugo posse liberari doceant,siue fidelium,siue infidelium coniugia spectent : quòd illi quidem
arctissimo & indissolubili societatis nexu co-
pulentur; cuius vinculum neq; propter infidelitatem,neq; propter Hæresim alterutrius
infringi, ne quidem ab Ecclesia,potest : vt
inde potius ad regalis imperij firmitatem &
perpe-

[c] 1.Corint.7.

[d] 28.q.1.
can.8.&9.

perpetuitatem, quàm ad eius diſſolutionem
& diremptionem, argumentum nobis ſuppe-
tat; Hi verò nulla prorſus obligationis neceſſitate aſtricti ſint in facie Eccleſiæ, quin
conuerſus ad fidem maritus, ſi pars eius ſine
ſcandalo ſequi nolit, aliam ſuo ſibi arbitrio
aſciſcat:& contrà, mulier ad fidem perducta,
marito renuente, cui volet in Chriſto nubat.
Cùm itaq; nullum inter iſtos ratum coniugium exiſtat, & ſubiectio politica, ac regalis
dominatio, inter omnes gentes, & in omni
lege, tam iure diuiño quàm humano, rata &
probata ſit : quid abſurdius aut ineptius dici
poteſt, quàm illa inter ſe componere, & argumétum aliquod ab infidelium coniugum
ſocietate & iugo, quod excuti pro arbitrio
poteſt, ad regalis imperij iugum repellen-
dum deducere, & idem de vtroq;, quaſi de
plane ſimilibus, iudicare?

Cap. XXIV.

ADmonui Capite XIII. quinque apud
Bellarminum rationes eſſe, quibus
ſummum Pontificem in omnes Reges &
Principes ſeculares Chriſtianos temporalé
poteſtatem habere contendit. ex ijs tres iam
percur-

percurrimus, & quàm parum firmæ ſint, qui-
buſq; vitijs laborent, indicauimus. Reſtat in
duas reliquas inquirere, quæ neutiquam me-
liore iure conſiſtunt. earum prior his verbis
ab eo proponitur.

Quando Reges & Principes ad Eccleſiam
veniunt, vt Chriſtiani fiant, recipiuntur cum
pacto expreſſo vel tacito, vt ſceptra ſua ſubijci-
ant Chriſto; & polliceantur ſe Chriſto fidem
ſeruaturos & defenſuros, etiam ſub pæna regni
perdendi: ergo quando fiunt hæretici, aut reli-
gioni obſunt, poſſunt ab Eccleſia iudicari, &
etiam deponi à principibus: nec vlla eis iniuria
fiet ſi deponantur.

Huic rationi reſpondetur, negando con-
ſequentiam. Nam licet verum ſit, Principes
ad Eccleſiam venietes ſe ſceptraq; ſua Chriſto ſubmittere, & vel vltrò ea promiſſa ſeu
tacitè ſeu expreſsè facere, quæ Bellarminus
commemorat: non tamen verum eſt, nec
inde ſequitur, eos iudicari & deponi poſſe ab
Eccleſia, vel ſummo Pontifice, ſi fidem fallant, & pactum ac iuſiurandum negligant.
quia ſumma illa Chriſti iuriſdictio & poteſtas temporalis in Reges omnes & Mundum
vniuerſum, quam habet vt Dei filius, non
competit Eccleſiæ vel Pontifici; ſed tantùm
illa

illa potestas quam Christus sibi assunpsit,
cùm inter homines humano more verfare-
tur, secundum quam Papa Christi vicarius
est : vnde ipsemet Bellarminus ᵃ perbellè,   ᵃ *Lib.5. de*
dicimus, inquit, *Papam habere illud officium,* *Rom.Pont.*
quod habuit Christus, cùm in terris inter homi- *cap.4.*
nes humano more viueret. Neq, enim Pontifici
possumus tribuere officia, quæ habet Christus,
vt Deus, vel, vt homo immortalis & gloriosus,
sed solùm ea, quæ habuit vt homo mortalis. At
Christus nullum tēporale dominium & po-
testatē vsurpauit, dum in terris vt homo inter
homines ageret, ac proinde neq; Ecclesia, vt
Ecclesia, neq; Papa vt caput Ecclesiæ, & vicarius Christi, vllam tēporalem potestatem
habere potest, vt pluribus explicat & probat
idem vir doctissimus illo capite. Quapropter
licet Reges & Principes, quando ad Ecclesiam veniunt, Christo Deo regnum subijci-
ant, & Christum iudicem habeant, à quo habent & Regnum: tamen quia de re temporali iudicium est, quando de regno commisso
agitur, illum solum iudicem habent; non
etiam Ecclesiam vel Papam. Ex quo facilè
apparet, quàm sint captiosæ illæ rationes &
conclusiones, quas Sanderus, à quo sua hæc
Bellarminus accepit, ex eiusmodi promissis
seu

seu tacitè seu expressè factis deducit. Nam
quod ad illas interrogandi & respondendi
formulas, quas inter Papam & Principes ad
Ecclesiam accedentes, verbosè & vitiosè
confingit : respondendum est, illas ineptè ab
eo conceptas esse, & neq; debere neq; solere
in Principum Ethnicorum ad Ecclesiam ve-
nientium receptione interuenire, ne Ecclesia aut suspectos eos habere, aut male de ijs
ominari videatur. Itaq; ardens in Christum
amor, & præsens fidei confessio, vnà cum ijs
promissis, quibus generaliter spondent se
Christo nomen daturos, & eius Ecclesiæ filios futuros, diabolo & eius operibus renun-
ciaturos, Dei & Ecclesiæ mandata seruatu-
ros, & id genus alia, vt recipiantur, abundè
sufficiunt. Quæ omnia promittunt quidem
Christo, acceptante promissionem Ecclesia,
tanquam eius sponsa in cuius sinu regene-
ratur; aut ipso Pontifice non vt homine, sed
vt Christi Dei ministro vicariam operam
præbente; ac proinde ipsi Christo, per Ecclesiam vel Papam, obligatio principaliter
acquiritur. vnde licèt alia quoq; omnia spo-
sponderint, quæ Sanderus fictitiâ sua formulâ comprehendit, & pactum conuentum postea neglexerint, aut prorsus contempserint,

ab

ab eo solo puniri possunt in cuius verba iu-
rarunt, quíq; omnium rerum temporalium
dominus est, & quem supra se iudicem in
temporalibus solum habent; non autem ab
eo cui rerum tantummodo spiritualium &
recipiendæ promissionis cura commissa est.

Atq; his quidem simillima sunt, quæ in
gubernatione ciuili quotidie obseruari cer-
nimus. Qui ad feudorum successionem aspi-
rant, siue iure hæreditario, siue alio titulo
vocentur, non aliter ijs frui possunt, quàm si
prius in clientelam eius qui feudi dominus
est, fuerint recepti, id est, nisi prius sacramentum fidelitatis, quod vulgo *Homagium* siue
Hominium vocant, conceptis verbis domino
præstiterint. Quòd si feudum regium sit, in
quod succedunt, raro Rex ipse fidelitatis iusi-
iurandum acceptat, sed vt plurimùm per suum Cancellarium, aliumue ad hoc specialiter delegatum, id operis exequitur. Cancellarius itaq;, cùm Magnates in verba Regis
iurantes, ad feuda & dignitates admittit, eas
in ciuili administratione & iurisdictione tē-
porali sub Rege partes obit, quas Pontifex
sub Christo in spirituali gubernatione Ecclesiæ, cùm Principes ad eam venientes, in-
terposito fidelitatis & pietatis erga Deum
N   sacra-

sacramento, recipit. Et vt ille quidem clien-
ti semel recepto,(licet postea fidem frangat,
crimenq; committat quod feloniam vocāt)
ex nulla causa feudum auferre potest, quòd
solius ius Regis sit, minimeq; Cancellario
concessum : ita neq; hic receptos in Ecclesiam Principes, quantumuis grauiter postea
delinquant,fideiq; desertores fiant,regnis &
ditionibus priuare, aut alio modo *temporali-*
ter punire potest ; quòd sit illud soli Deo re-
seruatum. Quanquam igitur Reges & Principes Christiani sunt in Ecclesia, & quatenus filij Ecclesiæ, sunt Ecclesiâ & Pontifice
inferiores, tamen quatenus ipsi supremum
magistratum temporalem in terris gerunt,
inferiores non sunt,quin potius superiores; &
ideo licet fortè regnum ex pacto tacito vel
expresso commiserint, id illis tamen auferre
neq; populus, neq; Papa, neq; Ecclesia potest : sed solus Deus Opt. Max. à quo omnis
potestas est, & quo solo in ciuili administratione minores sunt. Nec vnquam poterit vel
Bellarminus, vel alius quispiam, efficax aliquod testimonium ex vllius seculi monimentis eruere, quò nobis planum faciat, Reges
& Principes seculares, dum ab Ecclesia ad
fidem reciperentur, ita iuri suo renunciasse,
vt

vt & imperium temporale, quod à Deo ac-
ceperant, prorſus deponerent, & ſeipſos in
negotijs politicis iudicandos, pœnaq; temporali plectendos , Eccleſiæ ſubijcerent.
Hoc autem ſi nemo eorum demonſtrare
poſſit, neceſſe eſt fateantur Reges & Principes eodem iure, eademq; libertate & authoritate, regna atq; imperia ſua poſt fidem ſuſceptam retinuiſſe, quibus antequam ad Eccleſiam veniſſent poſſidebant: quia, vt aduerſarij fatentur, *Lex Christi neminem pri-*
uat iure ſuo. Si ergo ante baptiſmum, neminem ſuper ſe iudicem in temporalibus, præter ſolum Deum, habebant; neminem quoque poſt baptiſmum habere potuerunt. Sed
hac de re plura, in primæ rationis refutatione, diximus. Boziana deliria nihil hîc moror.

Quod autem huic quartæ rationi ſubijcit.
Nam non eſt idoneus ſacramento baptiſmi, qui
non eſt paratus Chriſto ſeruire, & propter ip-
ſum amittere quicquid habet. ait enim Domi-
nus Luc. 14. Si quis venit ad me, & non odit
patrem, & matrem, & vxorem, & filios, ad-
huc autem & animam ſuam, non poteſt meus
eſſe diſcipulus; id quorſum ſpectet non video.
nemo certè hoc negat. Sed quid inde? talis
ratio nõ magis ad inſtitutum pertinet, quàm

quod eſt remotiſſimum.vt nec illud quod ibi
ſequitur; *præterea*, inquit, *Ecclesia grauiter*
erraret,ſi admitteret aliquem Regem qui vel-
let impunè fouere quamlibet ſectam, & defen-
*dere hæreticos,ac euertere religionem.*Eſt hoc
ſanè veriſſimum. Sed, vt dixi, nihil ad inſtitutum pertinet. Non enim de ea re hîc quæſtio eſt; ſed de poteſtate temporali Ecclesiæ,
ſiue ſummi Pontificis,qui eius Vicarium ſub
Chriſto caput eſt: num eam ſcilicet poteſtatem habeat, quâ Reges & Principes ritè receptos, ſi poſtea fidem fefellerint, ac ſuſcep-
tum in lauacro regenerationis officium de-
ſeruerint,.temporalibus pœnis coërcere poſſit, necne. huius autem quæſtionis neutra
pars, hiſce ſequelis & appendicibus, vel probatur, vel improbatur : ob eamq́; cauſam
miſſas facio.

Cap. XXV.

QVinta & poſtrema ratio eſt, ex cura &
officio Paſtorali. *Cùm Petro dictũ eſt,*
inquit,*paſce oues,Ioan.vlt. data eſt illi facultas*
omnis, quæ eſt Paſtori neceſſaria ad gregem tu-
endum. at paſtori neceſſaria eſt poteſtas triplex,
nimirum vna circa lupos, vt eos arceat omni
ratione

*ratione qua poterit: altera circa arietes, vt ſi-
quando cornibus ladant gregem, poſſit eos recludere: tertia circa oues reliquas, vt ſingulis
tribuat conuenientia pabula: ergo hanc tripli-
cem poteſtatem habet ſummus Pontifex.*

Ex hoc principio & fundamento tria, vt
illi videtur, argumenta vrgentia deducuntur. Sed ne longius abeat, reſpondeo in primis ad iſtud ipſum fundamentum, totum
quidem verum eſſe, ac pro me ſtare, atq; inde contrarium eius quod ipſe aſſerit belliſſi-
me colligi poſſe. colligi inquam, ſummum
Pontificem nullam omnino téporalem poteſtatem habere, aut exercere poſſe in Principes Chriſtianos, quatenus Chriſti vicarius, & D. Petri ſucceſſor eſt: quinimo non
eſſe neceſſariam eiuſmodi poteſtatem Pontifici, ad munus ſuum paſtoritium obeun-
dum explendumq;.

Id autem hoc argumento euidenter concluditur. Chriſtus commendando ſuas oues
Petro, dedit ei omnem poteſtatem neceſſariam ad tuendum gregem. Atqui non dedit
ei poteſtatem temporalem : ergo poteſtas
temporalis non eſt neceſſaria ad tuendum
gregem. Deinde progrediemur hoc modo;
Abſurdum eſt ſummum Pontificem, quate-

nus

nus successor est B. Petri, habere plus potestatis, quàm habuit ipse Petrus: at Petrus
non habuit vllam potestatem temporalem
in Christianos:ergo nec summus nunc Pontifex,quatenus successor eius est.

Prioris ratiocinationis propositio, extra
omnem controuersiam est. Assumptio autem probatur testimonio & confessione ipsius Bellarmini. Nam libro quinto de Rom.
Pontif. [a] vbi suam de his rebus sententiam,
similitudine carnis & spiritus, stabilire conatur, sic scribit. *Vt enim se habent in homine spi-*
ritus & caro, ita se habent in Ecclesia duæ illa
potestates. Nam caro & spiritus sunt quasi duæ
respublicæ, quæ & separatæ & coniunctæ inue-
niri possunt. inuenitur caro sine spiritu in bru-
tis: inuenitur spiritus sine carne in angelis. &
paulò pòst. *Ita prorsus politica potestas habet*
suos Principes, leges, iudicia, &c. similiter Ec-
clesiastica suos Episcopos, Canones, Iudicia. Illa
habet pro fine temporalem pacem; ista, salutem
æternam. Inueniuntur quandoq; separata, vt
olim tempore Apostoloru; quandoq; coniunctæ,
vt nunc.

Si separatæ erant hæ potestates tempore
Apostolorum, vt erant re vera, & de iure &
de facto: consequitur necessario, D. Petrum
nullam

nullam habuiſſe temporalem poteſtatem, a-
lioqui falſum eſſet eas fuiſſe ſeparatas. Nam
ſi ſimilitudini ab eo propoſitæ locus eſt, conſequens erit, vt quemadmodum nihil car-
neum in angelis reperitur, nihilq́; in brutis
ſpirituale : ita tempore Apoſtolorum, nihil
temporalis poteſtatis in Eccleſia eſſet, aut
ſpiritualis in humana politia. Ergo fatendum
eſt, vel poteſtatem temporalem non
eſſe neceſſariam ſummo Paſtori Eccleſiæ,
vel ipſum tunc Principem Apoſtolorum, &
ſummum Paſtorem D. Petrum, non omnibus
rebus ad paſtoralis officij curam neceſſarijs
munitum inſtructumq́; fuiſſe. Hoc autem
ex diametro opponitur ei quod in ſua
ratione fundamentali, vt ita loquar, iam dixerat.
datam ſcilicet *eſſe Petro facultatem omnem neceſſariam ad gregem tuendum.*

Idem etiam probatur ex eo, quòd tota poteſtas
politica & temporalis pendebat tunc
ab Ethnicis Principibus, quibus ipſemet Petrus,
teſte Bellarmino [b], quamuis Eccleſiæ
caput, & Chriſti vicarius, de iure & de facto
in temporalibus ſubijciebatur : ex quo ſequitur
D. Petrum vel nulla poteſtate temporali
præditum fuiſſe, vel eam ab Ethnicis Principibus
accepiſſe : alioqui, vt modò diximus,

falſum

[b] *Lib.1. de Rom. Pont. cap.29.*

falsum esset has potestates fuisse tunc separatas. At certum est eum nullam ab istis accepisse;proinde nec vllam habuisse. Et verò
hæ rationes apertiores sunt, quàm quibus a-
liquis sine fraude reniti & repugnare possit.
vt mirum sit, homines eruditos, cæteraq;
pios, ita zelo quodam inconsiderato occæ-
cari, vt dubia pro certis, pro perspicuis ob-
scura, pro rectis contorta, pro expeditis deniq; inuoluta & implicata multis controuersijs & contradictionibus, amplecti & sequi
non dubitent. At sedem Apostolicam hu-
iusce potestatis & authoritatis accessione
amplificare & ornare student. Ecquis verè
Catholicus, propensos in sedem illam animos, vnde fidei nostræ fundamentum & firmamentum est, non laudet? Quòd sedem
illam ornant, & efferunt, quam nemo satis
pro dignitate laudare possit, eos equidem
laudo : sed quòd plus ei tribuunt quàm oporteat, idq; magno cum multorum scandalo,
id ego sane non laudo. Nam & nos quoq;
non minus eam ipsam sedem veneramur,
non minus amamus,suspicimus,admiramur:
vtpote quæ verè sedes Petri est, & in petra
qui Christus est collocata, omnes hæreses
superauit, atque in Ecclesia summum iure
                                    prin-

principatum obtinet. Sed ne eam isto potestatis incremento augeamus, vetat veritas: testimonium nobis perhibente conscientia, coram Deo & Domino Iesu, ante
quem in die reuelationis iusti iudicij, & hæc
nostra, & illa ipsorum scripta, suis signata
meritis apparebunt.

Non est ergo quôd superiorem pro se rationem adferant. Nam Christus quando Petro dixit, *Pasce oues meas*, constituit eum quidem pastorem gregis sui; sed pastorem spiritualem, non temporalem: deditque ei omnem facultatem ad id muneris necessariam:
ex quo patet temporalem potestatem non
esse Pontifici necessariam: quia Christus e-
am Petro non contulit. Nec vsquam accepimus, aut D. Petrum, aut alium quemlibet
Apostolorum, temporali potestate functum
esse, cuius imperio in Christianæ fidei desertores, seu directè seu indirectè (ne quis in
verbis vim faciat) ciuilibus poenis Magistratuum more animaduerteret. Verum quidem est, effectum esse aliquando, vt spiritualem sententiam poena temporalis, veluti
mors aut cruciatus, per miraculum sequeretur; indigente nimirum tunc signis ac pro-
digijs ad firmandam fidem Ecclesia. cuiusmodi

modi supplicia longè maiorem Christianis
animis metum incutiebant, quàm si humano more, pœnas Potestati ciuili pendissent.
Atque hoc nimirum illud est, quod ad Corinthios scribit Apostolus [c], *quid vultis ? in*
virga veniam ad vos, an in charitate & spiritu
mansuetudinis ? Virgam vocat hanc potestatem spiritualem, quæ, Deo mirabiliter ope-
rante, temporales etiam effectus tunc temporis producebat : vt etiamnum aliquando,
apud populos recens Christo lucrifactos,
pari de causa producit.

c 1.Corin.4.

C A P. XXVI.

HÆc cùm ita sint, facilior nobis via ster-
nitur ad eorum argumentorum refu-
tationem, quæ Bellarminus ex superiore suo
fundamento, à nobis iam explicato, & in ipsum retorto, deducit. Concidunt enim, partim suopte vitio, partim quòd fundamento
cui superstruuntur non satis cohærent. Nam
primùm ex eo quòd *pastori necessaria est pote-*
stas circa lupos, vt eos arceat omni ratione qua
poterit, ratiocinatur hoc modo. *Lupi qui Ec-*
clesiam Dei vastant , sunt hæretici : ergo si
Princeps aliquis ex oue aut ariete fiat lupus, id
est

est, ex Christiano fiat hæreticus, poterit pastor Ecclesiæ eum arcere per excommunicationem, & simul iubere populo, ne eum sequantur, ac proinde priuare eum dominio in subditos.

Sed fallitur aut fallit, coniiciendo vera simul & falsa in eandem conclusionem. Nam quod ait, pastorem Ecclesiæ posse arcere Principem hæreticum per excommunicationem: id quidem verum est, & ex principio illo necessaria consecutione deriuatum. Sed posse quidem, non etiam debere, nisi cùm id sine scandalo, & Ecclesiæ detrimento, commodè facere possit: vt superius ostendi.[a] Nam vbi periculum est, ne [a] *Cap.9.* pax Ecclesiæ dissoluatur: neue *membra Christi per sacrilega schismata lanientur, diuinæ disciplinæ seuera misericordia necessaria est* (id est, totum diuino iudicio & vltioni relinquendum est) *Nam consilia separationis* (id est excommunicationis) *& inania sunt & perniciosa atque sacrilega, quia & impia & superba fiunt, & plus perturbant infirmos bonos, quàm corrigunt animosos malos.* Hęc S. Augustini doctrina est [b], communi Ecclesiæ [b] *Lib.3.cap.* calculo approbata [c]: ex qua patet, quàm te- *2.contr.epist.* merè & imprudenter Pontifices quidam, *Parmeniani.* Imperatores, & Reges potentissimos, cum [c] *23.quæst.* *4.can.non* *potest.* magno

magno totius orbis scandalo,& pacis Ecclesiæ dissolutione, per excommunicationem
ab Ecclesia separarint, quos longè satius fuisset tolerasse, & eorum delicta indicasse
tantùm, atque cum gemitu in Ecclesia lux-
isse, *propter compensationem custodiendæ pacis*
& vnitatis, & propter salutem infirmorum, &
tanquam lactentium frumentorum, ne mem-
bra corporis Christi per sacrilega schismata la-
nientur[d]. Potuerunt igitur hoc facere Pontifices, sed non debuerunt. *Non omne quod*
licet, honestum est. Scitè Apostolus [e], *omnia*
mihi licent, sed non omnia expediunt. Prima
igitur conclusionis pars vera est, posse scilicet pastorem Ecclesiæ arcere Principes hæreticos per excommunicationem.

Quod autem sequitur, *& simul iubere*
populo ne eum sequantur: Duas habet ansas,
vt.cum Epicteto loquar, vnam integram, alteram fractam. Duplicem inquam intellectum; verum vnum, & vitiosum alterum.
Nam si id eò dicat, quòd Pontificis sit præcipere subditis, ne Principem hæreticum in
sua hæresi sequantur, ne vnà cum eo insani-
ant & damnatos errores combibant; neue
corruptis eius moribus sese infici & inquina-
ri patiantur: æquè verum est, & ex eodem
principio

d *August*
vbi Sup.

e 1.*Corin.*6.
& 10.

principio & fonte rectiſsimè deriuatum : eſt-
que hic verborum illorum ſenſus optimus.
Nihil enim Pontificali dignitati, & Eccleſi-
aſtico ordini vniuerſo, tam conueniens eſt,
& decorum, nihilq; populis Chriſtianis tam
vtile & neceſſarium, quàm vt ad inſtar antiquorum Patrum Eccleſiæ, ipſemet in primis
Pontifex Max. cæterique eius fratres omnes,
prædicent verbum, & inſtent opportunè, im-
portunè, arguant, obſecrent, increpent, in
omni patientia & doctrina f : vt tanquam f 2. Timo. 4.
teſtes fideles, & ſerui boni, quos Dominus
conſtituit ſuper familiam ſuam, id agant
verbo & exemplo, ne populus Regis ſui errores ſectetur, neu fidem Catholicam vllis aut
minis, aut muneribus regijs diſſimulet, deſe-
ratuè. Quod quoniam plerique ipſorum aut
omnino nunc non faciunt, aut ſegnius certe
multò quàm oportet, & quam ipſimet prouinciam obire debent, mendicis quibuſdam
fraterculis mandant : quid mirum ſi multi
noſtro ſeculo, à caulis dominicis in caſſes di-
abolicos, errorum velut turbine ac tempeſtate, abripiátur ? Hic ſenſus, vt dixi, optimus
eſt. At non eo tamen ſenſu loqui Bellarminum, tum cauſa ipſa quam agit, tum clauſu-
la hæc ſequens, *ac proinde priuare eum domi-*
nio

nio in subditos,palàm demonstrant. Fractam igitur ansam nobis porrigit, sensum certè vitiosum,& planè pessimum. Pastorem scilicet Ecclesiæ, subditis iubere posse, ne vlla Principis eiusmodi mandata capessant,& ne vllũ ei obsequiũ ˟, reuerentiã, obedientiam, honorem, in ijs quæ ad temporalem & politicam gubernationem pertinent, vllo modo exhibeant, *ac proinde priuare eum dominio in subditos.* hoc autem falsum est,& legi diuinæ ac præceptis Apostolicis contrarium. *time Dominum, fili mi, & Regem* g . *Admone illos Principibus & potestatibus subditos esse, dicto obedire* h . *Subiecti estote omni creaturæ propter Deum, siue Regi, quasi præcellenti. Deum timete, Regem honorificate:* i & id genus alia. Quæ cùm de Regibus impijs , & Ecclesiæ persecutoribus dicta sint (quippe non alij tunc rerum potiebantur) non possunt ad Reges pessimos non pertinere. hoc ergo est quod dixi, fallere eum, aut falli, conijciendo vera simul & falsa in eandem conclusionem. Verum enim est, Pastorem Ecclesiæ posse arcere Principem hæreticum, per excommunicationem; falsum autem, posse priuare eum dominio in subditos. Nam obedientia Regibus, & superioribus omnibus debita,

bita,

g *Prou.24.*

h *Tit.3.*

i *1.Petr.2.*

bita, est iuris naturalis & diuini : qui possit igitur summus Pontifex, aduersus eam cum populis vllo modo dispensare?

Nam qui Scripturas sacras diligentius & subtilius perscrutantur, duplex preceptorum Pauli genus animaduertunt : vnum eorum quibus ius diuinum, ad quod praedicandum missus erat, promulgat, & Dei voluntatem, in vetere aut noua lege comprehensam, proponit exponitque. cuiusmodi praeceptis innumeris epistolae eius refertae sunt, in quibus & haec sunt, quae de obsequio & reuerentia Regibus ac Principibus exhibenda praecipit. Alterum verò genus eorum, quae non à lege naturae aut expresso Dei verbo pendent; sed quae per humanam prudentiam Dei gratia adiutam, ad ordinationem diuini cultus, ipsemet Apostolus propria authoritate constituit. veluti ne bigamo aut percussori mandetur episcopatus [k]. ne vidua non sexagenaria ad diaconissae officium [l] eligatur, & similia. Atque inter haec praecepta id interest, quod in ijs quae sunt posterioris generis, summus Pontifex ex causa dispensare possit : habet enim non minorem in dispositione & ordinatione Ecclesiae potestatem, quàm ipsemet Apostolus; quòd ei, vt

vicario

[k] *1. Timoth.* 3. *Tit.* 1.
[l] *1. Timo.* 5.

vicario Christi, & Petri succefsori, Ecclesia
tota commissa sit : quódque decessorum suorum legibus non obligetur. In illis verò quæ
priore genere continentur, nullam penitus
habet dispensandi facultatem [m] : quia *non
est discipulus super magistrum, neque seruus
super dominum* [n]. Nec potest inferior superioris sui legem infringere, aut eius alicui gratiam facere. Qua de causa Speculator negat, Papam posse aliquem à licito iuramen-
to absoluere, [o] quòd obligatio seruandi iurisiurandi, Deoque reddendi, sit iuris naturalis & diuini : Negant & alij, Papam posse
dispensare cum aliquo teste, vt ei iniurato
credatur in iudicio [p]. Et Innocentius III.
Pontifex rescripto suo testatur, Papam non
posse Monacho licentiam indulgere, vt aut
rerum quarundam proprietatem habeat, aut
vxorem [q].

Non me latet quàm alienâ & nugace explicatione, interpretes quidam Canonistæ,
qui Papæ potestati omnia subijciunt, locum
illum Innocentij, reluctantibus melioris notæ Theologis, à propria & genuina verborum
significatione deflectant. Facessebat illis
negotium credo, quod audierant Constantiam Rogerij Nortmanni filiam monia-
lem,

[m] *Ioan. de
turre crema-
ta in can.
lector. dist.
34.*
[n] *Matt. 10.*

[o] *Tit. de le-
gato. §. nunc
ostenden-
dum. nu. 24.*

[p] *Hippolyt.
de Marsil.
sing. 214.*

[q] *Cap. cum
ad monaste-
rium. de
stat. mona-
chor.*

lem, à Clemente III. eductam de monaſterio
Panormitano, vt Henrico VI. Friderici Æ-
nobarbi filio nuptum traderetur (de qua Ar-
chiepiſcopus Florētinus ſcribit ʳ, eam, cùm · *Part.3.*
annum iam ageret quinquageſimum, & diu *tit.19.cap.6.*
monaſticam religionem eſſet profeſſa, pe-
periſſe Fridericum II.atq; vt omnem de par-
tu ſuppoſito ſuſpicionem tolleret, *in medio*
cuiuſdam plateæ Panormi ſub papilione, publi-
cè fuiſſe enixam : edicto antè propoſito, vt
fœminis omnibus adeſſe liceret; quæcunq;
ad ſpectaculum venire vellent. *Natus eſt ergo*
Fridericus iſtc, inquit, *ex moniali iam quin-*
quagenaria) & quod etiam audierant alium
Papam indulſiſſe Regi cuidam Aragoniæ, vt
ex monacho maritus fieret. Quapropter homines iſti, Canoniſtæ inquam, ſupra modū
Pontificibus addicti, cùm nollent talia facta
reprehendere, ne ambitioſis Papis gratiam
adimerent, & non ignorarent verba reſcripti
ab Innocentio III. emiſſi, contrarium prorſus aſſerere, ad illas interpretationis ineptias
confugerūt, quas piget huc referre, ne lectorem nugis diſtineam. At multò illis facilius
fuiſſet, reſcripti veritatem & æquitatem tueri, quàm ex ſingularibus & iniquis Pontificum factis, velut ex quadam viuendi regula,

ius certum velle inducere. Sinamus Pontifices factorum suorum rationem Deo reddere, nec eos in omnibus imitemur. Quòd si
quis fortè talia nobis facta ad exemplum
proponat, respôdebimus cum Ioan. de Turre crem. Syluestro, Soto, & alijs viris doctissi-
mis : esse hæc tantùm facta Pontificum, non
decreta ; & *facta Pontificum non facere fidei
articulum. & aliud esse facere de facto, aliud
determinare quod ita possit fieri de iure. Ego,*
inquit Syluester, *etiam vidi Pontificem facientem maiora cum scandalo totius Christiani-
tatis.* & Ioan. de Turre crem. de illicitis dispensationibus loquens, *quod si ita aliquando
fuerit factum,* inquit, *per aliquem summum
Pontificem, aut ignarum in literis diuinis, aut
execatum cupiditate pecuniarum, quæ pro talibus exorbitantibus dispensationibus solent
offerri, aut vt complaceret hominibus : non sequitur quod potuerit iustè facere. Ecclesia iuribus & legibus regitur, siue debet regi, non
talibus actibus, siue exemplis.*

C A P. XXVII.

MVltorum igitur doctissimorum hominum sententia est, Papam non posse
voti

voti gratiam religioſo facere, vt rerum qua-
tundam proprietatem habeat, vel vxorem,
ſecundùm verum & ſimplicem verborum
Innocentij intellectum. Et tamen, ſi quantum res à rebus diſtant diligentius perquire-
re, & eas inter ſe proprijs differentijs & con-
uenientijs, recto iudicio componere veli-
mus: erit certè cur fateamur, longè minorem abſoluendi populum à iuriſiurandi religione, qua fidem ſuam Principi libens volens licitè obſtrinxit, quàm religioſorum vo-
ta relaxandi, facultatem Pontifici eſſe tributam : vt quamuis in hoc fortaſſis, opinione
quorundam, aliquid de plenitudine poteſtatis efficere poſſe videatur : in illo tamen planè nihil eum poſſe putandum ſit. Tum quia
totus ordo monachalis, alijq; in Eccleſia (vt
quidam volunt) ab humanis conſtitutionibus, & iure poſitiuo profecti ſunt, in quos idcirco plena & omnimoda Pontifici poteſtas
eſt, vti ſuperius paulò diximus. At ſubmiſſio
& obedientia Regibus ac Principibus, atq;
omnibus omnino præpoſitis & ſuperioribus
debita, eſt iuris naturalis & diuini, vtroq; teſtamento confirmata. Nam licèt de iure humano ſit, vt hac aut illa reipublicæ forma v-
tamur, vel hunc aut illum Principem habe-

amus:

ʼamus : tamen vt eum quem ſemel accepimus reuereamur, eiq́; in omnibus, quæ Dei
mandatis non repugnant, ſubmiſſe parea-
mus, non humanæ ſolum, ſed naturalis & diuinæ ordinationis eſt : idq́; neminem arbitror negaturum. *qui poteſtati reſiſtit, Dei ordinationi reſiſtit.* inde fit, vt quod initiò arbi-
trij & voluntatis erat, id, poſt datam de ſubiectione fidem, ſtatim in obſequij neceſſitatem conuertatur.

*Appellat
vicarium
caput, re-
ſpectu Chri-
ſti.*

    Tum etiam, quia ex voto religionis ſoli
Deo & Eccleſiæ, cuius vicarium caput Papa
eſt, obligatio acquiritur : ac proinde ſi Papa,
cui libera negotiorum omnium Eccleſiæ
procuratio diſpenſatioq́; permiſſa eſt, obligationem Eccleſiæ quæſitam, velut genere
quodam nouationis in aliam obligationem
transfuderit, ſimulq́; Domino Deo, qui principalis in eo negotio creditor eſt , ſatisfa-
ctum eſſe, maioris boni promiſſione vel facto, interpretetur : haud abſurdè fortaſſis dici poterit, à prioris voti & promiſſi nexu libe-
ratione contingere : niſi id obſtare quis putet, quod voti liciti tranſgreſſio, ſimpliciter
& ex ſua natura malum ſit; malum autem
nullius boni, quantumuis magni, obtinendi
• *Rom.3.* cauſa facere permiſſum ſit ᶻ. ſed eius obiectionis

&tionis diſſolutio perfacilis eſt.

At longè ſecus res ſe habet de iureiuran-
do, quod homines alterius obligationis confirmandæ cauſa, ſponſionibus & paέtis ſuis
adhibere ſolent : tale ſiquidem iuſiurandum
acceſſio quædam eſt illius obligationis, cui
ſecuritatis ergó adijcitur, ſicut fideiuſſio, aut
nexus pignoris : ac propterea licet iuramentum Deo reddi dicatur, tamen nō Deo principaliter, ſed homini cui iuratum eſt, acquiritur hoc caſu obligatio : *quia per iurametum
iurans non intendebat placere Deo, ſed ſatisfa-
cere proximo.* [b] quo fit, vt is cui iuratum eſt,
multo plus iuris ex illo iureiurādo nanciſca-
tur, multóq; plus poteſtatis in eo vel retinen-
do, vel remittēdo habeat, quàm Eccleſiæ in
voto cōceſſum eſt. Eccleſia namq;, ſiue Papa (vt ij etiam fatētur, qui eius arbitrio omnia ſubijciunt) non ſine magna & iuſta cauſa
diſpēſare in voto ſolenni religionis poteſt. At
verò is cui alius fidem ſuā, ex cauſa dandi vel
faciēdi, iureiurādo obſtrinxit, poteſt & ſolus,
& ſine cauſa præter meram volūtatem, liberare in totum iuriſiurandi religione promiſ-
ſorem; eíque id quicquid eſt accepto ferre :
ita vt eius ſolius veniâ impetratâ, neq; amplius Pontificia abſolutione ei opus ſit, neq;,

[b] *Panorm.
in cap. 1.
nu. 4. de iu-
reiur.*

ſi non præſtiterit quod promiſit, periurij reus
coram Deo habeatur. Homo igitur eſt hoc
caſu, qui vel vinctum detinere, vel liberum
dimittere, arbitratu ſuo poteſt. Quæ quoniam conſenſu omnium ita ſe habent : quî fieri
poteſt, vt obligationem alicui iure optimo
quæſitam, iure inquam naturali, diuino, &
humano, per iuſiurandum omni ex parte li-
citam, licito contractui appoſitum, ſummus
Pontifex inuito creditori auferat ? cùm non
ſit in hac ſpecie, ſicut in ſuperiore, interpretationi locus, per quam præſumatur ſatisfa-
ctum eſſe ei, cui principaliter fuit iuratum ;
contradicête nimirum & contrarium oſten-
dente creditore : quandoquidem præſump-
tio veritati cedit [c].

[c] *L. vlt. D.
quod met. ca.
l. continuus.
137 §. cum
ita. D. de
verb. oblig.*

Sed eſto, auferre ex cauſa poſſit, & pro-
miſſorem iuriſiurandi vinculo liberare (ne de
ea re amplius cum Canoniſtis hîc conten-
dam) auferat igitur : quid ei deinde facto
conſequens in noſtro hoc negotio videtur ?
liberum fore populum, dices, ab imperio &
ſubiectione Principis, ſtatim atq; iuriſiurandi nexu ſolutus eſt: itáne verò ? An non per-
ſpicis iuſiurandum hoc, non eſſe niſi acceſſi-
onem tantùm confirmatricem illius obligationis, qua fides & obedientia Principi promiſſa

missa est? an ignoras accessiones tolli & liberari posse, sine interitu principalis obligationis? non enim vt principali nõ consistente tolluntur accessiones, ita & sublatis accessionibus interit principale. Manet ergo adhuc obligatio cui iusiurandum accesserat: quæ quoniam iuris naturalis & diuini est, non minùs tenet hominum mentes & conscientias apud Deum, quàm si esset iuramẽto sustentata. *quia Dominus inter iuramentum & loquelam nostram, nullam vult esse distantiam:* [d] quantum ad fidem promissi seruandam: licèt magis peccet iurisiurandi violator, propter contemptum numinis: & licèt in foro etiam exteriore periurium, propter promissi solemnitatem, grauius vindicetur, quã neglecta fides simplicis sponsionis.

Quod si & hanc quoq; obligationem Pontifex, *de Apostolicæ potestatis plenitudine,* rescindere, subditosq; à Regis iugo liberare voluerit: atq; ijs præcipere, ne qua in re Principi suo, *eiusue monitis, mandatis, & legibus, sub pœna anathematis audeant obedire.* Nonne huic præcepto Papæ obsistere videbitur expressum Dei mandatum de Regibus omni obsequio honorandis? An non liceat facere, in eiusmodi negotio & causa omnium maxi-

ma, quod Pontificij interpretes in leuioris
momenti controuerſijs ſolent? Nempe, de
hac plenitudine poteſtatis ſolerter inquirere, eóne vſq; ſe extendat, vt quod Deus diſertè iubet, id per illam diſertè prohibeatur?
aut quod Deus expreſſe fieri vetat, id per illam licitè iubeatur? Deus per Salomonem
iubet me timere Regem : & per Apoſtolos,
Regem honorificare, eiq; ſubiectum eſſe,
& obedire. Hoc certè & naturalis & diuini
iuris præceptum eſt : vt inferior ſcilicet ſuperiori pareat, quamdiu id non vetet ille,
qui eſt vtroq; ſuperior in eodem poteſtatis
genere : is autem in cauſa Principis & populi, ſiue inter populum & principem, quando
de imperio & ſubiectione temporali agitur,
eſt ſolus Deus, quo ſolo Rex in temporalibus
minor eſt : vt in ſpiritualibus Pontifex.

Cùm itaq; nemo non ingenuè fateatur,
plenitudinem Apoſtolicæ poteſtatis non
tantam eſſe, vt in ijs, quæ expreſſo Dei verbo prohibita ſunt aut præcepta, Pontifex
diſpenſare vllo modo poſſit (quo axiomate
Bellarminus præcipuè nititur, dum vult
oſtendere *Papam non poſſe ſubijcere ſeipſum
ſententiæ coactiuæ Conciliorum :* [c] *Papæ poteſtas ſuper omnes , eſt de iure diuino,* inquit, *at
non*

* Lib. 2.
cap. 18. de
Concil.

non potest Papa dispensare in iure diuino) nihil
mirari oportet, si mandata diuina de Rege
timendo & honorando, multorum subdito-
rum animis ita insideant, vt nullum contrarijs præceptis locum præbeant, sed omnino
in id incumbant, ne aduersantibus Pontificum edictis, absolutorijs simul & prohibito-
rijs, in ea re mos geratur. Sæpe mihi à Mag-
natibus, & viris minimè malis dictum est,
præceptum illud diuinum de Regibus honorandis, tanti apud se esse, & tam altas in
animum radices egisse, vt nullis bullis & in-
dulgentijs contrarijs, leuari se posse conscientiæ fasce & scrupulo, atq; in interiore homine securos esse, sibi persuadeant : quo minus tam clarum & manifestum iuris naturalis, & diuini mandatum exequantur, & pro-
missum ac debitum suo Principi obsequium
præstent. Atq; hæc quidem causa est, cur
pauci de Nobilitate ab Henrico IIII. Imp.
nulli à Philippo Pulchro, nulli item à Ludo-
uico XII. Gall.Regibus,propter Bullas & cē-
suras Pontificias,depositionis sententiā continentes, defecerunt. Nam, ne quà erremus,
tenendum est, Apostolicæ potestatis plenitudinem, eam tantùm potestate complecti,
quam Dominus Iesus Dei filius, cùm in hoc
mundo

mundo verſaretur, vt homo inter homines
habere voluit; & eatenus Papam referre
nobis Chriſtum , & eius eſſe Vicarium (vti
ſuprà ex eruditiſſimi Bellarmini doctrinæ
oſtendimus) non autem poteſtatem illam,
quam vt Dei filius, Deus ipſe Patri æqualis
ab æterno habuit , & diuinitatis ſuæ omni-
potentiæ reſeruauit: de qua ait, data eſt mi-
f *Matth. vlt.* hi omnis poteſtas in cœlo & in terra f.

Quanquam video quoſdam vſqueadeo
ineptire, aut potius inſanire, vt hanc omni-
potentiam Pontifici etiam tributam aſſerant; eiq; probando inſigne vanitatis ſuæ argumentum hoc modo contexant. *Chriſtus*
commiſit ſummo Pontifici vices ſuas, vt habe-
tur Matth. 16. cap. & 24. q. 1. can. quodcunq;.
Sed Chriſto data erat omnis poteſtas in cœlo &
in terra. Math. 28. Ergo ſummus Pontifex, qui
eſt eius vicarius, habet hanc poteſtatem. extra
de tranſlat. cap. quanto. Ita Petrus Bertrandus
in ſuis additionibus ad gloſſ. extrauag. Vnam
ſanctam. de maior. & obed. qui & hoc præterea auſus eſt addere, quod parum à blaſphe-
mia abeſt. *Nam non videretur Dominus diſ-*
cretus fuiſſe (vt cum reuerentia eius loquar)
niſi vnicum poſt ſe talem reliquiſſet, qui hæc
omnia poſſet. Eratne huic homini cerebrum ?

Non

Non mirum si Io. Gerson dixerit *pusillos*, hoc est, Christianos simplices & ignaros, ab eiusmodi glossatoribus & postillatoribus imperitis deceptos, *æstimare Papam vnum Deum qui habet potestatem omnem in cœlo & in terra.* certè tales adulatores iudicium & mores multorum Pontificum corruperunt. Non mirum etiam, si Pius V. Pontifex, Martino Aspileneæ dixerit, *Iurisconsultos* (Canonistas opinor intellexit) *solitos esse plus satis potestatis tribuere Papæ* g. De quibus Ioan. De Turre cremata, h *mirum est*, inquit, *quod summi Pontifices loquantur moderatè de potestate eis data: & quidam doctorculi, sine aliquo vero fundamento, volunt adulando eos quasi æquiparare Deo.* quò pertinet, quod scribit Cardinalis de Cusa, vir in omni Philosophia diuina & humana, atq; etiam in historijs apprimè versatus, quosdam nempe scriptores *volentes Romanam sedem omni laude dignam, plus quam Ecclesia sanctæ expedit, & decet, exaltare, fundare se in scriptis apocryphis.* atq; ita Papas populosq; decipere.

g *Nauarr. in commen. can. non lice- at Papa. 12. q. 2.*
h *In Can. coniunctio- nes. 35. q. 2.*

Cap. XXVIII.

Error autem istorum hominum, quo potestatem omnem, & diuinam & humanam

nam, Papæ tribuunt, partim ex ſcriptis apocryphis, vt dictum eſt; partim ex reſcriptis
quibuſdã Pontificijs, obſcurius paulò quàm
oportuit conceptis, & malè ad literam, vt
aiunt, intellectis, creatus eſt. Nam, vt verè
dicam, nihil nudis & meris Canoniſtis impe-
ritius : quod non de humaniorum literarum
cognitione, & ſermonis proprietate intelligi
tantùm volo : ferenda quippe in illis eiuſmodi ignorantia eſt, tanquam commune ſeculi
illius·quo ſcripſerunt malum : ſed de artis
etiam quam profitentur ſcientia, quam infinitis diſtinctionum & opinionum varietati-
bus obſcurarunt. Maxima enim ipſorum pars
in Canonibus & Conſtitutionibus Pontificijs hærebant, nullum aut perexiguum ex-
trinſecus adiumentum ex Theologia, & alijs
ſcientijs, vt oportuit, quærentes. Reſcripta illa de quibus loquor, & quæ hominibus iſtis
errorem crearunt, extant ſub titulo, *de tran-*
ſlatione Epiſcopi. [a] in quibus Innocentius III.
comparat Matrimonium ſpirituale, quod
contrahitur inter Epiſcopum & Eccleſiam,
cum Matrimonio carnali, quod eſt inter virum & mulierẽ : primum in eo, quod quemadmodum carnale matrimonium ſumit initium à ſponſalibus, & fit ratum per nuptias,
&

& consummatum per corporum commistionem : *sic & spirituale fœdus coniugij, quod est inter Episcopum & Ecclesiam, in electione initiatum, ratum in confirmatione, & in consecratione intelligitur consummatum.* Deinde in eo, quòd sententia Domini & Saluatoris in Euangelio : *Quos Deus coniunxit, homo non separet* ; de vtroq; Matrimonio, tam carnali quam spirituali intelligenda sit. *Cum ergo fortius sit spirituale vinculum quàm carnale,* inquit, *dubitari non debet, quin Omnipotens Deus spirituale coniugium, quod est inter Episcopum & Ecclesiam, suo tantùm iudicio reseruauerit dissoluendum, qui dissolutionem etiam carnalis coniugij, quod est inter virum & fœminam, suo tantùm iudicio reseruauit, præcipiens, vt quos Deus coniunxit, homo non separet :* & rursus, *Sicut legitimi Matrimonij vinculum, quod est inter virum & vxorem, homo dissoluere nequit, Domino dicente in Euangelio;* [b] *Quos Deus coniunxit, homo non separet : sic & spirituale fœdus coniugij, quod est inter Episcopum & Ecclesiam, sine illius authoritate solui non potest, qui successor est Petri, & vicarius Iesu Christi.*

[b] *Matt.* 19.

Ac ne quis obijceret, Si Deus vtriusq; coniugij, tam carnalis quàm spiritualis, dissolutionem

onem ſuo tantùm iudicio reſeruauit, & vinculum ſpirituale fortius ſit quàm carnale:
quî fieri poteſt, vt ſummus Pontifex, quem
conſtat hominem eſſe, vinculum illud ſpirituale poſſit diſſoluere? reſpondet ibi Innocentius, id ea ratione fieri, quod non humana ſed diuina poteſtate ſeparentur, qui authoritate Romani Pontificis, *per tranſlatio-*
nem, depoſitionem, aut ceſſionem, ab Eccleſia
remouentur. Non enim homo, inquit, *ſed Deus*
ſeparat, quos Romanus Pontifex (qui non puri
hominis, ſed veri Dei vicem gerit in terris)
Eccleſiarum neceſſitate vel vtilitate penſata,
non humana ſed diuina potius authoritate diſ-
ſoluit.

Hæc illa ſunt, quibus homines iſti in præ-
cipitem errorem deferuntur; vt quicquid à
Papa fiat, à Deo factum eſſe putent: quod
verba nimirum Innocentij hunc ſenſum præ
ſe ferant. Nullus eſt, fateor, in iure Pontificio locus, verbis quidem planior & aperti-
tior, intellectu autem difficilior: adeò vt in
eo explicando, interpretum omnium inge-
nia concidant. Nam quid magis intelligen-
ter, planè, & perſpicuè dici poteſt, quàm
Non hominem ſed Deum ſeparare, quos Ro-
manus Pontifex ſeparat ſeu diſſoluit? aut quid
cui

cui magis conſequens, quàm hoc illi, *Ro-*
manum ergo Pontificem poſſe diſſoluere matri-
monium inter coniuges carnali copula conſum-
matum? qua concluſione tamen nihil falſius,
ac proinde illud ex quo ſequitur, falſum eſſe
fatendum eſt : quandoquidem ſequi falſum
ex vero nunquam poteſt. Quod cùm ani-
maduertiſſet Hoſtienſis, cùm inquam ratio-
nem illam tam alienam perpendiſſet: ᶜ *Sed* ᶜ *In ſumma*
illa ratio, inquit, *non eſt ſufficiens, ſalua au-* de elect.
thoritate & reuerentia reddentis, *niſi aliter*
intelligatur : quia ſecundum illam ſequeretur,
quod etiam matrimonium carnale diuidere poſ-
ſet authoritate ſua. At Hoſtienſis tamen non
aperit nobis quomodo aliter intelligi debeat : nec poteſt ſe inde extricare, vt ſalua veritate ſententiam ſuſtineat. Nam quod arbitratur eam intelligi poſſe de matrimonio
carnali, *quod*, vt ille ait, *ante carnis copulam*
communi diſſenſu, authoritate Papa interueni-
ente, diſſolui poſſit: arg. cap. 2. *&* cap. ex publico. de conuerſ. coniugat. Illa certè interpre-
tatio omni prorſus authoritate & ratione
deficitur. Nam quod attinet ad reſcripta ab
eo allegata, & ſiqua ſunt ſimilia, de illa matrimonij diſſolutione loquuntur, quæ fit per
electionem religionis, & Monaſterij ingreſ-
ſum

sum alterius coniugis, antequam corpora
nuptialis thori amplexibus commiſta ſint,
quo caſu nihil authoritatis Papæ interuen-
tu, aut diſpenſatione Pontificia opus eſt;
quin mero iure, & communi legis auxilio
muniti ſunt, qui eo modo quærunt ſibi ſeparationem, & matrimonium dirimunt. ᵈ At
matrimonium ratum et nondum conſum-
matum dirimi poſſe ex alia cauſa, communi
partium diſſenſu, per Papæ authoritatem,
cõſtanter cum doctiſſimis Theologis negã-
dum eſt. Corporũ enim coniunctio & com-
mixtio, nihil quicquã ſubſtantiæ & οὐσίας, ſiue
eſſentiæ matrimonij, aut addit, aut adimit:
quippe forma matrimonij conſiſtit, in indi-
uiduæ animorum coniunctionis & conſenſus declaratione, qua ſe inuicem, alter alteri, mutuò tradunt. Liberorum verò procre-
atio, & eius cauſa concubitus, non ad conſtitutionem matrimonij refertur, ſed ad finem ᵉ. Hinc ab ethnicis dictum eſt, *nuptias
non concubitus, ſed conſenſus facit* ᶠ. idq; ſacris canonibus & cõſtitutionibus confirmatur. ᵍ alioqui certè primum illud matrimonium, quod Deus in Paradiſo inſtituit,
matrimonium non fuit, donec coniuges inde deiecti, liberis operam dare cœperunt;
                       quo

ᵈ *Cap. ex
parte.14.§.
nos tamen.&
d. cap.2.
de conuerſ.
coniugat.*

ᵉ *D.Thom.3.
q.29.art.2.
in concluſ.*
ᶠ *L. nuptias
D. de reg.
iur.*
ᵍ *Can. ſuffi-
ciat.can.cum
initiatur.27.
q.2.cap. cum
locum. de
ſponſ. &
matr.*

quo quid abfurdius? Adhæc nulla Ecclefiæ
conftitutió aut traditio, nulla Patrum au-
thóritas, nulla Pontificis Epiftola Decrota-
lis, nulla deniq; ratio certa & folida reperitur, quæ matrimonium ratum, licèt non
confummatum, ab illa Saluatoris fententia
excipiat, *quos Deus coniunxit, homo non fepa-*
ret. ac ne excipere quidem poffit, nifi prius
conftet, eos qui Sacramento matrimonij, in
facie Ecclefiæ contracti, copulantur, non
effe à Deo coniunctos.

Sed eft, in hac re, ficut in cæteris, tantà
interpretum quorundam iuris Pontificij, feu
infcitia, feu blanditia, vt non folùm matrimonium ratum & nondum confummatum,
contra communem Theologorum fenten-
am, fed etiam matrimonium ratum & carnali copula confummatum, à Pontifice, perin-
dè atq; à Deo, diffolui poffe, non verean-
tur afferere: [h] quod fi verum effet, quàm infirmum matrimonij vinculum futurum fit
inter eos, qui gratia & authoritate apud
Pontificem pollent, aut alioqui occæcatum
cupiditate pecuniarum largitionibus poffunt corrumpere, alijs iudicandum relinquo.
Non eft autem quod fuperioribus Innocentij refcriptis fententiam fuam firmari poffe

P   exifti-

[h] *Vide Co-*
uarruuiam
de matrim.
part.2.§.4.
vbi id notat
& reprehen-
dit.

existiment : cùm Pontifex ille alibi expresse

¹ *Cap. ex parte.* 14.|§. *nos autem.* & §. *nos 1 1. men. de con-uerf.cõiugat.*

dicat, ¹ matrimonium inter legitimas personas, verbis de præsenti, *contractum, in nullo
casu posse dissolui, nisi antequam matrimonium
sit per carnalem copulam consummatum,* alter
coniugum ad religionem transeat. neq; e-
nim credibile est, tam doctum piumq; Pontificem, aut sui tam subitò oblitum fuisse, aut
scientem prudentem, tam pugnantes & dis-
sentientes sententias euulgasse. alius ergo
rescriptorum Innocentij sensus quærendus
est.

C A P. XXIX.

QVod si quis meam de illis sententiam
& interpretationem quæritet : haud
verebor, vt in re obscurissima, dicere, subsi-
sto : existimare me tamen pugnam in ijs esse
ϸῆλοῦ καὶ δανείας, mentem scilicet optimi Pontificis,& sensum verborum, inter se discrepa-
re : quod in aliorum legislatorum scriptis
sæpe contingit, cùm aut verbis exprimendæ
cogitationi minus aptis vtuntur, aut ad per-
spicuitatem & integritatem constitutionis,
particulam aliquam necessariam , aut ex-
ceptionem omittunt. Nam alioqui non est
verisimile, eum qui negat Papam posse licentiam

centiam monacho indulgere , vt proprietatem rerum habeat vel vxorem, velle affirmare Papam poſſe coniugij ſacramentum,
matrimonium inquam ratum & conſumma-
tum diſſoluere. Quid ergo rei eſt? Dicam
quod ſentio. Animaduerti equidem Innocentium ita doctrinam ſuam in illis reſcriptis ſubtiliter temperaſſe, vt quamuis vtrumque coniugium inter ſe componat & com-
paret in hoc, quòd Dei ſolius iudicio diſſol-
uantur: tamen vbi de poteſtate ſummi Pontificis, & Vicarij *Ieſu Chriſti* loquitur, non
amplius ea coniungit, nec matrimonij carnalis mentionem facit, ſed tantùm ſpiritualis, quod non cenſetur ab homine ſeparari,
ſed à Deo ipſo, tunc cùm illud Rom. Pontifex *Eccleſiarum neceſſitate vel vtilitate penſa-*
ta, non humana, ſed diuina potius authoritate,
per tranſlationem, depoſitionem, aut ceſsionem,
diſſoluit ; quo ſilentio, & prætermiſſione carnalis matrimonij, ſatis innuit illud à matrimonio ſpirituali, in ratione ſeparationis dif-
ferre, & tacitè excipi : vt Pontificalis authoritas ad eius diſſolutionem non extendatur.
quaſi expreſſius hoc modo dixiſſet, Deus ſuo
iudicio tam carnalis quàm ſpiritualis matrimonij diſſolutionem reſeruauit. Spirituale

P 2   tamen

tamen Romanus Pontifex, qui Christi Vicarius & Petri succeffor est, *Ecclesiarum necef-*
sitate vel vtilitate, &c. soluere potest : quod
cùm facit, *non homo sed Deus separat*, cuius
vicem Papa in terris gerit. Cur autem Pontifex spirituale coniugium soluere, & non i-
tem carnale possit, euidens atq; in promptu
ratio est. quòd spirituale nimirum per se, &
omni ex parte, ad Ecclesiæ ordinationem,
regimen, & œconomiam pertineat, quam
Christus totam Petro & eius succefforibus
commendauit. itaq; non potest non videri
concesisse illis hanc spiritualis coniugij dif-
soluendi potestatem, cùm sine ea, munus sibi commissum exequi & expedire non possent. [a] ac proinde quicquid ipsi Pontifices,
tanquam Hierarchæ, de singulis Ecclesiæ
rebus ac personis disponunt, decernuntque;
id Deum, qui hanc illis dispensationem &
procurationem nominatim commisit, difponere ac decernere credendum est.

At matrimonium carnale, non ad ordinationem Ecclesiæ, sed tantùm ad procrea-
tionem sobolis institutum est [b] : ob eamque
causam dicitur esse iuris naturalis [c], & gentium nationumque omnium commune : nec
alia ratione ad Ecclesiæ notionem pertinet,
quàm

[a] *L. 2. D. de*
iurisd.
L. Si iter. D.
de seruit.
L. 3 § qui
habet. D. de
seruit. præd.
rustic. cap. 5.
de offic. iud.
dole.
[b] *Aug. li. 14.*
de ciuit. Dei.
ca. 18. Thom.
2. 2. q. 154.
art. 2.
[c] *L. 1. §. ius*
naturale. D.
de Iust.
& iur.

quàm quòd in noua lege sacramentum sit,
Dei & animę, Christiq; & Ecclesiæ coniunctionis mysterium continens. & ideo nihil
necesse fuit, eius soluendi facultatem, liber-
tatemq;, Petro & eius successoribus permit-
terę. Sat habent prospicere & iudicare, an
sit matrimonium, vt sciant an sit sacramentum. Quamuis igitur Pontifex in matrimonio contrahendo plurimum possit, omnium
scilicet impedimentorum, quæ ex iure posi-
tiuo & ecclesiasticis constitutionibus oriuntur, gratiam facere; atq; efficere vt ritè &
rectè contrahatur, quod aliàs non esset legitimum & ratum : tamen vbi vel iure communi permittente, vel Papâ in prohibitis dis-
pensante, semel contractum est, nullam vlla
ex causa habet eius relaxandi separandique
potestatem. Nec ad rem pertinet, quòd sæpe in foro & iudicijs ecclesiasticis, separationem fieri videamus earum personarum, quæ
diu sub iugalis vinculi spe & specie conuixe-
rint. Non enim Papa eo casu, neq; iudex
authoritate Papæ, matrimonium aliquod
dissoluit : sed matrimonium quod de facto
contractum erat, & matrimonium esse falsò
credebatur, non fuisse matrimonium sententiâ suâ declarat : & personis non legitimè

P 3   con-

coniunctis, quòd cubilia ſociare ſine ſcelere
nequeant,à ſe abſcedere, & ſolita conſuetudine abſtinere præcipit. Hoc autem non eſt
ſoluere matrimonium, aut perſonas legitimè
coniunctas, quoad vinculum, ſeparare. Ex
quo patet tam Innocentium interpretem,
qui quartus poſtea eius nominis Pontifex
fuit, quàm Io. Andr. qui fons & tuba iuris Ca-
nonici vocatur, ineptiſſimè partem iſtam
reſcripti Innocentij III. eſſe interpretatos,
Quos Deus coniunxit, homo non ſeparet. ſua
authoritate, inquiunt: *non autem ſeparat homo*
carnale matrimonium,cùm epiſcopus, vel etiam
archidiaconus, per conſtitutiones Papæ diſſol-
uit, ſed ipſe Deus cuius authoritate factæ ſunt.
quaſi vero per conſtitutiones Papæ diſſolui
poſſit matrimonium? poſſunt certè conſtitutiones Papæ impedire, ne matrimonium
inter certas perſonas iure contrahatur; &
efficere vt ſit nullum, quod contra illarum
diſpoſitionem contractum eſt. At iure contractum diſtrahere, & eius vinculum diri-
mere ac diſſoluere, nulla neq; Eccleſiæ neq;
Papæ conſtitutio poteſt. alioqui malè Apoſtolus, *mulier alligata eſt legi, quanto tempore*
vir eius viuit. quòd ſi dormierit vir eius, libe-
d j.Corin.7. *rata eſt.* d. malè inquam, mortis tantùm mē-
tionem

tionem fecit, si alio modo, per constitutiones scilicet Pontificias, soluto matrimonio
liberari possit. Quæ cùm ita sint, tempus
nunc est ab hoc diuerticulo, in quod nimia
Doctorum quorundam assentatio & ignorantia nos compulit, ad eam viam vnde sumus digressi repedare.

Cap. XXX.

POsitum iam hoc est, & omnium de rebus diuinis rectè iudicantium consensi-
one firmatum, Papam non posse alicui gratiam facere iuris naturalis & diuini, siue, vt
vulgò nunc loquimur, contra ius naturale
& diuinum dispensare : & concedere vt impune fiat, quod Deus & Natura vetarunt;
aut prohibere ne fiat, quod Deus fieri expressè imperauit: idque non solùm Theologi, sed
etiam melioris notæ Canonistæ asseueran-
ter concludunt. Hoc igitur illud est axio-
ma certissimum, circa quod totius huius di-
sputationis cardo vertitur, & ex quo pendet
vera solutio eius argumenti, quod ex Bellarmino transcripsimus, in principio capitis
vigesimi quinti, suprà. Admittimus quidem
eius propositionem, *Pastori* scilicet *necessa-*

riem esse potestatem circa lupos, vt eos arceat omni ratione qua potest. Admittimus & assumptionem. *Lupos nimirum qui Ecclesiam Dei vastant, esse hæreticos.* ex quibus concludit hoc modo. *Ergo si Princeps aliquis ex oue aut ariete fiat lupus, id est, ex Christiano fiat hæreticus, poterit pastor Ecclesiæ eum arcere per excommunicationem, & simul iubere populo, ne eum sequantur, ac proinde priuare eum dominio in subditos.* Vitiosa collectio; cuius loco in bona dialectica reponendum est. *Ergo si Princeps aliquis ex oue aut ariete fiat lupus, poterit pastor Ecclesiæ eum arcere omni ratione qua potest.* Hoc enim ex propositis rectè efficitur, & ideo ijs concessis, negari non potest. Hoc totum igitur verum est, & totum concedimus: sed istis tamen minimè cohæret aut consequens est, id quid annectit. *Pastorem scilicet posse iubere populo, &c.* Nam posse, vel non posse; vbi de iure & æquitate disputatur, non de mero facto, siue de potestate quæ facti est, sed de potestate quæ iure permissa est, quæque iuri & rationi congruit, intelligi debet: vt dicatur Pontifex hoc casu, id posse, quod iure atq; honestè potest [a]. Atque ita res eò redit; vt cogamur inquirere, an Pontifex, de Apostolicæ

[a] L. filius 15
D. de condit.
institut.

cæ poteſtatis plenitudine, vt loquuntur, poſſit imperare & præcipere ſubditis, ne Principis ſui *monitis*, *mandatis*, *legibus*, *ſub pœna*
anathematis audeant obedire. & ſi de facto id
iuſſerit, an ſubditi teneantur præcepto eiuſmodi Pontificio parere. Nullum certè, vt
principiò admonui, pro affirmatiua parte
argumentum efficax, vel ipſemet excogitare, vel ab alio excogitatum & propoſitum
comperire, hactenus potui. Pars verò contraria validiſſimè ſuſtentatur fundamento
illo, quod iamiam retulimus. Papam videlicet non poſſe vllo modo contra ius naturale
& diuinum diſpenſare; ex quo argumentum,
vt videtur firmiſſimum, hac ratiocinandi
forma concluditur.

Summus Pontifex nihil præcipere vel diſpenſare poteſt contra ius naturale &
diuinum.

Atqui ſubiectio, & obedientia Principibus & ſuperioribus debita, eſt de iure naturali & diuino.

Ergo ſummus Pontifex contra eam nihil
præcipere vel diſpenſare poteſt. & per
conſequens non poteſt præcipere ſubditis, ne principi ſuo temporali obedi-
ant in eo, in quo Princeps eſt ſuperior:
&

& si de facto præceperit, licebit subditis ei, tanquam extra territorium ius dicenti, impunè non parere.

Vtrumq; propositum est certo certius, ex quibus conclusio necessaria consecutione inducitur. Qui huius argumenti vim eneruauerit, is magnam mecum gratiam inibit. ego mehercle, vt ingenij mei tenuitatem ingenuè fatear, non satis perspicio qua possit solida ratione elidi. Nam etsi dicat aliquis, obedientiam superiori debitam prohiberi & impediri posse, ab eo qui est illo superiore superior; & Papam quidem, qui Christianorum omnium pater est, omnibus Regibus & Principibus Christianis, hoc ipso quòd pater est, esse superiorem; ac proinde eum posse iure suo prohibere, & impedire, ne subditi promissam Principi reuerentiam & obedientiam exhibeant: nihil quicquam hoc fucato argumento efficiet, quod superiori conclusioni contrariæ officiat. Quandoquidem hoc quod dicitur, obedientiam superiori debitam minui, impediri, vel tolli posse, mandato eius qui est illo superiore superior; id tunc solùm verum est, eùm is qui prohibet est superior in eadem potestatis, & vt ita loquar, superioritatis specie,

cie, ſiue in ijſdem rebus, in quibus debetur
obedientia. Veluti exemplo gratia, Rex poteſt militiæ ſuæ Præfecto imperium abrogare, & præcipere ne exercitus ei amplius
obtemperet: poteſt & Præfectus ex cauſa
præcipere ne tribuno, & tribunus ne centu-
rioni, & centurio ne decurioni miles pareat: quia omnes in eadem re, in regimine,
inquam, & diſciplina militari, ſed alij alijs,
ſecundùm ordinem dignitatis ſuperiores
ſunt. Idem de ordinibus cæleſtis militiæ, &
Eccleſiaſticæ Hierarchiæ eſt. At verò obedientia ſubditorum erga Principem, de qua
loquimur, conſiſtit in rebus temporalibus, in
quibus ipſimet Pontifices fatentur, neminem eſſe Principe ſuperiorem [b]. Quod ħ
nemo ei in têporalibus ſuperior eſt, ſequitur
profectò, neminem eſſe, qui prohibere vel
impedire poſſit ſubiectionem & obedientiã
quę à ſuis ſubditis in têporalibus illi debetur.

Oſtendi ſuprà, has poteſtates, ſpiritualem
& temporalem, ita eſſe diſtinctas, vt neutra
alteri, quatenus talis eſt, aut dominetur, aut
pareat. Nec audiendos eſſe qui ad iſtas diſtinctionum & ſubtilitatum latebras, ſeu
potius captionum laqueos, *directè & indi-*
rectè, confugiunt. Nam certum eſt, eum
habere

habere superiorem in temporalibus, cui a-
lius quouis modo imperare temporalia potest, siue qui ab alio in temporalibus iudicari directè vel indirectè potest: quippe iudicium redditur etiam in inuitū [c], & nemo nisi
à superiore iudicatur. quia *par in parem non
habet imperium* [d]. Et verò quantum ad effectum, & exitum rei attinet, nihil prorsus
interest, vtrum quis *directè an indirectè* imperium & potestatem in alium obtineat. illis enim verbis, *directè & indirectè*, seu mauis, *directè & obliquè*, differentia tantùm
in modo & via, seu ordine apiscendæ potestatis, non autem in eius exercendæ & exe-
quendæ libertate, vi, & effectu, nobis proponitur. Sed per Deum immortalem, quid
dici potest absurdius, aut secum magis pug-
nans, quàm Regem non habere aliquem superiorem in temporalibus [e], *sed liberum esse
à vinculis delictorum, nec vllis ad pœnam vocari legibus* [f], quod tota semper antiquitas,
totáq; Ecclesia tenuit: & Papam ex causa,
siue aliquo modo, hóc est, indirectè, esse in
temporalibus Rege superiorem, & eum pœnis temporalibus, regno scilicet atq; imperio, imò & morte posse multare? Nam postquam à Papa de solio deiectus est, atq; inter
priuatos

Marginalia:

[c] *L. inter stipulantem.* 83. §. 1. D. de *verb. obl.*

[d] *L. 4. D. de recept. qui arbitr. l. ille à quo. §. tempestiuum. D. ad Sc. Treb.*

[e] *D. cap. per Vene. abile.*

[f] *S. Ambros. in Apolog. Dauid.*

priuatos constitutus, quid superest, nisi vt
exitum inuidiæ ferat,& aut celeri fuga salutem quęrat, miseramq́; procul patriâ vitam
degat: aut si eo sibimodo non prospexerit,
mox publici iudicij reum carcer, vel carni-
fex excipiat. Inest autem in hac potestate,
quam isti homines tribuunt Pontifici indirectè, summa, soluta, & impunita bonos &
immerentes Reges opprimendi, atq; tyrannidem exercendi libertas. Nam in primis
statuunt, *Pontificis esse iudicare, Regem esse
deponendum vel non deponendum.* Deinde
ab ipsius iudicio nullam esse prouocatio-
nem, *quòd solus ipse omnes iudicet, & à nemine iudicetur.* Atq; ita in maleuoli Papæ
voluntate situm esset, quoties Regem aliquem, quamlibet bonum, priuato odio con-
fectatur, aliquam indirectæ potestatis causam prætexere, vt eum regno exuat, & priuatum ex Principę reddat. Quod equidem
hîc non dicerem, (neq; enim tam malè
ominari de sanctæ sedis Rectoribus vellem)
nisi id à Pontificibus quibusdam, re verâ factitatum esse, superioribus seculis, omnes
intelligerent: Et necdum tempus vitam
longæui hominis superarit, ex quo Iulius
II. Ioanni Nauarræ Regi, nullius sceleris
conscio

conscio aut conuicto, sed solùm quòd Lu-
douico Francorũ Regi fauisset regnum per
Ferdinandum Aragonium hoc Pontificiæ
authoritatis prætextu, impiè atq; iniustè eripuit. Quod si talia facere, non est esse superiorem in temporalibus; discere libenter ab
istis Magistris cupio, quid sit esse superiorem. Vnum scio(si vera est hæc illorum sententia) Papã plus posse aduersus Reges indirectè, quàm si directè imperium in eos obti-
neret. qua de re suprà 5 nonnihil diximus.

§ Cap. 12.

Responsio populi ad Pontificem iubentem deficere à Rege.

Si igitur summus Pontifex, *de Apostolicæ
potestatis plenitudine*, populum à Regis obsequio prohibere, decreto suo, siue Bulla
præcipere conetur. An non statim populus
vniuersus, aut singuli de populo possint,
Pontifici respondere; Pater sancte, nequaquam es Rege nostro in temporalibus superior: eoq; non potes obsequium temporale,
quod nos illi præstamus, impedire. Cur nos
facere prohibes, quod Deus nos facere imperat? An quia tuum est, voluntatem Dei
in lege diuina & Scripturis comprehensam
interpretari? At non est tamen illa interpre-
tatio adhibenda, quæ legem penitus eua-
cuet, & mandatum omnino destruat ac dis-
soluat. Siquid dubij aut obscuri est in lege
diuina,

diuina, ad ſedem Petri, id eſt, ad ſedem
quam tu nunc tenes, interpretationis veritatem accepturi confugimus : quod autem
per ſe clarum eſt & perſpicuum, id nulla interpretationis luce indiget. Cùm itaq; Dominus & Saluator noſter iubeat nos *reddere*
Cæſari quæ ſunt Cæſaris, & quæ ſunt Dei, Deo;
& deinde per Apoſtolum , *Principibus &*
Poteſtatibus ſubditos eſſe, & dicto obedire :
Tuum eſt nobis declarare quæ ſunt Cæſaris, id eſt, quæ à nobis Regi noſtro deben-
tur, & quæ ſunt Dei; vt ſua vtrique reddamus ; & in ea rerum diſtinctione vocem
tuam libenter audiemus. At cùm dicis, noli-
te quicquam Cæſari, ſiue Principi veſtro
reddere, contradicis Chriſto, ac proinde vocem tuam non audimus. Fatemur quidem
& profitemur, Sanctitatis tuæ expoſitioni
atq; interpretationi in legis diuinæ obſeruatione locum eſſe : ſed eam non admitti aſſe-
rimus, quæ facit vt ius naturale & diuinum
ſit ludibrio, & penitus contemnatur. Veluti,
ne à re qua de agitur aberremus : Iubemur
Principibus & poteſtatibus obedire : tuas in
huius mandati obſeruatione explicationes,
& reſtrictiones, quæ modò mandatum ipſum non extinguunt, tanquam filij obedien-
tes

tes libenter amplectimur. Veluti cùm nullam inde obligationem parendi Regibus oriri dicas, nisi in ijs quæ ad temporalem ipsorum iurisdictionem pertinent. spiritualia omnia Vicario Christi, atq; Ecclesiæ reseruanda esse. Item cùm admones, non esse Regi obediendum in eo, quod contra ius diuinum vel naturale imperat, aut quod alioqui bonis moribus aduersatur. At, quando simpliciter & absolutè præcipis, *ne Principi nostro legitimo, eiusue monitis, mandatis, & legibus, vllo modo obediamus* : præcepto tuo parere non possumus, quia hoc non est mandatum Dei interpretari, quod Sanctitati tuæ conceditur : sed penitus antiquare & abrogare, quod nullo modo potes. Christus cùm claues regni cælestis Petro tradidit, non dedit ei potestatem *faciendi de peccato non peccatum* [h]. Nos igitur communem Canonistarum doctrinam in hac parte sequemur, qui tradunt, *mandato Papæ non esse parendū, si vel iniustum sit, vel ex eo multa mala, seu scandalum verisimiliter est futurum, aut turbatio status Ecclesiæ, & reipublicæ Christianæ oritura* [i] : & ideo si Papa mandaret religiosis aliquid, *quod esset contra substantiam ordinis, id est, quod repugnaret regulæ ab ijs professa*

(vt

[h] Felin. in cap. si quando, nu. 4. de rescript.
[i] Innoc. in c. inquisitioni. 44. de sent. excōm. Panorm. in cap. cùm teneamur. 6. de præben.

(vt interpretatur Felinus in cap. accepimus.
de fid.inftrum.& cap.fi quando. de refcript.)
non tenentur ei obedire, vt idem Innocentius [k] alibi docet : quem refert & fequitur
Martinus de Carazijs in tractatu de Principibus, quæftione 408. & Felinus in d. cap. fi
quando. & d.cap.accepimus. Quanto igitur
minus debent Regum fubditi, Pontificem
eos ab obedientia, iure diuino & naturali,
Regi fuo debita, & arctiffimo iurifiurandi
fœdere fancita, retrahere conantem audire ? Si ob eam caufam nos iubes Regis noftri iugum abijcere, quòd per obedientiam
illi exhibitam fpirituale bonum impediatur:
refpondemus, id quicquid eft mali, ex quodam accidente euenire, fiue per accidens fieri. malum enim ex bono, aut bonum ex
malo, per fe oriri non poteft. Accidens autem illud dolenter fecimus, fed impedire
non poffumus. Nos officium Regi debitum,
Dei iuffu perfoluimus. & *fecundum patien-
tiam boni operis, gloriam, honorem, & incor-
ruptionem quærimus.* [l] Ille fi debito fibi obfequio, & tanto Dei beneficio abutatur,
Deum fupra fe iudicem & vindicem acerri-
mum fentiet. Nobis non licet officium defe-
rere, & Dei mandatum præterire, vt bonum

inde

[k] *In cap. ne Dei.43.de Simon.*

[l] *Rom.2.*

inde quantumuis magnum consequatur : ne
eam, quam Apostolus nunciat ᵐ, damnati-
onem nobis ipsis acquiramus. Qui iubet nos
Regibus obedire,& reddere Cæsari quę sunt
Cæsaris, nullam bonos inter & malos Principes distinctionem facit. ac proinde nec nos
distinguere debemus. ⁿ. Si, vt docet B. Augustinus, *is qui cõtinentiam Deo vouerit, nul-*
lo modo debet ista compensatione peccare, vt i-
deo credat vxorem sibi esse ducendam , quia
promisit quæ nuptias eius appetit, futuram se
esse Christianam. atq; ita *acquirat Christo ani-*
mam in morte infidelitatis positæ fœminæ, quæ
parata est, si huic nupserit, fieri Christiana. Qua
nos apud Deum excusatione vtemur, si vt
speratum aliquod bonum eueniat, iurisiurandi religionem & fidem violemus Deo
Regíque nostro datam? Nihil enim anima
pretiosius, pro qua Dominus & Saluator
mori dignatus est. Si ergo vt eam Christo
lucremur, peccare non liceat, eccuius rei
causa peccandum ?

Quod autem præterea dicis, te nos ab
huius officij vinculo absoluere, atq; absolu-
tos declarare : id non omnem conscientijs
nostris scrupulum adimit, sed animi pendere, ac dubitare magis de tua potestate facit.

quòd

᷿ Rom. 3.

■ L. de pre-
tio. D. de
publ. in rem.
act.

quòd sciamus præceptum , cuius tu nobis
gratiam te facturum promittis, Dei & naturæ lege esse sancitum : Sanctitatem verò
tuam non posse, ne quidem de plenitudine
potestatis, legis naturalis & diuini gratiam
cuiquam facere. Tibi igitur in spiritualibus,
Regi in temporalibus obsequemur. Vtrumq;
Deus iubet, vtrumq; præstabimus. Minas denique, quas mandato inseris, miramur quidem, & ex parte metuimus : sed non ita sumus meticulosi tamen, vt plus eas quàm o-
portet timeamus; aut ita ijs terreamur, vt
metu iniustæ excommunicationis, iustum ac
iure debitū obsequium Regi nostro denege-
mus. Licèt enim vulgò iactetur, omnem excommunicationem esse timendam °: Scire
tamen oportet, iniustam excommunicationem non lædere eum in quem fertur, sed e-
um potius à quo fertur. ᴾ Si ideo nos anathematis mucrone ferias, quia nolumus mandatum Dei, te iubente, prætergredi, & *malum
facere:* maledictio tua vertetur in benedi-
ctionem, vt quamuis ligati exterius videa-
mur, interius soluti atq; innocentes manea-
mus.

Hæc illa sunt, & his similia, quæ tam Cleri,
quàm Nobilitatis, atq; adeo totius populi

Galli-

° *Can. sen-
tentia. can.
qui iniustas.* 11
q. 3.

ᴾ *Can. quo-
modo. can.
illud.* 11 *q* 3.
c. in. c rium
24 *q* 3.

Gallicani fidem erga fuos Reges ita firma-
runt, vt Pontificibus quibufdam, enixè co-
nantibus eos à Regum fuorum obfequio &
obedientia auocare, viriliter reftiterint ; &
Bullas Pontificias, depofitionis, & priuatio-
nis regni fententiam continentes, pro nihilo
duxerint, fed nec fe vllis propterea cenfuris
ecclefiafticis teneri, nullifq; anathematis vel
excommunicationis vinculis iuftè inuolui
poffe haud vanè crediderunt. Equidem re
vera non video, quid in fuperiore populi re-
fponfione & defenfione reprehendi poffit :
nifi id illis vitio vertatur, fatifq; ad contumaciam fit, quod non quamlibet Papæ iuffio-
nem, tanquam Dei Omnipotentis voce e-
miffam, omni cunctatione & æquitatis per-
ueftigatione remota, protinus exequantur.
quod nemo vnquam fanus, opinor, iudicabit. Cætera enim firmiffimis demonftratio-
nibus, & folidiffimis diuini & humani iuris
rationibus, & argumentis nituntur. Dei fcilicet mandatum effe, vt honos & obedientia Regibus & Principibus exhibeatur : nullo
bonorum & malorum difcrimine, in ea re,
propofito. Omnem Papæ poteftatem in fpiritualibus confiftere. Temporalia Regibus
& Principibus fecularibus effe relicta. Papam

pam non esse Regibus superiorem in temporalibus, ac proinde eum non posse illos temporalibus pœnis afficere: multoq; minus regnis atq; imperijs priuare. Postremò, non posse Papam contra ius naturale & diuinum, quo ista subditis erga suos Principes obedientia præcipitur, vllo modo dispensare: atq; ob eam causam neq; absoluere subditos ab illa obligatione, neq; in non parentes sibi legitimum obsequium prohibenti, iusta excommunicatione animaduertere. Quæ omnia singillatim authoritatibus, testimonijs, & *ineluctabilibus*, vt videtur, argumētis superius conclusa sunt. Sed ea tamen Ecclesiæ æstimanda relinquam. Is enim ego sum, qui me, meáque omnia, sanctissimæ matris meæ arbitrio iudicióque submitto.

Cap. XXXI.

QVæ hactenus à nobis dicta sunt, de suprema Regum & Principum in rebus temporalibus dominatione, déque obsequio illis non denegando in omnibus quæ Dei mandatis & bonis moribus non repugnant: ea quidem, solemni & diuturna antiquorum Patrum, & totius Ecclesiæ obseruatione

Q 3   confir-

confirmantur. Nam quanquam maximam
opportunitatem & facultatē habebant de-
turbandi, & deijciendi de solio malos Principes Christianos, à quibus erant multis priuatis publicisque iniurijs lacessiti, ijs tamen
de Principatu controuersiam nullo modo
mouerunt: nullam humani obsequij particulam denegarunt. erroribus tantùm ipsorum liberè, sapienter,& animosè restiterunt.
atq; ita multitudinem in officio erga Deum
& Regem continentes, vtrumq; præceptum
de Deo & Rege timendo honorandóque ad-
implerunt. Et verò hoc præcipuum remedium est conseruandi à lapsu, & reuocandi ab
erratione animos: atq; etiam via & ratio
expeditissima Reges & Principes, insana hæresi efferatos, ab immanitate ad humanita-
tem, aberrore ad veritatem, ab hæresi ad fidem, reducendi; eámque rationem Patres
antiqui in eiusmodi casibus semper inibant;
quam si posterioribus seculis Pontifices alij
fuissent secuti, ac non superbam illam & o-
diosam, in Reges & Imperatores, temporalem dominationem sibi arrogassent , melius
quàm nunc cū republica Christiana ageretur,& forsitan hæreses istæ,quibus nunc pre-
mimur, fuissent in ipsis cunabulis suffocatæ.

Nam

Nam & euentus rerum, in hunc diem, ſatis docent, parum aut nihil proficere Pontifices, dum hac ſublimi, lubrica, & præcipite viâ incedunt : ſed ſæpius turbas, ſchiſmata, atque bella eo modo in Chriſtianis gentibus excitare, quàm fidem Chriſti propagare, vel Eccleſiæ vtilitatem & libertatem augere. Quàm fuerit inutilis & pernicioſus Chriſtianæ reipub. Gregorij VII. (qui primus Pontificum hoc iter tentauit) in Henricum IV. conatus, ſatis iam ſuperius demonſtraui. Quis autem ignorat quàm parùm profuit, imo quàm multùm obfuerit Eccleſiæ, Bonifacij VIII. impetus & cenſura in Philippum Pulchrum : ſimiliter & Iulij II. in Ludouicum XII. Franciæ Reges : Clementis VII. & Pauli III. in Henricum VIII. & Pij V. in Elizabetham Angliæ Reges? Nonne hi omnes Principes Papale illud imperium, vltra ſpiritualis iuriſdictionis fines protenſum, tanquam meram arrogantiam, & vſurpatâ dominationem, non ſolùm non agnouerunt, ſed ſpreuerunt atq; riſerunt? De poſtremis duobus Pontificibus auſim liquidò affirmare, (eſt enim orbi notiſſimum) in cauſa eos fuiſſe perdendæ religionis in Anglia, quòd iſtam tam inuidioſam, & latè patentem po-

Q 4 teſtatem,

teſtatem, in regni illius Principem & populum, ſibi aſſumere & exercere conati ſint.
quanto igitur rectius & ſapientius Clemens
VIII. qui ſpirituali & paterna charitate, &
virtute nomini ſuo idonea, nutantem regni
Francici in religione ſtatum erigere ac ſta-
bilire maluit, quàm faſtuoſa & minace temporalis imperij authoritate contendere?
quod ſciret eam rarò, ac vix vnquam fœlices
exitus habuiſſe.

Regibus quidem, & Principibus omnibus,
qui ſoli Deo & gladio ſe regna & principatus
debere, haud vanè gloriantur, innatâ quadam animi elatione peculiare eſt, velle potius glorioſè occumbere, quam alieno imperio ſceptra ſubmittere, & iudicem ac ſuperiorem aliquem in temporalibus agnoſcere. Ob eamq; cauſam ne expedire quidem Eccleſiæ, & Reipub. Chriſtianæ videtur, Papam eâ in Principes ſeculares poteſtate præditum eſſe, propter varias quæ inde
oriuntur cædes, calamitates, & religionis,
rerúmq; omnium miſerrimas mutationes.
quo magis mirari licet quorundam hominũ,
qui ſibi ſapere videntur, imbecille iudicium,
qui, vt tam odioſæ poteſtatis inuidiam à Pó-
tifice remoueant; leniantq; indignationem
Regum,

Regum, quibus illa tantopere displicet; non
verentur prædicare & sparsis in vulgus libel-
lis affirmare [a], temporalem istam Pontificis in Reges potestatem, ipsismet etiam Regibus apprimè vtilem esse : quòd , vt illi dicunt, homines interdum magis retineantur
in officio, metu amissionis temporalium,
quàm spiritualium rerum. Egregia ratio scilicet, & ijs digna qui Principes & priuatos
nullo discrimine habent, omnesq; vno pede
metiuntur. faciunt næ homines illi intelli-
gendo, vt nihil intelligant. quasi verò metus
ille qui in priuatos cadit, Principum quoq;
animos occupare soleat, qui se aduersus omnem humanam potentiam , & vim, atq; impetus externos , satis tutos & munitos esse,
sola imperij potestate arbitrantur. Ad eos
tantùm ratio illa referri debet, quos temporalis potestatis terror, & ordinariæ iurisdictionis seueritas, metu pœnarum à delinquen-
do reuocant : hi enim (quia certum est eos,
si quid deliquerint, pecuniaria vel corporali
pœna coërcitum iri) maleficijs plerumq; ab-
stinent, non propter cõscientiam, sed propter
iram, & metum amissionis temporalium. At
Reges non in eadẽ causa sunt, sed supra omnes leges humanas, omnéq; ius positiuũ, soli
Deo

Deo adminiſtrationem reddituri, & quanto tardius, tanto ſeuerius puniendi. Aduerſus priuatos executio parata eſt, quam neque-ant niſi ex indulgentia Principis euitare. Ad-uerſus Principes quæ poteſt fieri executio, cùm nullis humanarum legum ſanctioni-bus teneantur, *nulliſqʒ ad pœnam vocentur le-gibus, tuti imperÿ poteſtate?* Nam quod in iure expreſſum eſt: *Principem legibus eſſe ſo-lutum*; id Latini pariter & Græci interpre-tes, cùm de omnibus legibus, tum maximè de pœnarijs intelligunt, vt ijs Princeps eti-amſi delinquat, non coërceatur. ſiue vt Græci dicunt, ἤρουν ἁμαρτήσας ὸυ Κολάζεται. Quæ res facit, vt Reges amplitudine poteſtatis & armorum fiducia erecti, temporalium amiſ-ſionem nihil timeant; quandoquidem vix vllus eorum tam peruerſus exiſtit, quin par-tis ſuæ complurimos ſectatores inueniat, quorum ope conſilióqʒ, ſiue arte ſiue armis agendum ſit, ſolium & ſceptrum tueri ſe poſ-ſe arbitretur. ob eamqʒ cauſam, tantum ab-eſt eos imperioſis Pontificum, de regnis au-ferendis, minationibus terreri, vt ijs potius in pietatem & religionem accendantur. Et verò ſatis conſtat, temporalem hanc pote-ſtatem, quam Papa ſuper omnes mortales

ab

ab aliquot retrò seculis sibi vendicat, Principibus vsqueadeo esse exosam, vt ne ij quidē
qui Petri sedem vel maximè venerantur, &
summam successorum eius potestatem in
spiritualibus agnoscunt, illius temporalis
dominationis commemorationem haurire
auribus,siue indignatione possint.quòd talis
nimirum imperij Pontificalis nullum in sacris literis, vel traditionibus Apostolorum,
vllisiue antiquorum Patrum scriptis, testimo-
niúm, ac ne vestigium quidem appareat, &
rem tanti momenti, tantam dico regnandi
libertatem, euinci sibi sine manifesto Dei
verbo, & euidente probatione, neq; ipsi ferre possint, neq; vlla iuris ratio, aut æquitatis
benignitas patiatur.

Quapropter cordatis hominibus plerumq;
visum est,Pontifices tranquillitati Ecclesiæ,
facilius consulturus, si more maiorum in spiritualis iurisdictionis finibus conquiescant,
& pro sua Apostolica charitate precibus &
lachrymis orando,obsecrando,obtestando,
humiliter à malis Regibus contendant,rectā
vt in viam redeant;quàm si odiosa hac tēporalis potestatis interminatione(per quā nihil
aut parum proficiunt)morum & fidei emen-
dationem ab ijsdem, velut per vim & metum

tum conentur extorquere. Quod si tam sint
obstinati in malo Principes, vt nullis moueri
lachrymis, nullis precibus flecti possint, Dei
auxilium implorandum , Deiq; iudicio re-
linquendi. Sed ad cætera nunc pergamus.

Cap. XXXII.

SEcundum argumentum quod Bellarminus ex quinta sua ratione , superius à nobis relata, deducit, his verbis ab eo proponitur. *Potest pastor arietes furiosos destruen-*
tes ouile, separare & recludere : Princeps au-
tem est aries furiosus destruens ouile, quãdo est
Catholicus fide, sed adeo malus vt multum ob-
sit religioni & Ecclesiæ, vt si Episcopatus ven-
dat, ecclesias diripiat, &c. Ergo poterit pastor
Ecclesiæ eum recludere (dicendum potius *ex-*
cludere, recludere enim, aperire est) *vel re-*
digere in ordinem ouium.

Argumentum hoc quidem admittimus,
& præterea quicquid inde necessaria consequutione infertur : inferri autem nihil aliud
potest , nisi Pastori Ecclesiæ, quo nomine
Papam hîc intelligimus, ius fasq; esse expel-
lere malum Principem de ouili Domini &
eum excludere, ne cum reliquo grege Christiano

ſtiano in cauſa Dominica conquieſcat : id
eſt, eum extra communionem Eccleſiæ &
Sanctorum, per excommunicationem eij-
cere, atq; omnibus regenerationis in Chriſto commodis ſpoliare, ac tradere ſatanæ,
vſq; ad legitimam errati & contumaciæ ſa-
tisfactionem. At hæc tota pœna ſpiritualis
eſt & eccleſiaſtica, & maxima quidem om-
nium quas habet Eccleſia b : vltra quam b *Can. corri-*
quod agat, vel contra priuatum, nihil eſt : *piantur.24.*
niſi vt Principem politicum delinquente ſu- *q.3.*
periorem adeat, & ei pro vindicanda piæ
matris iniuria, ſupplicet; qui quoniam nu-
tritius Eccleſiæ eſt, in eius deſertores & rebelles animaduerterere corporalibus & ciuilibus pœnis debet. At hoc auxilio temporali deſtituitur Eccleſia, quando ipſemet
ſummus Princeps eſt, qui committit propter
quod meritò excommunicari poſſit, quia
ipſe nullum habet ſuperiorem, nulliſq ad
pœnam legibus vocatur tutus imperij maieſtate. licet igitur Paſtor Eccleſiæ ſiue Papa,
excludere eum ab ouili per excommunicationem poſſit, atq; ita bonis omnibus ſpiritualibus priuare, nihil tamen eorum quæ ciuili & humana poteſtate poſſidentur, tollere
& adimere ei poteſt: quia non eccleſiaſticis,
ſed

sed policitis legibus , quæ in manu Regum
sunt, res tales subijciuntur . & sicut nemo
Christianus potest siue Princeps, siue priuatus, Papæ iudicium in spiritualibus effugere:
ita nec subditus aliquis quocunq; ordine &
loco sit , Regis seu Principis sui iudicium in
temporalibus declinare. Nam quòd clericorum causæ alijs quam politicis iudicibus cō-
mittantur, id singulari Principum beneficio
& priuilegio indultum est , quandoquidem
iure cōmuni non minus Clerici quam Laici
imperio temporali secularium Principū subsunt. idq; ea ratione constat , quam ipsemet
Bellarminus tradit [b]. nempe, *Clerici præter-*
quam quod clerici sunt, sunt etiā ciues, & par-
*tes quædam Reipublicæ politicæ.*inde est, quod
olim , sub optimis & pijssimis Principibus
Christianis, causę omnes Clericorum solitę
fuerint, tam ciuiles quàm criminales, modò
non ecclesiasticæ, apud politicos & temporales magistratus agitari [c]. Suam igitur,
quæ nunc fruuntur, in hac re libertatem ,
Clerici omnes Principibus secularibus accepto ferre debent, vt capite 15. suprà ostendimus. Vnde miror eundem Bellarminum
asserere, Papam potuisse eximere simpliciter Clericos, propria authoritate, per legem
canonicam,

[b] Lib.1.de
Clericis c.28.

[c] Vide S.
cap.15.

canonicam, à subiectione téporalium Principum. Id enim, pace tanti viri dicam, est falso falsius. quia lex Christi neminem priuat iure dominióque suo : priuaret autem, si per eam ius & dominium temporale,quod Principes, antequam fierent Christiani, in clericos habebant, ipsis inuitis auferret. Deinde cùm ipsemet Papa exemptionem suam non alio iure, quàm Principum largitate & beneficio nactus sit (nam vt aduersarij fatentur, subiectus erat de iure & de facto Ethnicis Principibus, sicut alij ciues) absurdum est dicere eum potuisse liberare alios ab illa subiectione. alioqui id in eum conueniret, quod impij Iudęi blasphemátes Christo Saluatori exprobrarunt [d] : *alios saluos fecit, seipsum non potuit saluum facere.* [d] *Math.27.*

Nec maior in hac re Patrum in Concilijs,quàm Papæ,authoritas esse potuit. quapropter locus hic postulat, vt alium etiam errorem coarguamus, qui ex quorundam Conciliorum decretis, non satis perpensè consideratis latissimè emanauit, & nunc nescio ad quos tandem non pertingit : Concilia nempe liberasse clericos à potestate & iurisdictione magistratuum ciuilium; quo nihil quicquam magis à veritate alienum.

Nus-

Nuſquam enim in aliquo Concilio reperitur, Patres id ſibi authoritatis aſſumpſiſ-
ſe, vt iudices ſeculares imperio & iuriſdictione in Clericos priuarent, aut vllo modo prohiberent, ne de Clericorum cauſis a-
pud ſe in iudicium deductis cognoſcerent:
niſi poſtquam ſingulari Principum beneficio, quod à Iuſtiniano incepit, id fori priuilegium clericis conceſſum eſt. Nam cùm ipſimet illi Antiſtites, qui Concilijs intererant
& præerant, temporalibus poteſtatibus ſubditi eſſent (vt docet S. Auguſtin. in expoſiti-
onę capitis 13. epiſtolæ ad Roman.) fieri non
potuit, vt aut ſeipſos aut alios, propria authoritate, ab illa ſubiectione liberarent.
Sciendum itaq; eſt, priſcos illos Eccleſię Patres, apud quos diſciplina eccleſiaſtica, cuius nunc neglectus nimius eſt, ſyncerè & ſe-
uerè viguit, omnem nauaſſe operam, vt clerici non ſolùm doctrinà, ſed morum etiam
probitate, & vitæ innocentià, populo prælu-
cerent. ob eamq; cauſam Clericos omnes
monuiſſe, & Conciliorum decretis ſiue canonibus ſanxiſſe, ne ipſorum aliquis, aduerſus alium, querelas vllas ciuiles aut criminales ad ſecularem iudicem deferret: ſed vt
controuerſias ſuas omnes, vel inter ſe amicorum

eorum arbitrio componerent, vel, si id nollent aut nequirent, eas Episcopali saltem iudicio terminarent. Atque hæc quidem eodem, aut certè non absimili consilio statuerunt, quo D. Paulus in epistola 1. ad Corinth.
prohibuit ne Christiani alij alios ad Ethnicorum & infidelium iudicum tribunalia co-
gerent, ibíque contenderent : de quo modò
agebamus ᶜ. eo inquam consilio fecerunt id   • *Cap.21.*
Patres isti, vt si quid humanitus Clericis
contingeret, quod laicis scandalo esse potuit (veluti vitia quæ humanâ fragilitate
committuntur) id tectiùs & occultiùs apud
proprios Episcopos emendaretur, nec ad aures imperitæ multitudinis perueniret, quæ
sæpè doctrinam moribus metitur, & aut cō-
temptui aut ludibrio eiusmodi Clericorum
lapsus habere solet. & præterea ne Clerici,
qui pacis & cōcordię studiosi esse debent, &
charitatis ac patientiæ exemplum opere &
sermone præbere, litium & discordiarum viam sternere secularia iudicia frequentando,
viderentur.

His ergo decretis Conciliorum nihil iuri
laicorum detractum est, quo minus de causis Clericorum cognoscerent. Non enim vetuerunt Patres, imò nec vetare potuerunt,

ne

ne iudices seculares causas clericorum ad se
perductas disceptarent, definirentq;(id enim
fuisset Principibus & Magistratibus ius do-
miniúmque suum eripere, quod lex Christi
non permittit) sed vetuerunt ne Clerici alij
alios ad eiusmodi iudices pertraherent, canonicis siue ecclesiasticis pœnis in non parentes constitutis. Hoc autem constituere,
rectè & legitimè sine cuiusquam iniuria potuerunt : quemadmodum bonus multorum
liberorum pater, præcipere potest filijs, &
sub pœnis domesticis prohibere, ne inter se
de vllis controuersijs apud iudicem contendant, sed vt de patris aut fratrum sententiâ
litem omnem discordiamq; consopiant: nec
id liberis imperando, legitimorum iudicum
potestati quicquam præiudicat. Ita planè
Conciliorum Patres filijs suis, id est, clericis,
actionum inter se apud seculares iudices ex-
ercitio interdixerunt, non auferendo quidem laicis cognoscendi & iudicandi facultatem, sed adimendo clericis pristinam ipsos
impune adeundi libertatem. Hoc autem
non est eximere clericos de potestate & iurisdictione magistratuum temporalium, sed
tantùm viam & modum inire, per quem clerici aduersus clericos negotium habentes,

ius

ius suum facilè cõsequantur, sine vllo forensi strepitu laicorum. Atq; hæc ita prorsus se
habere ne quis omnino dubitet, operæpretium esse existimaui, ipsa Conciliorũ decreta subijcere, ex quibus malè intellectis error
iste ortus est : vt inde lector narrationis nostræ veritatem intelligat.

Primum ergo quod de hac re aliquid de-
creuit, fuit Concilium Carthaginense tertium, anno Domini 397. celebratum : cui
interfuit S. Augustinus, & subscripsit. eius
Concilij can.9. sic scribitur. *Item placuit, vt*
quisquis Episcoporum, presbyterorum, & dia-
conorum seu clericorum, cùm in Ecclesia ei cri-
men fuerit intentatum, vel ciuilis causa fuerit
commota, si relicto ecclesiastico iudicio, publi-
cis iudicijs purgari voluerit, etiam si pro ipso
fuerit prolata sententia, locum suum amittat,
& hoc in criminali iudicio. In ciuili verò per-
dat quod euicit, si locum suum obtinere volue-
rit. Cui enim ad eligendos iudices vndiq; patet
authoritas, ipse se indignum fraterno consortio
indicat, qui de vniuersa Ecclesia malè sentien-
do, de iudicio seculari poscit auxilium : cùm pri-
uatorum Christianorum causas Apostolus ad
Ecclesiam deferri, atq; ibi determinari præci-
piat. Ecquod hic verbum est, ex quo proba-

bili

bili aliqua ratione colligi poſſit, Concilium
voluiſſe clericos magiſtratuum ſecularium
iuriſdictione eximere?aut clericis laicos non
eſſe legitimos iudices indicare ? quin planè
contrà oſtendit,ſe non negare ſeculares iudices de cauſis clericorum rectè cognoſcere & iudicare poſſe, nec ſe ipſorum ſententias,quaſi à non competente iudice latas im-
probare ; ſed tantùm id agere, vt eorum clericorum leuitatem & procacitatem coerceat, qui poſt cauſam in Eccleſia tractari
cœptam,ſpretis & relictis iudicibus eccleſiaſticis, laicorum ſe arbitrio iudicioq; committunt: quo caſu , non improbat quidem
Concilium ſententiam à ſeculari iudice latam,nec eum non legitimum iudicem fuiſſe
pronunciat , ſed tantũ pœne nomine priuat
clericum fructu & emolumento talis ſenten-
tiç, propter eius improbitatem. Quod autem illius Concilij Patres tunc agnoſcebant
Magiſtratus ciuiles eſſe legitimos iudices
clericorum,ex eo ſatis intelligi poteſt, quòd
decretum hoc ſuum ad eum caſum reſtrinx-
erunt , quo crimen clerico *in Eccleſia fuerit
intentatum, vel ciuilis cauſa fuerit commota.*
extra hos caſus ergo, clericis licebat impunè, per hunc Canonem, in foro ciuili cauſas
ſuas

ſuas perſequi, & coram iudice ſeculari litigare.

Sequutum deinde eſt celeberrimum Concilium Chalcedonenſe ann. Dom. 451. quod
Can. itidem 9. ſic ſtatuit. *Si quis Clericus ad-*
uerſus Clericum habeat negotium, non dere-
linquat proprium epiſcopum , & ad ſecularia
percurrant iudicia. Sed prius actio ventiletur
apud proprium Epiſcopum, vel certè conſilio e-
iuſdem Epiſcopi apud quos vtraq; partes volue-
rint, iudicium obtinebunt. Si quis præter hæc
fecerit, canonicis correptionibus ſubiacebit. Ecce vt Concilium hoc ſermonem dirigit ad
clericos, ne proprijs epiſcopis relictis, iudices adeant ſeculares : non autem ad Magiſtratus & iudices temporales, ne venientes
ad ſe clericos audiant, & cauſâ cognitâ pro-
nuncient, ac iudicatum facere, iuris ordine
compellant. nihil ergo poteſtati laicorum
hoc Canone detrahitur. quinimo verba illa
canonis ſiue decreti, *ſed prius actio ventile-*
tur apud proprium Epiſcopum, ſatis oſtendunt
Concilij Patres id ſolùm exigere, vt cauſæ
omnes clericorum in prima inſtantia apud
epiſcopum ventilentur; deinde ſi opus fuerit, ad ſecularis iudicis examen deferatur :
neq; enim veriſimile aut credibile eſt, ver-

bum

bum illud *Primùm* à tot summis & sapienti-
bus viris otiosè & superfluè positum fuisse ;
atq; ita canon ille omnino conuenit cum
Nouella Iustiniani constitutione 83. in clericorum gratiam facta. *Vt Clerici apud proprios
Episcopos primùm conueniantur , & post hoc
apud ciuiles iudices.* Non ergo infirmatur
hoc canone, sed potius confirmatur iurisdictio secularium iudicum in clericos.

Eodem modo in Concilio Agathensi,
sub Alarico Rege, anno Dom. 506. Patres
qui eo conuenerant, can. 32. statuerunt, *ne
clericus quenquam præsumat apud secularem
iudicem , Episcopo non permittente , pulsare.*
quem canonem Gratianus in suum Decretum, mutata lectione, & sensu detorto, non
sine flagitio transtulit. Nam quod dixerat
Concilium, *Clericus ne quenquam præsumat,*
&c. id ille ad suam sententiam hoc modo
corruptam traxit: [d] *Clericum nullus præsumat
apud seculare iudicem, Episcopo nõ permittēte,
pulsare.* Vt prohibitio etiã Laicos includat,
ne Clericum coram iudice seculari conue-
niant: cùm tamen solis Clericis facta sit, nulla de laicis habita mentione. quinimo pars
secunda illius canonis manifestè ostendit,
Concilium ita demum laicis Clericos ad secularia

d XI.q.1.
Can. Cleri-
cum.

cularia iudicia trahentibus fuccenfere, &
pœnas ecclefiafticas proponere; fi per calumniam vexandi animo id egerint. Sequitur enim in eo Canone: *Si quis verò fecula-*
rium per calumniam, Ecclefiam aut Clericos
fatigare tentauerit, apud feculares iudices
fcilicet litigando, *& conuictus fuerit, ab Ec-*
clefiæ liminibus, & à Catholicorum communi-
one, nifi dignè pœnituerit, coerceatur. Corru-
pit autem Gratianus non folùm huius Concilij fententiam, fed etiam epiftolæ Marcel-
lini Papæ,in eadem Cauf.& quæft. can.3.&
pro *Clericus nullam,* pofuit *Clericũ nullus.* vt
mirum non fit, Canoniftas, qui Gratiani
tantùm collectanea perlegebant, falfa lectione deceptos,in hunc quem carpimus errorem incidiffe. fed mirum eft Bellarminum
corruptam illam Gratiani lectionem vtrobique fequutum effe, ac non potius veram
& genuinam ipforum authorum in fuis Cõ-
trouerfijs, lib.1. de Clericis.cap.28.

In Matifconenfi autem Concilio I. fub
Guntramno Rege habitum,anno Dom.576.
Canon 8. in hunc modum conscriptus eft.
Vt nullus clericus ad iudicem fecularem, quem-
cunqᵻ alium fratrem de clericis accufare,aut ad
caufam dicendam trahere, quocunqᵻ loco præfu-
R 4 *mat:*

mat : sed omne negotium clericorum aut in E-
piscopi sui, aut in Presbyteri, aut Archidiaconi
præsentia finiatur.

Et in tertio Concilio Toletano, quod Æ-
ra 627.hoc est ann.Dom.589.regnante Rec-
caredo Rege celebratum est,Canone 13.de
Clericis similiter statuitur. *Diuturna indisci-*
plinatio, & licentiæ inolita præsumptio, vsque-
adeo illicitis ausibus aditum patefecit, vt Cleri-
ci conclericos suos, relicto Pontifice suo, ad iu-
dicia publica pertrahant. Proinde statuimus
hoc de cætero non præsumi. Si quis hoc præ-
sumpserit facere, & causam perdat, & à com-
munione efficiatur extraneus.

Hæc illa sunt solennia &ferè sola sacrorum canonum decreta, in quibus errorem
suum fundant, qui falso putant Concilia potuisse eximere, & de facto exemisse, Clericos de potestate Laicorum : quos tamen ipsimet Canones adeo perspicuè redarguunt,
vt nihil necesse sit alia, ad eam opinionem
conuellendam, aliunde accersere. Atq; hæc
ego quidem, non eo animo & consilio, vt
priuilegia clericorum exagitem, aut quod
ea illis inuideam,vel detrahi cupiã. Sciunt
qui me norunt, quo semper loco Ecclesiasticos homines habuerim habeamq;.Sacerdo-
tes

tes Dei, vt parentes, veneror, omniq; honore dignos censeo. Sed eos, tanquam humilis
filius moneo ne ingrati sint, nec benefacto-
res dedignentur, à quibus tot illis priuilegia
accesserunt. Principes temporales vt Patro-
nos, & libertatis suæ vindices, ac protecto-
res, colere & suspicere tenentur : & non, vt
quidem eorum nunc faciunt, negare ea se
Principibus debere; sed libertatem & exemptionem omnem Pontificijs & Canonicis constitutionibus accepto ferre; quo nihil
ab ingratis animis proficisci potest ingrati-
us. Non enim à Pontificibus sed à Principibus secularibus, nec à Canonibus sed à legibus, quicquid habent temporalis libertatis
acceperunt.

Cap. XXXIII.

A Mplius dicam, & veritatem dicam, licet odium fortassis mihi parituram ab
ijs quibus omnia sunt inuidiosa, quæ suo studio & desiderio vel minimùm aduersantur.
Dicam ergo, & grande verbum proloquar,
cuius fortè aut nondum meminit quisquam,
aut, si meminit, saltē eos quorū intererat id
scire, non vt debuit cōmonefecit. Clericos
scilicet

scilicet per totum orbem , quocunq; ordine
vel gradu sint , non esse adhuc vllo modo
exemptos & liberatos à potestate temporali
Principum secularium in quorum regnis &
regionibus vitam degunt, sed perinde ac cæteri ciues ijs subiectos esse in omnibus , quæ
ad politicam & temporalem administrationem & iurisdictionem pertinent, inq; eos ius
vitæ ac necis, sicut in cæteros subditos ad e-
iusmodi Principes pertinere; ac proinde quidem posse Principem (de eo loquor qui superiorem in temporalibus non agnoscit)
Clerico delictum quodlibet non ecclesiasticum committenti, culpam vel clementia
& indulgentia condonare , vel debitis lege
supplicijs vindicare. Hoc etsi durum, & pa-
radoxo simile ijs forte videatur, qui contrariæ opinionis errore imbuti se in solius summi Pontificis ditione ac potestate constitu-
tos arbitrantur, nec vllis præterea humanarum legum constitutionibus obligari : faxo
tamen breuiter vt planè intelligant nihil hoc
verbo esse verius , dummodo faciles aures
velint rectæ rationi aperire . Pendet autem eius veritas ex ijs qui suprà, de melioris
notæ Theologorum sententiâ, posita sunt &
probata : & inde necessaria atque euidenti
con-

conclusione mox demonstrabitur. Primùm
igitur positum est & concessum, atq; etiam
firmissimis rationibus & testimonijs confir-
matum, Christianos omnes tam Clericos
quam laicos in Regum & Imperatorum manu ac potestate fuisse, quamdiu Ecclesia sub
Ethnicis Principibus militabat: Atque hoc
quidem demonstrationis nostræ fundamentum est: cui illud accedit, quod similiter positum est & concessum, nempe *legem Chri-*
sti neminem iure dominióq; suo priuare, quia
non venit soluere legem sed adimplere. ac proinde Principibus postea ad fidem perductis
certum est clericos omnes eodem ordine &
loco mansisse, quantum ad subiectionem
temporalem, quo prius erant, Principibus in
infidelitate constitutis. quia lex Christi neminem priuat dominio suo, vt dictum est.
atq; ea ratione priuilegia & exemptiones à
pijs Principibus clericis sunt concessa, quibus neutiquam opus illis fuisset, si clerici
non pleno iure, vt antè, sub Principum potestate & iurisdictione mansissent. Hæc adeo
clara sunt & aperta & tam supra tot testimonijs, tot monimentis, probata & testata,
vt ea repetere hoc loco, aut illis aliquid addere, opera superuacanea videatur. quod sequitur

quitur ergo videamus : videamus inquam,
quo modo ex iftis principijs fuperior fententia noftra, manifefta demonftratione, &
concludendi neceffitate procedat. nempe
hoc modo. Nufquam memoriæ proditum
eft ab vllo fcriptore, Principes qui iftis Clericos priuilegijs & exemptionibus donarunt,
ita eos à fe liberos dimififfe, vt fibi amplius
non fubeffent, nec Maieftatem agnofce-
rent, imperióue parerent (legantur quæ de
priuilegijs illis fcripta funt, ne minimum quidem in ijs tantæ libertatis teftimonium re-
perietur.) Id tantùm clericis largiti funt, ne
apud magiftratus feculares, fed apud proprios Epifcopos & iudices ecclefiafticos cō-
ueniantur : hoc autem non eft eximere clericos de poteftate ipforum Principum, aut
eorum iurifdictioni iudicioq; præiudicium
facere, fiquando illis libitum fuerit de caufis
Clericorum cognofcere, quæ modo merè
fpiritualia non funt. imo non potuerūt Principes, nec adhuc poffunt, clericos in fuis regnis conftitutos ea libertate donare, ne ipfis
poteftate temporali fubfint, neue delinquē-
tes ab ijs iudicari & puniri poffint, nifi eadem operâ fefe principatu atq; imperio ab-
dicent. eft enim proprium Principum infe-

parabile,

parabile, animaduertere posse in delinquentes, & omnia reipublicę membra, ciues inquam omnes, pœnis & præmijs legitimè gubernare. Et sicut in corpore naturali membra omnia capiti subijciuntur, atq; ab eo reguntur, vt monstrosum planè corpus appareat, in quo superflua & à capitis imperio aliena membra conspiciuntur : ita etiam in corpore politico, necesse est membra omnia Principi, seu capiti, esse subdita, & ab eo regi, hoc est præmijs vel pœnis affici secundum merita singulorum. Atqui clerici (vt fatentur aduersarij) [a] *præterquam quod clerici sunt, sunt etiam ciues, & partes quædam reipublicæ politicæ.* quod verum est ; & eâ ratione inter regni ordines numerantur, primúmque locum obtinent. Ergo vt ciues & reipublicæ politicæ partes, Principi subsunt; nec possunt ei in temporalibus, quamuis id ipse vellet, non esse subiecti : alioqui verò aut ipse Princeps non esset, aut non illi ciues. Stultum igitur est existimare Clericum in quacunq; causa conuentum (modò non merè spiritualis sit) posse summi Principis consistorium declinare, aut eius cui, ex certa scientia, Princeps causæ cognitionem specialiter mandauit. Nam quod Principes perraro

[a] *Bellarm. lib. 1. de Cle-ric. cap. 28.*

raro de cauſis clericorum cognoſcunt, aut
ſuis eas magiſtratibus mandant, id non poteſtatis ſed voluntatis defectum arguit.
Hînc eſt, ex hoc inquam Principum ſecularium in clericos imperio temporali, quòd
noſtro ſeculo Carolus V. Imperator vocari
in ius ad ſe fecit, Hermannum Archiepiſco-
pum Colonienſem, vt de criminibus a clero
& Vniuerſitate ei obiectis ſe purgaret: [b]
quodq; multis in locis Principes ſibi quædam clericorum delicta ſpecialiter vindicanda reſeruarunt: eáque ſuis magiſtratibus cognoſcenda & iudicanda committunt.
vt ſunt illa crimina quæ priuilegiata vocantur in Gallia, veluti maieſtatis, geſtationis
armorum, adulterinæ monetæ, infractæ ſecuritatis, & ſimilia: neq; per hoc vllam clericis iniuriam fieri, aut eccleſiaſticam libertatem aliqua ex parte impediri, minuiue putandum eſt. Multi eccleſiaſticam libertatem in ore habent, qui prorſus, cuiuſmodi illa ſit, ignorant. nos eam alio loco[c], quid ſit,
& in quibus conſiſtit, vberius explicabimus.

Quæ cùm ita ſint, nemini, credo, obſcu-
rum eſſe poteſt, omnem Clericorum libertatem temporalem, tam quoad perſonas
quàm quoad res, à ſecularibus Principibus
eſſe

[b] *Surius in
commentar.
ann.1545.*

[c] *Infra cap.
vlt.*

esse profectam : non autem, vt quidam putant, vel iure diuino debitam, vel à summo Pontifice, aut canonibus, ijs tributam. Nam quod Bellarminus pro supplemento & ratione adfert, ^d vt probet Papam & Concilia exemisse simpliciter clericos de potestate temporali, *legem* scilicet *Imperialem cedere debere legi canonicæ*, id non vniuersè verum est, sed tunc solùm, quando lex canonica de rebus merè spiritualibus & Ecclesiasticis lata est: subiectio autem vel libertas clericorum in ciuilibus negotijs, non est res merè spiritualis & ecclesiastica, sed potius politica & temporalis, quo casu sacri canones non dedignantur imitari leges ciuiles. ^e Nec maior vis in eo est quod subijcit, *Papam posse Imperatoribus iubere in ijs, quæ ad Ecclesiæ authoritatem spectant.* quasi diceret, Papam potuisse cogere Imperatorem emittere Clericos de sua potestate, quia libertas Clericorum spectat ad Ecclesiæ authoritatem. Nam hoc quoq; falsum esse ex eo dignoscitur, quod nunquam maior fuerit Ecclesię authoritas, quàm tunc cùm Clerici omnes Principibus Christianis, & Principum Magistratibus, temporali subiectione paruerunt. Nec ista quidem clericis ex-

emptio

d *Dict. lib. 1. cap. 28. de tleri.*

e *Cap. 1. de noui oper. nunciat.*

emptio & libertas ad augendam Ecclesiæ
authoritatem conceſſa eſt, illa quippe non
minor antea fuit; ſed ad eos liberandos à
vexatione & moleſtijs,quas ſæpe ſecularium
iudiciorum rigor & ſeueritas adferebant.

Hinc illa exiſtit quæſtio. Liceatne Principibus, in ſuo cuique territorio ſine vllâ Eccleſiæ iniuria, priuilegium iſtud exemptionis clericorum, à ſecularium iudicum cognitione, aliquo caſu reuocare, atq; ad ius
commune & ſtatum priſtinum rem totam
reducere? De qua non ita pridem conſultus
& interrogatus, nihildum reſpondi, niſi nouam eam mihi videri, & deliberationem
difficilem: licet enim à nonnullis propoſita
ſit, à nemine tamen pro dignitate tractata
eſt. Mouebat conſultores communis & vſi-
tata adimendorum priuilegiorum ratio,
quam ſolet ipſemet Pontifex, omneſq; Principes obſeruare: ea eſt, ſi aut reipublicæ
noxia eſſe incipiant,aut cauſa propter quam
conceſſa erant defecerit, aut ipſis priuilegi-
arij ad malum & illicitum finem abutantur.
Et cauſam quidem huius exemptionis con-
cedendæ adhuc durare, ſemperq; duratu-
ram dicebant; reuerentiam nempe quam
omnes ei hominum generi exhibere debent:

eius

eius tamen abusum, non sine magno totius
ordinis ecclesiastici scandalo, multis in locis
adeo frequentem esse, vt id illis beneficium
meritò adimi posse videatur. Hæc illi. Sed
nos ea de re in libris, *de corruptione seculi*,
si Deus vitam & vires dederit, vberius & explicatius disputabimus.

CAP. XXXIIII.

AD argumentum nunc igitur reuertor,
quod capitis 32. initio propositum est,
& respondeo, nihil illud ad bonorum quorumlibet temporalium nedum ad regni ad-
emptionem pertinere. Certum enim est, &
certo certius, excommunicationem, quâ so-
lâ separantur & excluduntur peruersi Christiani à consortio fidelium, & communione
Ecclesię, nemini patrimonium & bona temporalia auferre; nisi ex eiusmodi causa procedat, quam Princeps temporalis, pœnâ pub-
licationis bonorum vindicandam, suis legibus nominatim sancierit. Quo casu non Papa sed Princeps, non excommunicatio sed
legis ciuilis latio bona excommunicato adimit. Papa certè, ne clerico quidem à se excommunicato & deposito, siue degradato,
S   bona

bona patrimonialia auferre poteſt. ᵃ Malè quidem ageretur cum gente Chriſtiana, ſi per ſolam excommunicationem, latam à iure vel ab homine, excommunicatus rerum ſuarum dominio excideret: quandoquidem bona ſemel à fiſco harpagata, vix vnquam ad veterem dominum reuertuntur. atq; ita excommunicatio quæ medicinalis eſſe debet, eſſet quodammodo exitialis: propterea quòd excommunicatus, licet culpam iuſta pœnitentia eluendo, in priſtinum ſtatum gratiæ fuerit reſtitutus, bona à fiſco occupata, & forſitan conſumpta vel alij donata nunquam aut ægre recuperare poſſet.

Cenſuræ igitur eccleſiaſticæ, quarum grauiſſima eſt excommunicatio, in animas, non in opes laicorum agunt. ſicut è contrario, pœnis ciuilibus corpora, non animæ afficiuntur. Cùm itaq; non pontificali ſed Principali authoritate, ſontes & facinoroſi bonorum amiſſione plectantur: cùm inquam non Pontifex ſit, qui eccleſiaſticæ iuriſdictionis poteſtate, & vi ac virtute excommunicationis, alteriuſue cenſuræ quantumlibet iuſtæ & grauis, bona temporalia alicui priuato adimit: ſed Princeps tantum politicus, qui vt Eccleſiæ gratificetur, & ei factam iniuriam

riam vindicet, nunc has nunc illas, arbitratu
suo, pœnas in eius contemptores, legibus à
se latis sancire consueuit : quî fieri potest, vt
Papa ipsimet Principi, qui super se neminem
in temporalibus iudicem habet, quíq; legibus nullis ciuilibus tenetur, Regnum, Principatum, ditionem, dignitatem, omneq́; dominium, sola Pontificia & ecclesiastica authoritate eripiat ? Nunquid plus ei potestatis in Principes, quàm in priuatos, Dei lege,
tributum esse constat ? aut nunquid Principibus quàm priuatis duriore & deteriore
conditione est viuendum, vt quod Ecclesia
in priuatum nequeat, id in Principem possit
exercere ?

Sed vt huius rei veritas aliâ adhuc ratione
euidentius appareat, quæro ab istis, vtrum
Papa maiore nunc cum authoritate Regibus & Imperatoribus præsideat, quàm quâ
olim præditus erat, antequam Constantini
& aliorum Principum largitate, ad temporalem principatum esset euectus ? an verò
pari omnino ; eâ scilicet quam Christus Petro contulit, & quàm nemo mortalium an-
gustare vel amplificare potest, quamque, a-
misso omni principatu seculari, non eo minus ad finem vsque seculi retinebit ? Et si

maiore, vnde illa tandem ? à Deo ne, an ab
hominibus ? neutrum certè ſine manifeſta
calumnia affirmari poteſt. Ecquis enim, cui
ſanum eſt cerebrum, vnquam dixerit, nouum aliquod imperium in Reges & Principes Chriſtianos à Deo Pontifici datum, ex
eo quod ipſe temporaliter quibuſdam in locis regnare, & diadematus ſimul ac mitratus
in oculos hominum prodire cœperit ? aut ſi
dicat, vlla id poſſit vel ratione vel authoritate comprobare ? Multo autem minus talis ei ab hominibus authoritas acceſſit. quia
vt vulgò dici ſolet, *actus agentium non ope-*
rantur vltra ipſorum voluntatem. [b] & quamuis Reges & Imperatores Chriſtiani, ſuas
Chriſti vicario ceruices in ſpiritualibus ſub-
miſerint, & adhuc ſubmittunt (qui modò fidem orthodoxam profitentur) tamen nemo
omnium in temporalem Papæ ditionem &
poteſtatem cōceſſit. nemo non liberam atq;
intactam ſuam iuriſdictionē ſecularem ſibi
reſeruauit. quod ſi fortè aliter ab aliquo factitatum inueniatur, id exceptionis loco ha-
bendū eſt, per quā regula in non exceptis ſo-
lidius confirmetur. Ex hoc autem fundamē-
to, quod certiſſima ratione nititur, argumētum optimum ad hanc formā rędigi poteſt.

Summus

[b] *L. non om-*
niu 19.D.de
reb.cred.

Summus Pontifex non habet nunc maius imperium in Principes temporales,
quàm habuit antequā ipfe eſſet Princeps temporalis.

Atqui antequam eſſet Princeps temporalis, nullum in eos temporale imperium vllo modo habuit.

Ergo nullum nunc quoq; in eos vllo modo habet.

Propofitionis veritas adeo eſt perſpicua,
vt eam alijs argumentis oſtendere, nihil ſit
neceſſe. Aſſumptum autem probatur hoc
modo.

Nemo inferior & ſubiectus habet imperium in ſuum ſuperiorem & Dominum, vt poſſit eum iudicare in eo ipſo
in quo eſt ei ſubiectus.

Papa antequam fieret Princeps temporalis, erat Regibus & Imperatoribus,
quantum ad temporalia, inferior &
ſubiectus.

Ergo non habuit in eos temporale imperium, vt poſſit illos in temporalibus
iudicare.

Huius quoq; ſyllogiſmi propofitio omnem extra controuerſiam eſt, cùm nemo niſi
à ſuperiore iudicari poſſit, à ſuperiore in-

quam in ea ipfa re de qua iudicium confti-
tutum eft. Nam, vt fæpius dictum eft, *par in*
parem nõ habet imperium. & per rerum natu-
ram fieri non poteft, vt vnus & idem fit fimul
inferior & fuperior, in eodem poteftatis genere, refpectu vnius & eiufdem : non magis quàm vt idem fit pater & filius refpectu
vnius & eiufdem, eaq́; ratione vtitur Bellarminus vt probet Papam *non poffe fubmittere*
feipfum fententiæ coactiuæ Conciliorum ᶜ . Af-
fumptionem fatentur aduerfarij, cùm affir-
ment, & rationibus liquidò confirment, *ex-*
ceptionem (feu mauis exemptionem) *clerica-*
rum in rebus politicis , tam quoad perfonas,
quàm quoad bona, iure humano introductam
effe ᵈ . Nam tefte Auguftino, *iura humana,*
funt iura Imperatorum, quia ipfa iura humana
per Imperatores & Reges feculi , Deus diftri-
buit generi humano ᵉ . Ab Imperatoribus ergo & Regibus habent Clerici, quicquid exemptionis & libertatis eft, quâ nunc in rebus
politicis toto orbe perfruuntur, vt fupra proximo cap. oftendimus : idq́; gratuitò : non e-
nim vt ea Clericis beneficia concederent,
cogi ab Ecclefia vllo modo potuerunt.
quandoquidem nulla id lege diuina expreffum & cautum reperitur : & lex Chrifti neminem

ᶜ Lib 2. de
Concilijs. ca.
18.

ᵈ B. R. lib. 1.
de cler. cap.
7/t.

ᵉ Can. quo
iure . diſt . 8.

minem iure dominióq; fuo priuat, vt ipfi fatentur, & nos fæpius monuimus. Ideóque,
vt ipforum fert doctrina ᶠ, *Episcopi Regibus*
in temporalibus rebus, & Reges Episcopis in
fpiritualibus fubiecti effe debent. His omnibus
confequens eft, Clericos communi reliquo-
rum ciuium iure in rebus politicis & temporalibus vfos fuiffe, & fecularium iudicum
poteftati æquè fubiectos, atq; cæteros ciui-
tatum incolas, antequam iftis exemptio-
num priuilegijs à Pijs Principibus donaren-
tur: nec vllum in ea re inter epifcopum Romanum, fiue Papam, & alios clericos difcrimen fuiffe, multi fancti Pontifices ingenuè faffi funt. Quod ergo fieri potuit, factum
effe fingamus: Pontificem fcilicet nullo adhuc Principatu aut priuilegio temporali do-
natum, fed ficut eius coepifcopi & fratres in
Gallia, Hifpania, Britannia, alijfq; in regnis,
fub alieno imperio vitam degere. Nonne fu-
perioris argumenti neceffitate euinceretur,
non poffe eum Principes, quibus temporaliter fubiectus eft, in temporalibus iudicare ac
punire? Aut ergo maius nunc imperium in
Reges & Imperatores nactus eft, per exemptionem & priuilegia ab ipfis conceffa, quàm
antea habuit; aut eos adhuc non poterit in

tempo-

ᶠ *Author.*
refponfi ad
præcip.ca.
apologiæ,
quem multi
Bellarminū
effe dicunt.

temporalibus iudicare.

Quod si fortè aliquis tam sit ineptus, vt dicat, Papam semper hanc potestatem ab ipso Christianæ Ecclesiæ primordio habuisse, iudicandi scilicet ac deponendi malos Principes, sed iniuriâ temporum, ex accidente quodam impeditum fuisse, ne eam exerceret, quamdiu illis quoad temporalia subijciebatur : nunc verò, postquam temporali Principum iugo subtractus est, & Princeps temporalis effectus, nihil esse quod impediat quo minus iurisdictionem illam liberè exerceat. si quis inquam hæc tam vana iactitet, non aliud ei respondendum est, nisi non solum falsa, sed etiam ἀδύνατα esse quæ dicit, hoc posito quod aduersarij fatentur, quódque verissimum est : Pontifices nimirum, antequam à pijs Principibus temporali iurisdictione penitus eximerentur, fuisse ipsis de iure & de facto subiectos. Impossibile enim est eos tunc habuisse illam potestatem : quia non competit nisi iure superioritatis. implicat autem contradictionem, Papam fuisse iure superiorem, & iure subiectum, eodem tempore, & in eadem potestatis specie, respectu vnius & eiusdem. & naturalis rerum ordo non patitur, vt

inferior

s *Rom.13.*

inferior siue subiectus superiori & dominanti
imperet. Cùm itaque absurdum sit, & impium, existimare Christum Saluatorem, *qui
non venit soluere legem , sed adimplere ,* aliquid contra legem naturalem , & sanctissimam viuendi normam statuisse , necesse est
magno eos in errore versari, qui asserunt Petro, & in eius persona cæteris Pontificibus ei
succedentibus, supremam hanc, de qua sermo est, potestatem, à Christo fuisse colla-
tam: cùm nihil ad eius rei fidem faciendam
adferant, præter rationes quasdam remotas,
& parum firmas, ex similitudinibus, compa-
rationibus, allegorijs, & id genus alijs con-
farcinatas , vt ex ijs quas iam refutauimus
videre est : quæ omnes reijciendæ sunt , &
nihili faciendæ , quando ad eas positas &
côcessas absurdum aliquod, vt in proposito,
consequitur; vel quando probabiliores , &
fortiores rationes in Scripturarum & Patrû
authoritate fundatæ contrariam sententiam
propugnant.

Superest postremum Bellarmini argumê-
tum , in quo refutando non multa opera o-
pus est. *Tertium*, inquit, *argumentum est: Potest pastor, ac debet, omnes oues ita pascere , vt
eis conueniat. Ergo potest ac debet Pontifex*
Christianis

Christianis ea iubere, atq̃ ad ea cogere, ad quæ quilibet eorũ, secundùm statum suum, tenetur. id est, singulos cogere, vt eo modo Deo seruiant, quo secundùm statum suum debent. debent autem Reges Deo seruire defendendo Ecclesiam, puniendóq̃ hæreticos & schismaticos. Ergo potest ac debet Regibus iubere, vt hoc faciant, &, nisi fecerint, etiam cogere per excommunicationem, aliasq̃ commodas rationes.

Non video equidem quid hoc argumento contineatur, quod Pontificis authoritatem & potestatem temporalem confirmet, infirmetue. Nam eius principium de pastu spirituali · necessariò intelligendum est. facultates enim Pontificiæ, quamuis magnæ sint, reficiendis omnibus ouibus pastu corporali non sufficerent. finis quoq;, siue conclusio, de coërcione & compulsione spirituali intelligi debet : ait enim *cogere per excommunicationem, aliasq̃ commodas rationes,* subaudi *Ecclesiasticas.* Papa enim est pastor Ecclesiasticus, non temporalis, nisi quatenus ipse nunc certis in locis temporalem principatum obtinet. Concedimus ergo totum istud argumentum, & vltrò fatemur, ac profitemur, Papam omnibus Principibus spirituali potestate imperare, illisq; iubere posse,

vt

vt faciant quæ ad suam suorúmq; salutem
pertinent, & ni faxint, *etiam cogere per excommunicationem, aliásq, commodas rationes.*
Commodæ autem rationes sunt omnes rationes spirituales, non autem temporales,
nisi à temporali magistratu expediantur. Idq;
animaduertens Ioannes Driedo in libris de
libertate Christiana ᵇ, postquam ostendit ᵇ *lib.2.c.2.*
duas hasce potestates & iurisdictiones iure
diuino in Ecclesia esse distinctas, & *omnem
potestatem secularem in spiritualibus subiectam esse Papali potestati, ita vt Papa ratione
curæ pastoralis potestatem habeat in Imperatorem Christianum, perinde atq; pater spiritualis
in filium, & tanquam pastor in ouem suam, vt
possit eum iudicare & corrigere, si laberetur in
hæresim, aut denegaret publicam iustitiam pau-
peribus & oppressis, aut leges conderet in præiudicium Christianæ fidei.* (quæ omnia nos
quoq; asserimus) Nullam aliam iudicij &
correctionis Papalis, in Imperatores sic delinquentes, pœnam, nisi solam excommunicationem ponit: quod sciret nimirum Pontificiam potestatem & iurisdictionem spiritualibus pœnis esse contentam, nec progre-
di vlterius posse, nisi in temporalis potestatis fines excurrat, & alienam iurisdictionem,

iure

iure diuino à sua distinctam & separatam in-
uadat. Non est autem cômoda ratio & via,
quam ineunt aduersarij, de malis Regibus
imperio deponendis : quin potius omnibus
modis incommodissima. tum quia vix vnquam ipsis Pontificibus aut Ecclesiæ felici-
ter succedit : sed infinitas in Ecclesiam &
Rempub. Christianam calamitates, ex in-
testinis discordijs, schismatis, & bellis ciuilibus, solet inuehere;tum etiam quia respectu
Papæ,cui spiritualia tantùm commissa sunt,
talis ratio non potest non videri prorsus aliena,atq; ex vsurpata iurisdictione procedere :

¹ *L.filius*.15
*D.de cond.
instit.l.4.§.
condemna-
tum. D.de re
iudic.*

ac proinde ¹ neq; commoda,neq; iusta,neq;
possibilis est censenda. Hactenus rationes
omnes, & ex rationibus argumenta, quibus
Bellarminus conatur ostendere Papam habere supremam in Principes seculares potestatem *indirectè*, pro ingenij mei tenuitate,
trutina nudæ & apertæ veritatis expendi.

Cap. XXXV.

PVtabam initiò, cùm hoc opus ordirer,
satis esse, rationes omnes quibus vir iste
doctissimus vtitur, diligenter excutere. Sed
quoniam remittit nos ad alia, quæ apud Nicolaum

colaum Sanderum extare dicit *(vide plura,*
inquit, *apud Nicolaum Sanderum lib.2.cap.4.*
de visibili Monarchia, vbi etiam multa ex ÿs,
quæ diximus, inuenies) operæpretium me
facturum arbitror, si illa quoq; Sanderi, quæ
reliqua sunt, in medium protulero; ne nostræ scriptionis lector curiosus, aliquam ad-
uersæ partis rationem omissam esse quera-
tur: & ideo omissam putet, quòd talis sit quę
facilè conuelli nequeat. Constat quidem inter omnes, qui illos Sanderi libros non rap-
tim & limis oculis percurrerunt , omnem
eum mouisse lapidem , & plurima præter
cæteros argumenta corrogasse, vt Papam
istâ, qua de agitur, temporali potestate in
omnes Christianos præditum esse demon-
stret. Sed verisimile tamen est, virum illum,
aut acerbiore in suam Reginam Elisabethā
odio, cuius è regno exulabat , aut nimio in
summum Pontificem Pium V. studio, cui
multis nominibus erat deuinctus, aut alio,
nescio quo, affectionis animi fumo vsqueadeo fuisse occæcatum , vt non viderit se
multa, non solum falsa & aliena , sed etiam
à communi sensu & rationis iudicio abhor-
rentia , pro certis & solidis argumentis vsurpare. Eius ergo reliqua argumenta à Bellarmino

mino de induſtria, vt opinor, prætermiſſa, ad compendium huc tranſcribam.

1.*Argumen-
tum.*

Vnum igitur ex eo deducit, quòd Sauli regnum ablatum fuerit, quia præcepta Domini, per Samuelis miniſterium ei nunciata, non obſeruauerat. Vnde ſic colligit. *Ergo cùm poſt Spiritum Sanctum de cælo miſſum, non minor poſſit eſſe nunc in Ecclesia Chriſti ſpiritalis poteſtas, quàm in Synagoga olim fuit: etiam nunc fatendum eſt, eum Regem, qui Dominum per ſummi Pontificis os loquentem audire contempſerit, regni iure ita priuari poſſe, vt alius interim ab eodem Pontifice in Regem vngatur, vtq̃ ab illo die is verè ſit Rex, quem Pontifex ritè inunxit, aut aliàs conſecrauit, & non is qui manu ſatellitum armatus regni ſolium occupauit.*

2. *Argumē-
tum.*
*3.*Reg.*11.

Aliud ex eo, quòd *Ahias Silonites, viuo adhuc Salomone, prædixit Ieroboam decem tribubus præfuturum.** Ex quo intelligitur, inquit, *vel totum regnum, vel partem aliquam, ab iniquo Rege per ſpiritualem Ecclesiæ poteſtatem auferri poſſe. Quæ enim poteſtas olim fuit in ſacerdotibus & Prophetis, eadem nunc eſt in Paſtoribus & Doctoribus Ecclesiæ, quorum eſt ita ſaluti animarum conſulere, vt non patiantur, per impij Regis inobe-
dientiam*

dientiam & tyrannidem, infinitæ multitudinis populum ad schisma & hæresim compelli & pertrahi.

Tertium ex eo, *quòd Elias vnxit Asael* ³·Argumentum. *Regem super Syriam, & Iehu Regem super Israel,& Elisæum vnxit in Prophetam pro se* ᵇ, ᵇ·³·Reg.19. *vt qui fugisset manus Asael, occideret eum Iehu, qui autem fugisset manus Iehu, interficeret eum Elisæus. Qua figura,*inquit,*quid aliud significatū est, quàm complures potestates idcirco in Ecclesia Dei excitatas erectasq̃ esse, vt quod per vnam earum non fit, per alteram fiat: quarum potestatum vltima & suprema sit penes prophetas, hoc est, penes Ecclesiæ Dei pastores & doctores? Nam vt Elisæi gladius vltimo loco enumeratur, velut quem nemo effugere possit, etiamsi gladium vel Asaelis, vel Iehu effugerit: sic spiritalis potestatis censura euitari nullo modo potest, etiamsi quis potestatis secularis gladium effugerit. Spiritalis enim potestas non vtitur corporali aut visibili gladio, qui certis modis impediri potest, sed vtitur gladio spiritus, qui pertransit omnia loca, & vsque ad animam illius pertingit quem petit.*

His deinde Historiam Eliæ, varijs notis & allegorijs à se excogitatis, prolixè interpolatam,

latam, argumenti loco attexit : vt oftendat materialem gladium parere fpirituali : & non folùm fummum Pontificem, fed reliquos etiam Ecclefiæ Paftores, habere poteftatem tam in corpora & bona, quàm in animas omnium Chriftianorum; quod ante eum nemo fanus, vel per fomnium vnquam cogitauit. Id autem quàm infcitè, & parum congruenter, ex propofitis à fe argumentis deducat capite proximo patefaciam.

Argumentum autem ex Eliæ perfona, & rebus ab eo geftis, ad fuum inftitutum in hunc modum accommodat. *Elias per gladium fpiritus, hoc eft, per preces fuas præcepit igni, vt de cælo defcenderet, atق eos Quinquagenarios confumeret, qui defpecta Popheta fpiritali poteftate, dicebant ad eum in terrena poteftatis nomine: homo Dei, Rex præcepit vt defcendas* ᶜ *&c. & præ terrena poteftate contemnebant illam fpiritalem poteftatem, qua Elias præditus erat, & cum irrifione falutarunt eum, homo Dei.* atque ita deinceps progreditur. Nonne potuiffet Elias, ad cuius vocem ignis de cœlo defcendit, & Quinquagenarios deuorauit, dicere alicui Principi viro aut magiftratui, fi affuiffet, *quia ifti milites me, & in me Deum, cuius propheta fum,*

con-

•4.Reg.1.

contemnunt, irrue in eos, & occide eos? aut
quod ministerium ignis de cœlo præbuit, idip-
sum non poterat gladius terrenus præstitisse?
Si ignis, inquit, *nobilius elementum est, quàm*
terra vel etiam ea metalla quæ ex terra effodi-
untur: non video quin is qui ignem euocauit
de cœlo, qui imperio ipsius satisfaceret, multò
magis potuerit Magistratui gladium portanti
dixisse, vt eum gladium pro se contra quem-
cunque Regem exereret ac stringeret. Cuius
sententiæ firmamentum hoc tantùm ab eo
positum est, *nihil apud prudentes viros refer-*
re, quid ex ijs fiat, quæ eiusdem ponderis &
momenti sunt. Non addam hîc quartum &
quintum argumentum, quibus vtitur ex historijs sacris de Ozia [d], & Athalia [e]. quòd
ea nimirum Bellarminus inter exempla retulerit, de quibus pòst, suo loco, agendû est.
Hæc sunt igitur illa Paraleipomena, ad quæ
Bellarminus nos remittit, & quæ minimè
mirum est eum (vtpote disputatorem subti-
lem & acutum, & oratorem non parùm ve-
hementem) leuiter tantùm indicasse, nec
in suum opus transtulisse. tot quippe mani-
festis & insignibus vitijs laborant, vt non ab
homine Theologo & in diuinis exercitato:
sed à sciolo aliquo profano, Theologia &

[d] *4. Reg. 15.*
2. Paral. 26.
[e] *4. Reg. 11.*
2. Paral. 23.

T   Scrip-

Scripturis intemperanter abutente, excogitata videantur. adeo scilicet nihil est eorum, quæ argumenti loco in illis assumit, quod cum quæstione & re controuersa cohæreat.

Cap. XXXVI.

Primi argumenti refutatio.

PRimùm itaq; in eo fallitur, & errat largiter Sanderus, quod aliquas Synagogę partes fuisse in abdicando Saule autumet. est enim plusquam manifestum, id totum extraordinario Dei iudicio atq; imperio, à quo omne regnum & potestas est, absq; vlla sacerdotum, seu Synagogæ ordinaria iurisdictione, mandatum, denunciatum, & exitu rerum completum fuisse ac peractum : ex quo liquet, comparationem Ecclesiæ Christi & Synagogæ, vel Samuelis & Papæ, perperam & inscienter in hac re ab eo factam esse. Nam quanquam fateamur, quod res est, non minorem Ecclesiæ Christi, imo longè maiorem, quam Synagogæ, spiritualem potestatem esse : tamen non idcirco, non inquam ex comparatione potestatis & authoritatis vtriusque Ecclesiæ, consequitur, summum Pontificem posse Regem, Dei mandata aut negligentem aut contemnentem, iu-

re

te regni priuare, & alium eius loco inaugurare : quoniam Synagoga nunquam ea poteftate prædita fuit. Nufquam enim in vetere Teftamento legitur, Synagogam Iudæorum, aut eius pro tempore Pontificem, Regi
alicui legitimo Ifraelis vel Iudæ, quantumlibet impio, peruerfo, & crudeli, regnum a-
brogaffe, fiue eum regni iure priuaffe (vt ille
ait) & alium eius loco fubftituiffe: quo fit vt
nullum inde argumentum, nullumq; exemplum in noua lege fumi poffit.

Prætereo quòd Samuel , licet magnus
propheta fuerit, Pontifex tamen non fuit, ac
ne facerdos quidem, fed tantum Leuita [a] : [a] *Hieronym.*
qui propterea nihil ordinariâ fpiritualis iurif- *lib. 1. aduerf.*
dictionis poteftate aduerfus Saulem facere *vide Gene-*
potuit : multoq; minus fecularis iudicij au- *brar. in*
thoritate, quòd ea fe antea, populo Regem *Pfal.98.*
petente, publicitus abdicaffet. Nudum igitur minifterium Samuel in hoc negotio exequendo, propè inuitus, & precibus ac lachrymis reluctans, præbuit : & accepto fpe-
ciali mandato, tanquam diuini iudicij nun-
cius à Domino miffus, extraordinaria legati-
one functus eft. Idq; ex eo patet, quòd vbi
ad Regem venit, *Sine me*, inquit, *& indicabo*
tibi qua locutus fit Dominus ad me noĉte. Fa-

T 2   ceffat

ceſſat igitur hoc argumentum ab extraordinario Samuelis miniſterio, & Saulis reiecti-
one nequicquam petitum : vtpote cum quo
ordinaria Eccleſiæ Chriſtianæ, vel ſummi
Pontificis poteſtas, nullam comparationem
aut proportionem, nullam conuenientiam
vel ſimilitudinem, vllo modo habeat. Deus
Saulem ſtatim reiecit, & ſtirpi eius regnum
ademit. At Reges alios, qui videbãtur Saule
nequiores, ſuper populum ſuum regnare, &
regnum ad filios tranſmittere, paſſus eſt. Ita
placitum fuit in oculis eius. *Deus vltionum*
Dominus libere egit [b]. *& omnia quæcunque*
voluit fecit [c]. nec alia quærenda ratio ; *cu-*
ius vult miſeretur, & quem vult indurat. nec
ei quiſquam dicere poteſt, *quid me feciſti*
ſic [d]? Nunquid idem de Eccleſia aut ſummo Pontifice credendum ? ſunt illis certi fines ac termini, quos præterire non poſſunt.
Eccleſia iuribus & legibus regitur, ſiue debet
regi, vt ait Ioan. de Turre cremata [e]. Et ideo
neq; Eccleſiæ, neq; eius Rectori Pontifici,
de regnis & rebus omnibus, abſoluta libertate, & more diuino ſtatuere, cunctaq; pro
arbitriͦ diſponere, permiſſum: eſt. id illis
tantùm licet, quod de ipſorum poteſtate ſacris voluminibus, aut traditionibus Apoſtolicis

[b] Pſa'.93.
[c] Pſal.113.
[d] Rom.9.
[e] Ad Can.
coniunctio-
nes.35.q.2.

licis comprehenfum eft. Quæ cùm ita fint,
nemo ratiocinandi peritus non ftatim videat, argumentum ex rebus à Samuele geftis deriuatum, non poffe ad Pontificiam iu-
rifdiction em ftabiliendam vllo modo con-
cludi:nifi vel ab ordinaria Synagogæ(in qua
tamen Samuel primas non tenebat) ad ordinariam Ecclefiæ Chriftianæ poteftatem,
vel ab extraordinario Samuelis minifterio,
ad extraordinarium fimiliter Papæ minifterium deducatur: quorum illud à Synagoga
ad Ecclefiam, licèt in forma, vt aiunt, rectè
concludi poffit, inefficax tamen eft quantum ad propofitum, quia peccat in materia:
quòd Synagoga nimirum nullam vnquam
in Reges temporalem poteftatem habuerit.
Hoc verò, non nifi eo cafu valet, quo idem
nunc Papæ, quod olim Samueli, contingat:
vt fcilicet quemadmodum Dominus ad Sa-
muelem de Saule locutus eft, ita ad Pontificem aliquando nominatim de certo aliquo Rege abdicando, & alio in eius locum
fubftituendo loquatur. tunc enim quin par
Samuelis Papæ poteftas fit, parque in exequendo Dei mandato minifterium, negari
non poteft. Sin minus, fin inquam nihil Pontifici in aurem expreffim loquatur Dominus,

T 3 quî

quî fieri poteſt, quæſo, vt, cùm Regem aliquem de ſolio pellere propria authoritate
cupiat, contendat ſe id facere exemplo Samuelis, quem Deus cum ſpeciali mandato,
& extraordinaria miſſione, ad ſuum de Saulis abdicatione decretum nunciandum de-
legauit ? Samuel certò ſciebat Dominum
reieciſſe Saulem & totam eius ſobolem, ne
regnaret, id enim Dominus indicauit. At
Papa neſcit an Deus reiecerit eum necne,
quem ipſe cupit deponere, niſi hoc ei Deus
ſpeciatim reuelauerit. Quandoquidem nihil
certius ex Scripturis, quàm Deum Reges
malos, & verbi ſui contemptores, varijs de
cauſis tolerare, atq; ad tempus regnare facere: ᶠ quos vbi viſum ei eſt, aut conuertit
protinus aut euertit, & ſæpe contingit vt
quos Papa, qui ſecundùm faciem iudicat,
regno indignos ex præſentis vitæ ſtatu &
moribus pronunciat; eos Dominus, cui omnia ſunt præſentia, conuerſis ad bonam fru-
gem animis, regno digniſſimos eſſe oſten-
dat. cuius rei memorabile iam exemplum
noſtra ætate, nec ita pridem vidimus. Quis
enim ignorat (ad laudem & gloriam tanti
Regis hoc dicam) Henricum IV. qui regni
Francici habenas fœliciſſimè nunc modera-
tur,

ᶠ Iob. 34.

tur, atque vtinam diutiſſimè moderetur, à
Gregorio & Sixto Pontificibus, non ſolùm
excommunicatum & anathematizatum,ſed
ita reiectum & abdicatum fuiſſe, omniq; iure regni priuatum, vt eum etiam ſuis cenſu-
ris, cuiuſcunque regni vel principatus inca-
pacem declararent : quorum iudicium re ipſa irriſit Dominus, & Regem illum ab ipſis
reprobatum,regno ampliſſimo digniſſimum
eſſe oſtendit.Hęc igitur cum ita ſe habeant,
atq; ad nutū diuinū variētur,quî ſcire poſſit,
aut cognoſcere voluntatem Dei Pōtifex,ni-
ſi inſtar Samuelis fuerit pręmonitus? (Quod
igitur ait Sanderus, *eum Regem,qui Dominū
per ſummi Pontificis os loquētem, &c.* verum
eſt in caſu quo proponatur Pontifex ea exe-
quî quę Dominus ei ſpeciali reuelatione im-
perarit. Alioqui verò quid dicemus? Ergōne
Philippus Pulcher, quòd Bonifacium ſuper-
biſſima ambitione tumentem audire noluit, Dominum per ſummi Pontificis os loquentem audire contempſit? vt ob id regni
iure priuari, & alius eius loco ſubſtitui à Bonifacio potuiſſe credatur ? Ergóne Ludoui-
cus XI.I. quia Iulium II. loricatum & militis
magis quàm Pontificis partes obeuntem,
audire noluit, Deum per os Pontificis lo-

quen-

quentem ita contempſiſſe videtur, vt & ipſe
& eius fautores damnari, & regnis exui, arbitrio hominis priuato odio æſtuantis merue-
rint? talia credere, inſcitiam Deus bone, an
inſaniam appellem? Hæc de primo Sanderi
argumento à nobis propoſito ſatis.

Secundum eius argumentum (vt ingenij
mei imbecillitatē ingenuè fatear) quorſum
ſpectet vix ſatis intelligo. Nam vt ad id, de
quo agitur, probandum aliqua eius vis & ef-
ficientia ſit, atq; ei conſequens quod concluditur, neceſſe eſt duas falſiſſimas ſuppo-
ſitiones, tanquam veras & neceſſarias, prius
admittere: quarum vna eſt, Eos qui vel aliquid euenturum, Deo reuelante, prædice-
bant; vel aliquid faciendum, eodem iubente, præcipiebant, potuiſſe id quicquid erat,
ſuo iure, hoc eſt, propria authoritate, & ordinaria muneris ſui poteſtate, ſine vlla ſpeciali reuelatione iuſſoue diuino, mandare
faciendum, aut aliàs per ſeipſos exequi ac
perficere: quaſi Ahias Silonites, quem Deus
ſingulari mandato ad Ieroboam miſerat, vt
ei nunciaret ſe decem illi tribus de regno
Salomonis daturum, his verbis. *Hæc dicit*
Dominus Deus Iſrael: Ecce ego ſcindam reg-
num de manu Salamonis, & dabo tibi decem
tribus.

tribus. quaſi inquam Ahias, ſine eiuſmodi
expreſſo Dei mandato, & ſine vlla ſpeciali
reuelatione, potuiſſet vel Ieroboam, vel a-
lium quemlibet, in regnum aut partem regni Salomonis vocare : quo nihil aut falſius
aut abſurdius dici poteſt. Altera verò ſup-
poſitio eſt, Sacerdotes & Prophetas omnes,
in vetere lege, dandi & auferendi regna,
prout ſaluti populi expedire iudicaſſent, poteſtatem habuiſſe. quod & ipſum quoq; falſiſſimum eſt : & cuius nullum neq; exemplũ,
neq; veſtigium, aut indicium aliquod in Sacris literis reperitur. Cùm itaq; huius ſecundi argumenti tota vis in his duabus falſis
ſuppoſitionibus ita fundata ſit, vt niſi ijs conceſſis, rectè concludi nequeat : ſatiſq; cõſtet,
à poteſtate delegati à Principe, ad poteſtatem ordinarij, non eſſe firmam conſequen-
tiam : quis non innato quodam iudicio cer-
nat, hoc totum quod ab Ahiæ prædictione
traxit, tàm ab eo quod probandum ſuſcepit,
quàm quod maximè eſſe remotum ?

Tertium quoq; argumentum eſt eiuſdem generis : quid enim commune habet miſſio extraordinaria Eliæ, ad certa negotia ſpecialiter exequenda, cum ordinario Pontificis officio ? aut quæ cohærentia & connexio harum

Delegatus à Principe, in cauſa ſibi cõmiſſa, eſt maior ordinario & poteſt eum cõpellere.

rum propoſitionum eſſe poteſt; Elias, Domino nominatim iubente (id enim omiſit Sanderus, quod ſine vitio tamen præteriri non potuit) *Vnxit Aſael Regem ſuper Syriam, & Iehu Regem ſuper Iſrael, & Eliſæum Prophetam pro ſe:* Ergo ſummus Pontifex poteſt regna, & principatus, quibuſlibet auferre vel conferre, prout expedire cenſuerit? Coniungi enim hæc inter ſe nequeunt, niſi hoc poſito & conceſſo medio, *tantum poſſe Papam, ordinariæ ſua iuriſdictionis authoritate, ſine expreſſo Dei mandato, quantum Prophetæ, Domino ſpecialiter & expreſsim iubente, potuerunt.* quod ſine magna diuini Numinis iniuria dici non poteſt.

Quod autem ad gladium Eliſæi attinet de quo loquitur: eum docte primùm, ac piè per allegoriam explicat, vt ſcilicet intelligatur de gladio ſpirituali, qui eſt in Eccleſia, & in manu ſummi Pontificis, quem nemo qualiſqualis eſt, ſiue Rex ſiue Imperator, poteſt effugere: quíque poſtremo loco recenſetur à Domino, tum quia ineuitabilis eſt, & propterea plus cæteris timendus: tum etiam quia illis ſolum corpora, hoc animæ occiduntur. At poſtea dùm progreditur ſuo more, & locum illum Scripturæ, atq; alium de vindicta
Eliæ

Eliæ in duos Quinquagenarios & eorum milites, ad potestatem temporalem summi
Pontificis, per interpretationem transfert,
in fœdum illum errorem prolabitur quem
suprà notauimus. Prophetas nimirum, sine
ylla speciali delegatione vel reuelatione diuina, potuisse iure arbitrióq; suo multare &
punire, etiam capitali supplicio, eos omnes
quos Deus, vel ad Maiestatis suæ gloriam
manifestandam, vel ad seruorum suorum
iniurias vindicandas, occulta dispensatione
per miraculum, aut aliter vlcisci decreuerat:
& quod Deus vno tantum modo faciendum
præcepit, id ipsos alijs modis & medijs, vt libitum illis erat, exequi potuisse. Vt inde Papam, (cuius non minor, imo maior in noua
lege, quam fuerit olim Prophetarum & Sacerdotum in vetere, potestas est) authoritate Apostolica tantundem posse facere, velut
necessaria consequutione ostendat.

At quis nesciat Deum multa precibus
seruorum suorum concessisse, multa & sine
precibus, eorum gratia mirabiliter operatū,
quorum nihil illis, ipso non prius iubente,
aggredi vel tentare, nedum exequi ac perficere, vllo modo aut medio licuisset? Cuius
rei in personis Prophetarum perspicua atq;
in

in promptu ratio eſt. Siquidem inter omnes
conſtat neminem prophetarum, cum imperio & iuriſdictione ordinaria, populo He-
bræo præfuiſſe, præter admodum paucos,
qui Prophetę ſimul ac Principes populi &
Iudices erant: vt Moyſes, Ioſue, Samuel,
Dauid. Cæteri verò quantumlibet enthuſi-
aſtici, in priuatis ſine vlla temporali Dominatione agebant, ea ſolùm nunciantes & ex-
equentes, de quibus Dei ſpiritu admone-
bantur: erátq; omnis eorum præſcientia ita
diuinitus temperata & coërcita, vt neq; omnia, neq; omni tempore, ſed quatenus quid-
que Dei ſpiritu cum illis communicabatur,
cognoſcere ac prædicere poſſent. Cuius rei
teſtis eſt Iadon Propheta, qui cùm à falſo
Propheta deciperetur, affirmante angelum
ſibi in ſermone Domini eſſe locutum, nõ intellexit eum mentiri; quia id ei Dominus non
reuelauerat: ac propterea frauduléter ſedu-
ctus, atq; ad interitum perductus eſt. ᵍ teſtis & Eliſæus, qui, miſera Sunamitide ad e-
ius pedes iacente, dixit Giezi volenti eam
amouere, *dimitte illam, anima enim eius in
amaritudine eſt, & Dominus celauit à me, &
non indicauit mihi* ʰ.

ᵍ *3. Reg. 13.*

ʰ *4. Reg. 4.*

Quod igitur quærit Sanderus, An non
potuerit

potuerit Elias dicere alicui Principi viro, aut
magiſtratui ſi affuiſſet, *irrue in iſtos milites,*
& occide eos?& an peccaſſet ille Princeps, ſi ad
verbum Eliæ, Regis ſubditos occidiſſet: id non
niſi cognito diuinæ iuſſionis tenore in ſingulis negotijs reſolui poteſt. Itaq; quod ad
Eliam hoc caſu attinet: Si Deus illi conceſſit, vt vel ſpecialiter gladio, vel generaliter
quoquo modo, in tales ſontes animaduerteret, nemini dubium eſt, quin gladij poteſtatem & executionem cuilibet mandare
ſine culpa, & mandatum ſuſcipere quilibet
ſine peccato, potuerit. Sin verò Dominus,
vt eſt veriſimile, hoc ei tantùm reuelauerat,
ſe impios illos deriſores, igne cælitus demiſ-
ſo perditurum : id ei tantummodo expe-
ctandum erat, aliud autem nihil humano
more in eos moliri, aut pœnas ciuiles ſuo arbitrio ſtatuere, ſine ſcelere licuit : quòd
nullam neq; ordinariam, neq; mandatam &
delegatam, ad id faciendum, iuriſdictio-
nem à quoquam, Deo hominéue, accepiſ- [i] *L. non ſo-*
ſet. Ob eámq; cauſam peccaſſet ille quidem *lum.11.§.ſi*
mandato.D.
grauiter, ſi Principi viro aut Magiſtratui ta- *de iniur. lib.*
le quid iuſſiſſet, aut ſuaſiſſet : peccaſſent & *reprehendī-*
da.C.de in-
hi, ſi eius iuſſa capeſcendo, Regis ſubditos *ſtit. & ſub-*
interemiſſent[i]. Nihil certius, & apertius po- *ſtit.*

teſt

teſt hac diſtinctione proponi : vt mirum ſit
tam abſurdam Sandero ſentētiam excidiſſe,
qua putet Eliam potuiſſe ſimpliciter, & ſine
expreſſo Dei iuſſu, Regis militibus necem,
quoquo modo libuiſſet, inferre. Rationes autem, quos firmandæ ſuæ ſententiæ adhibet,
friuolæ ſunt, & prorſus indignæ quæ ab acri-
oris iudicij homine, præſertim Theologo, ad
eiuſmodi quæſtionis deciſionem afferātur.
Quod miniſterium ignis de cœlo præbuit, inquit, *id ipſum non poterat gladius terrenus
præſtitiſſe?* Sanè quidem poterat, & non ſolum gladius, ſed télum aliud quodlibet, ſi
Deo imperante fuiſſet adhibitum : nec vllus
vnquam de eo dubitauit. At quoniam Dominus aduerſus Quinquagenarios igne tantùm vltionem parabat, deq́; eo Prophetam
in ſpiritu certum fecerat [k] ; alio ſe vindicare inſtrumento vel modo, neq; debuit E-
lias neque potuit : niſi id ei pariter eodem
ſpiritu fuiſſet indicatum. quia in non reuelatis, neque ordinarius neque extraordi-
narius iudex erat. Præterea ſi, quod leges humanæ ſtatuunt, *cum damnatur aliquis, vt gladio in eum animaduertatur; animaduerti gladio oportet, non ſecuri, vel telo,
vel fuſti, vel laqueo, vel quo alio modo* [l] : quis
tam

Marginal notes:
[k] *Lyran in illum locum.*
[l] *L. aut dã- num 8 §. 1. de pœn.*

tam auerſus à vero eſt,atq; ab omni ratione,
vt certum necis genus à Domino præſcrip-
tum, in aliam formam ſpeciémq; ab homine mutari poſſe credat?Cùm enim in omnibus negotijs *fines mandati diligenter cuſtodi-*
endi ſint [m] , tum maximè in diuinis iuſſioni-
bus : Deus *mandauit mandata ſua cuſtodiri*
nimis [n] .

[m] *L. diligen-*
ter. D. man-
dat.

[n] *Pſal.* 118.

Ex his patet,leuiſſimũ eſſe quod firmamẽ-
ti loco apponit,*nihil apud prudentes viros re-*
ferre, quid ex ijs fiat, quæ eiuſdem ponderis
& momenti ſunt. inq; eo duplex eius error
eſt ; vnus, quòd proloquium illud nimis vni-
uerſè & generaliter producat ad omnia, quæ
vel natura , vel arte, vel manu fiunt : cùm
tamen quantum ad actiones humanas attinet, certum ſit, ſententiam illam in ijs tantùm locum habere, quæ homines vel ſponte
ſua, vel accepto mandato cum libera agen-
di facultate,faciunt.veluti homicidam eum
dici, qui mortis cauſam dolo malo homini,
quouis modo vel inſtrumẽto,præbuit : quòd
in eiuſmodi maleficio nihil refert, quid ex ijs
fiat,quæ eundem effectum producunt, ſiue,
vt ille ait, *quæ eiuſdem ponderis & momenti*
*ſunt.*Aſt vbi quid fidei alicuius,certa formâ,
certóq; modo peragendum, ſtrictè & nominatim

natim commendatur, id leges mandatario aliter exequi, non concedunt: vt ex loco quem superius retuli, alijsq; Ciuilis & Pontificij iuris innumeris, satis patet. Alter eius error est, quòd nihil interesse putet, vtrum impij homines cœlesti fulmine à Deo, an ab humana potentia telorum impetu feriantur, quòd dicat ea esse eiusdem ponderis & momenti. Nam licet vnus extremorum suppliciorum effectus sit, mors nimirum interitusque damnati: tamen permagni refert, quo illa modo & medio sontibus inferatur. quia sicut criminum, ita & pœnarum gradus sunt, & inde fit vt ex genere vltionis, seu grauitate vel leuitate supplicij, de sceleris indignitate, quanta sit, per pœnæ ad peccatum proportionem iudicemus. [o] Pœnarum quippe & præmiorum distributio geometricam proportionem exigit. Scitè poeta. [p]

——————————— *adsit*
Regula, peccatis quæ pœnas irroget æquas:
Ne scutica dignũ horribili sectere flagello.

Sed *quem maior sequitur culpa, maiore plectatur vindicta.* [q] Præclarè vt cætera Augustinus: [r] *quis dubitauerit hoc esse sceleratius commissum, quod est grauius vindicatum?* Imprudenter ergo ille pœnas omnes, ferro, flam-

[o] *L. perspiciendum. D. de pœn. lib. Pedius. D. de incend. rum. naufr.*
[p] *Hora. lib. 1. Saty. 3.*
[q] *Greg. lib. 7. epist. 53. can. quia sancti. tas. dist. 50.*
[r] *Lib. 2. de baptismo cõtra Donatistas, ca. 6. in fi. Can. non afferamus. 24. q. 1.*

flamma, fame, alijsue modis sumptas, eiuſdem ponderis & momenti esse statuit : vt officio suo functum prophetam fuisse conclu-
dat, si quos Deus cælesti fulmine percussu-
rum se indicauit, eos ipse terreno gladio cu-
rasset trucidari. Quis nescit, in pœnis non
humano more sumptis, sed cælitus & prodi-
giose immissis, Dei Omnipotentis iram & vltionem multò clarius elucere ? aut quis tam
imperitus rerum æstimator, qui eiusdem
ponderis & momenti supplicijs perijsse eos
dicat qui terræ hiatu deglutiti, viui in infernum descenderunt, atq; eos qui sunt ordina-
rijs, vel extraordinarijs, humanarum legum
pœnis absumpti ? Ac de his quidem Sanderi rationibus, à Bellarmino non sine causa
prætermissis, satis mihi hactenus dixisse vi-
deor. Nunc igitur ex hoc diuerticulo ad
Bellarminum reuertamur.

V   C A P.

Cap. XXXVII.

EXcuſſi huc vſque meam intelligentiam, vt in omnes, quæ apud Bellarminum vel Sanderum ſunt, de temporali Pontificis poteſtate rationes diligentius inquirerem. Reliquum igitur nunc eſt, vt ad exempla à Bellarmino propoſita, infirmum & debile probationis genus, mentem & manum pari ſtudio conuertám. Ait enim ſuam ſententiam dupliciter probari poſſe, rationibus & exemplis. Quàm vellem equidem rationes firmiores protuliſſet. Amor ſedis Apoſtolicæ ita me afficit, vt poteſtatem omnem quam author iſte ei tribuit, iure optimo tribui poſſe vehementer cupiam. Sed iam audiuimus rationes, audiamus & exempla.

Primum eſt, inquit, 2. *Paralip. 26. vbi legimus Oziam Regem, cum ſacerdotum officium vſurparet, à Pontifice fuiſſe de templo eieſtum, & cum propter idem peccatum leprâ à Deo percuſſus fuiſſet, coaſtum etiam fuiſſe ex vrbe diſcedere, & regnum filio renunciare. Quod enim non ſponte ſua, ſed ex ſententia ſacerdotis vrbe & regni adminiſtratione priuatus fuerit, patet: Nam legimus Leuitici* 13. *Qui-*

cunque,

cunque, inquit lex, maculatus fuerit lepra, &
ſeparatus eſt ad arbitrium ſacerdotis, ſolus ha-
bitabit extra caſtra. Càm ergo hæc fuerit lex
in Iſrael, & ſimul legimus 2. Paralip. 26. Re-
gem habitaſſe extra vrbem in domo ſolitaria,
& filium eius in vrbe iudicaſſe populum ter-
ræ, cogimur dicere, fuiſſe eum ad arbitrium ſa-
cerdotis ſeparatum, & conſequenter regnandi
authoritate priuatum. Si ergo propter lepram
corporalem poterat ſacerdos olim Regem iudi-
care, & regno priuare : quare id non poterit
modò propter lepram ſpiritualem, id eſt, prop-
ter hæreſim quæ per lepram figurabatur, vt
Auguſtinus docet in quæſtionibus Euangel.
lib. 2. quæſt. 40. præſertim cùm 1. Corinth. 10.
Paulus dicat, contigiſſe Iudæis omnia in figu-
ris ? Hæc ille.

Miratus ſum ſæpenumero, nec adhuc mirari ſatis poſſum, homines doctrinæ opinione claros, tam ſupinè & oſcitanter mentis
ſuæ ſenſa literis aliquando mandare, vt videantur aut non legiſſe authores quos lau-
dant ; aut quos legerint, planè non intellex-
iſſe ; aut de induſtria ipſorum ſenſum adul-
terare voluiſſe. Quod vitiùm noſtra ætate
frequens eſt ; in qua plerique ſcriptorum a-
lienam fidem ſequuti, non ex ipſis fontibus,

ſed ex riuulis & incilibus, aliorum incuria &
culpa vitioſè deriuatis, aſſertionum ſuarum
teſtimonia & authoritates hauriunt : ita vt
quæ primi ſeu malitioſe, ſeu negligenter, ad
alienum ſenſum detorſerunt, ea alij, ipſorum
ſcrutinio & iudicio confiſi, pro certis & indubitatis, in ſuos libros tranſcribant. Quod
quanquam in Bellarmino perrarum eſt, vtpote ſcriptore fideli & luculento, tamen negari non poteſt, quin Sanderum & alios te-
merè ſequutus, in tribus capitibus de aſſe-
renda temporali Pontificis poteſtate, præſertim verò in ſuperiore exemplo & ſequen-
ti proponendo, haud leuiter lapſus ſit.

   Oſtendi iampridem in libris aduerſus Mo-
narchomachos, [a] *falſiſſimum eſſe Oziam
regnandi authoritate ad arbitrium ſacerdotis
fuiſſe priuatum.* Etenim profectò nihil in tota
Regum hiſtoria expreſſius continetur, quàm
Oziam à ſextodecimo ætatis anno, quo regnum inijt, in annum vſque ſexageſimum
octauum, qui vitæ eius finis fuit, Regem
perpetuò manſiſſe : nec vllo vnquam tempore, regni authoritate fuiſſe priuatum. *Habitabat quidem ſeorſum in domo libera,* ac
proinde munia Regis, quæ facti ſunt, per
morbum obire non poterat. Sed id ei ius
regni,

• *lib.5.
cap.11.*

regni, ſiue regnandi authoritatem non ademit. Alioqui & pueros inauguratos, vt olim
Ioam b & Ioſiam c, & legitimæ ætatis viros,
ſi in mentis aut corporis morbos grauiores
inciderint, Reges eſſe negandum eſt : cùm
illi moribus, hi morbo, à regni procuratione,
quæ in facto conſiſtit, arceantur. Manebat
certè Rex Ozias quamdiu vixit. Ait enim
Scriptura, d *Anno vigeſimo ſeptimo Ierobo-*
am Regis iſrael, regnauit Azarias (qui & O-
zias & Zacharias dictus eſt) *filius Amaſiæ*
Regis Iuda. Sedecim annorum erat cùm regna-
re cœpiſſet, & quinquaginta duobus annis reg-
nauit in Ieruſalem. & iterum eodem capite.
Anno quinquageſimo ſecundo Azariæ Regis
Iuda, regnauit Phacee filius Romeliæ ſuper Iſ-
rael in Samaria. Mortuum autem eſſe hunc
Azariam ſiue Oziam, ſexageſimo octauo
ætatis anno, regni vero ſui quinquageſimo
ſecundo, teſtatur Ioſephus c. Si ergo Ozias
annū agens decimum ſextum regnare cœpit, & annos quinquaginta duos regnauit,
Scriptura teſte, obijtq; annum agens ſexageſimum octauum, ecquod in eius vita mo-
mentum reperitur, quo iudicatus & regni
iure priuatus eſt? Fuit ei interea Curator filius, ſicut *his qui in ea cauſa ſunt, vt ſupereſſe*

b *4.Reg.11.*
c *4.Reg.22.*

d *4.Reg.15.*
2.Paral.26.

e *Lib.9. an-*
tiq.ca.11.

V 3   *rebus*

f L. his qui.
12.D. de tu-
tor.& cur.
dat.l.2.D.de
curat.furiof.

rebus suis non possint, adhiberi solet [f]. Addi-
tur enim in ea historia, *Ioatham filius Regis
gubernabat palatium, & rexit domum Regis,
& iudicabat populum terræ.* En vt Ioatham,
filius Regis vocatur, viuente & ægrotante
patre, & gubernator palatij, ac rector domus Regis. Iudicabat autem populum, quia
iudicia ad Regem venire non poterãt, propter vim morbi, & separationem ex legis diuinæ præscripto, vt ibi docet Lyranus. Denique ait Scriptura, *Dormiuitque Ozias cum
patribus suis, & sepelierunt eum in agro rega-
lium sepulchrorum, eò quòd esset leprosus : reg-
nauitque Ioatham filius eius pro eo.* En iterum
vt Ioatham non nisi à morte patris regnare
cœpit. Quamuis itaque verum sit, Oziam fuisse ad arbitrium sacerdotis separatum propter lepram, quia id lege diuina disertè cautum erat : non tamen verum est, eum regnandi authoritate fuisse priuatum, aut *co-
actum renunciare regnum filio*, vt isti falsò asserunt. Authoritas regnandi, & regni administratio plurimùm inter se differunt, & non
minus quàm proprietas & possessio. Authoritas est semper in persona Regis, & cum iure regni coniuncta : administratio autem &
procuratio, siue gubernatio apud alios esse
potest,

poteſt, ita vt vnus Rex ſit, alius regni admi-
niſtrator. Vnde qui in Regum infantia, aut
morbis grauioribus, præcipuam regni curam gerunt, gubernatoris, rectoris, tutoris,
protectoris, alióue ſimili nomine inſigniun-
tur: & publicum nihil ſuo proprio nomine,
ſed Regis infantis, vel ægrotantis, nomine
& authoritate proponunt, & pertractant.

Hoc igitur exemplum de Ozia, tantum
abeſt vt pro temporali Pontificis in Reges
poteſtate aliquid faciat, vt ad eam impug-
nandam & euertendam plurimùm valeat.
Nam ſi, (vt ille ex Apoſtolo refert, & nos
fatemur) Iudæis omnia in figuris continge-
bant: ſiq; lepra corporalis, ob quam ſepara-
batur aliquis à multitudine filiorum Iſrael,
& extra caſtra ſolus habitabat, figura fuit
lepræ ſpiritualis, id eſt, hæreſeos, teſte Auguſtino: SI deniq; ſacerdotium Aaronicum,
figura fuit ſacerdotij nouæ legis. Ex his figuris duo argumenta, ad hanc quæſtionem
appoſitè deducuntur, quorum alterum, ſpiritualem Papæ poteſtatem in Reges & Principes Chriſtianos egregiè confirmat; alterum verò hanc, qua de agitur, temporalem
eius poteſtatem, omnino fictitiam, vſurpatam, atq; à iure diuino alienam eſſe oſtédit.

V 4 Prius

Prius igitur argumentum hoc modo con-
texitur. Quemadmodum facerdotes olim
Regem Oziam, leprâ percuſſum , è templo
expulerunt, vt extra ciuitatem habitaret: ita
nunc ſummus Pontifex Regem hæreſi infectum, quæ lepra eſt ſpiritualis, iudicare poteſt , & ſeparare à communione fidelium
per excommunicationem, atq; ita cogere e-
um habitare extra ciuitatem Dei, id eſt, Eccleſiam Catholicam , donec fuerit à lepra
mundatus, hoc eſt, donec hæreſim abiura-
uerit. quod ſi lepra talis ad mortem vſq; ei
adhæreat, non eſt ſepiliendus in ſepulchtis
Regum , in Eccleſia nimirum , ſed in agro,
quia leproſus eſt , id eſt, hæreticus. Quod
autem dixi Papam poſſe ſeparare Regem
hæreticum à communione fidelium per excommunicationem, de ſeparatione ſpirituali animorum, non corporum intelligendum
eſt. Subditi enim , Regi excommunicato
obſequium denegare non debent.

Poſterius verò argumentum hac forma
rectè concludi poteſt. Sicut iudicium ſacerdotis de lepra corporali, in vetere lege, nihil
niſi ſeparationem leproſi , & relegationem
extra caſtra vel ciuitatem operabatur : & ſicut iudicium ſacerdotis de lepra Azariç, ſiue

Oziæ,

Oziæ, non potuit ei auferre ius regni, siue
regnandi authoritatem, sed tantum necef-
fitatem ei impofuit habitandi feorfum extra ciuitatem(nam quòd actu, siue de facto,
vt aiunt, regnum non adminiftrabat,id non
propter fententiam facerdotalem quæ le-
prã indicabat, fed propter vim morbi perpe-
tui corporalis accidit) Ita nunc quoq; cenfura & fententia fummi Pontificis, qua Regem aliquem hæreticum iudicat & declarat, quamuis faciat Regem manere extra
ciuitatem Dei, id eft, Ecclefiam Catholicam, vt dictum eft : tamen non poteft ei ius
& authoritatem regnandi auferre. atque ita
figura cum figurato belliffimè conueniet.
Eft enim in his veteris teftamenti figuris iuris & poteftatis Papæ in Reges imago non
delineata modò, fed expreffa : vt fi ab vm-
bra ad corpus,à figura ad figuratum,aliquod
idoneum argumentum trahi poffit; nullum
his euidentius aut certius, ex antiquæ legis
conftitutione, ad nouæ legis obferuatio-
nem,à quoquam adaptetur. Quod fi aduerfarij ex omnibus veteris legis figuris, vnum
aliquod tale,pro fuæ fententiæ firmamento,
concinnare poterunt, me iudice palmam
ferent, certè me nunquam habebunt repug-
nantem

nantem. Secundum nunc igitur exemplum
videamus.

CAP. XXXVIII.

Ecundum eſt, inquit, *2. Paralipomen.* 23.
ubi cùm Athalia tyrannicè occupaſſet reg-
num, & foueret cultum Baal, Ioiada Ponti-
fex vocauit centuriones & milites, & iuſſit eis,
vt Athaliam interficerent : & pro ea Ioas
Regem creauit. quòd autem Pontifex non ſua-
ſerit, ſed iuſſerit, patet ex illis verbis 4. Reg.
11. Et fecerunt Centuriones iuxta omnia, quæ
præceperat eis Ioiada ſacerdos. Item ex illis,
2.Paralip. 23. Egreſſus autem Ioiada Ponti-
fex ad centuriones & Principes exercitus, dix-
it eis:Educite eam (Athaliam Reginam) extra
ſepta tēpli, & interficiatur foris gladio. Quod
autē cauſa huius depoſitionis & occiſionis Atha-
liæ, non ſolum tyrannis eius fuerit, ſed etiam
quod foueret cultum Baal, patet ex illis verbis
quæ ponuntur immediatè poſt eius occiſionem.
Itaque, inquit Scriptura, ingreſſus eſt omnis
populus domum Baal, & deſtruxerunt eam,
& altaria, & ſimulachra eius confregerunt.
Mathan quoq̄ ſacerdotem Baal interfecerunt
ante aras.

Neſcio

Nescio equidem quid Bellarminum mo-
uerit, vt hoc exemplum, tam remotum, &
alienum, ab hac materia & controuersia,
nobis obtruderet: nisi quia illud ante se ab
alijs propositum animaduerterat, veritus
fortè ne, si id ipse præterijsset, indiligentiæ
vel præuaricationis apud Sixtum V. Pontificem ab æmulis accusaretur, qui supra modum imperiosus, ac Iesuitarum societati parum fauens, vt à pluribus eius societatis Patribus accepi, in animo habuit, totum illum
ordinem ad arctiorem viuendi regulam, &
habitum religiosum cogere à Presbyteris secularibus colore, forma, vel signo aliquo exteriore distinctum. Itaque mirari licet, quo
modo Bullam ab eo impetrarunt, vt Aca-
demiæ Pontimussanæ Dictaturam perpetu-
am occupent, id est, vt perpetuo Rectores
sint, contra formam & constitutiones fun-
dationis illius Vniuersitatis à Gregorij XIII.
factæ. Sunt qui putant Bullam illam esse
suppositiam, vel obreptitiam: certè quamuis vera sit, & à Sixto concessa, valere tamen non debet, nec vim vllam habere, quia
statim ab eius creatione fuit impetrata, quo
tempore quicquid Pontifices concedunt, id
non tam impetratum ab illis, quàm extor-
rum

tum esse censetur ². Sed ad rem.

Exemplum de Ioiada & Athalia nihil ad hanc disputationem pertinere, ex eo liquet, quod omnis nostra quæstio in eo versetur: An Pontifex, tanta in legitimos Reges & Principes seculares potestate præditus sit, vt eos certis de causis de solio deijcere, & iure regni priuare, atque alios eorum loco inungere, & inaugurare possit. Exemplum verò de Athalia, est de muliere quæ nullo iure regnum possidebat, sed immani tyrannide, per vim & scelus & cruentam regiæ sobolis necem: quæ propterea in ea causa fuit, vt iniussu Ioiadæ sacerdotis, cædi iustè à quolibet priuato potuerit. Sed quia tale quid tentatu periculosum, & factu difficile videbatur, aduersus eam, quæ defuncti Regis Ochosiæ mater erat; ideo Ioiadæ Pontificis consilio & auxilio erat opus: aut certè alterius cuiuspiam, qui similiter vel authoritatis suæ pondere, vel sanctitatis opinione, milites & multitudinem ad id facinus egregium conuocaret atq; adeo concitaret.

Quòd autem non tam imperio quam suasu Ioiadæ id factum sit, patet ex eo quod dicitur: *misit Ioiada Pontifex, & assumens centuriones & milites introduxit ad se in templum*

a *Glos. in proœm. reg. Cancell. Ne nisi a.in syl. nuptial.Rebuff.in tract. vt beneficia aut. vacat. nu. 9. & 10.*

plum Domini, pepigitque cum eis fœdus. idque ibi notant interpretes. Verba autem *iubere* vel *præcipere* de quolibet dici ſolent, qui primas in factione vel ſocietate obtinet. Nihil itaque in hoc exemplo reperitur, quod vel minimam conuenientiam aut ſimilitudinem habeat cum aſſertione, quæ ab aduerſarijs probanda ſuſcipitur. Aſſertio eſt, legitimos Principes, hoc eſt, eos qui electionis vel ſucceſſionis iure, regna & principatus obtinent, poſſe, certis de cauſis, à ſummo Pontifice imperio deponi. quid ergo ad eam probandam attinet, exemplum de tyranno & tyrannoctonia proponere? Nunquid inter veros Dominos ac legitimos poſſeſſores, & prædatores atque alienarum poſſeſſionum inuaſores, nihil intereſſe putant? An autem alia deponendi & interimendi Athaliam præter tyrannidem, cauſa fuerit, nihil curo. ſatis eſt eam fuiſſe tyrannum [b], & violentam occupatricem regni, ad hoc vt nullum ex parte illius obſtaculum vel impedimentum iuris eſſet, quo minus & præcipitari de ſolio, & à quolibet de multitudine cædi poſſet. quod de Rege legitimo dici ſimiliter nequit; cuius perſonam, quantumuis impiam, ius regni, atque imperij poteſtas,

[b] *Tyrannum hic in fœminino genere poſuit, vt Thucydides, πόλιν τύραντον. lib. 1.*

stas, ab omni iniuria, & pœna huma, protegere ac tueri semper debet. vt ex SS. Patrum scriptis alibi ostendimus. Sequitur nunc tertium.

CAP. XXXIX.

Tertium exemplum, inquit, *est B. Ambrosii, qui cùm Episcopus esset Mediolanensis, & proinde pastor & pater spiritualis Theodosii Imperatoris, qui Mediolani sedem suam ordinariè tenebat, primum excommunicauit eum propter cædem, quam Thessalonicæ à militibus fieri imperauerat. deinde præcepit ei, vt legem ferret, ne sententiæ latæ de cæde, vel bonorum publicatione, rata essent, nisi post triginta dies à sententiæ pronuntiatione, vt nimirum si quid per iracundiam præcipitanter dictasset, intra tot dierum spatium reuocare posset. Atqui non potuit Ambrosius excommunicare Theodosium propter cædem illam, nisi prius causam illam cognouisset & diiudicasset, licet criminalis esset, & ad forum externum pertineret: non potuit autem cognoscere & iudicare eiusmodi causam, nisi etiam in foro externo legitimus iudex Theodosii fuisset.*

Præ-

Præterea cogere Imperatorem ad legem po-
liticam ferendam, & præscribere ei formam
legis, nonne manifestè ostendit posse Episcopum
interdum temporali potestate vti, etiam in eos
qui potestatem super alios acceperunt? & si E-
piscopus quilibet id potest, quanto magis Prin-
ceps Episcoporum?

Est & hoc quoque exemplum prorsus à re
qua de agitur alienum : vtpote in quo nec
mentio, nec vestigium aliquod temporalis
potestatis Episcopi in Imperatorem cerni-
tur : nec aliud quicquam, vnde talem potestatem Episcopo conuenire, probabili aliquo argumento concludatur. sed totum ad
illam spiritualem potestatem Episcopi pertinet, qua summum Pontificem in omnes
Christianos, cuiuscunq; sint ordinis vel dignitatis, præditum esse, & corde agnosci-
mus & ore profitemur. Ambrosius Imperatorem, propter peccatum ex iniusta multorum occisione contractum, excommunicauit. Nonne hoc ad spiritualem Ecclesiæ
iurisdictionem pertinet, quam tunc Ambrosius episcopali authoritate exercebat ? At
non potuit excommunicare, inquit, nisi prius causam illam cognouisset & dijudicasset,
litet esset criminalis, & ad forum externum
perti-

pertineret. De facto quidem potuit (vt faciunt inconsiderati sacerdotes, quos ego vidi
aliquando excommunicationem ferre, in-
cognitâ causâ: sed de iure non debuit, alioqui certè iniquus index fuisset, si sine causæ
cognitione pœnas à reo expetisset. Sed esto,
causam cognouit, & animaduersione dignam iudicauit, eóq; Imperatorem excommunicauit. quid inde ? *Non potuit autem cog-*
noscere & iudicare eiusmodi causam, inquit,
nisi etiam in foro externo legitimus index
Theodosii fuisset. Hui, capti sumus, ni so-
phisma caueamus: latet in hac assertione
fallacia fallacissima, ex verbis, *in foro exter-*
no. Forum duplex est, politicum seu ciuile :
& ecclesiasticum seu spirituale. Politicum
forum omne est externum : ecclesiasticum
verò aliud externum, aliud internum. Externum forum ecclesiasticum est, in quo, de
causis ad Ecclesiæ notionem spectantibus,
palam tractatur & iudicatur : & si criminales sunt, vindicta de ijs per excommunicationem, interdictionem, suspensionem, depo-
sitionem, aut alijs modis, secundum Canones pœnales, sumitur. Ac de eodem crimine
cognoscunt sæpe index temporalis & index
spiritualis siue ecclesiasticus, etiam in foro
exte-

exteriore : sed vterque in suo foro, & ad diuersas pœnas imponendas. veluti de adulterio cognoscit iudex politicus, *vt sacrilegi nuptiarum gladio feriantur.* [2] cognoscit & iudex ecclesiasticus qui animæ curam gerit, vt peccati moneat delinquentem, & perseuerantem peccare, spiritualibus pœnis coërceat. Forum autem internum Ecclesiæ, (quod forum animæ, & forum pœnitentiæ, & forum conscientiæ vocatur) illud est, in quo sacerdos de reuelatis sibi à confitente peccatis cognoscit & iudicat, & pœnitentiam pro modo delicti, arbitratu suo iniungit: vulgò enim hodie receptum est, constitutiones pœnitentiales esse arbitrarias, vt non solum Episcopus, sed quilibet confessarius discretus, possit regulariter eas moderari, & in foro animæ [b] mitigare. Si ergo Bellarminus per *forum externum*, intelligat forum ecclesiasticum, quod spiritualibus tantùm pœnis contentum est, concedimus totum quod dicit. Erat enim Ambrosius legitimus Theodosij iudex in illo foro, idq́; ipso facto & effectu palam ostendit, cùm eum excommunicaret. sed hoc posito & concesso, nihil inde ad temporalem Episcopi vel Papæ authoritatem confirmandam elici potest. quia tam

marginal notes:
[2] *l. quam. uis. 30. C. ad l. Iul. de a. dul.*

[b] *Can. de his vbi glos. vlt. dist. 50. glos. in can. men. suram. ad verb. Sacer. dotis de pœ. nit. dist. 1.*

X

tam iudicium quam supplicium erat spirituale. Sin vero Bellarminus per *forum exter-*
num, intelligat forum politicum, falsissimum est quod proponit. Quemadmodum
enim distinctæ sunt à Deo potestates, Ecclesiastica & Politica, ita etiam distincta
fora, distincta iudicia. *Idem enim mediator*
Dei & hominum Christus Iesus actibus pro-
prijs, & dignitatibus distinctis, officia potesta-
tis vtriusq̃ discreuit. [c]. Magnam certè Ambrosio iniuriam facit, si eum, post adeptum
episcopatum, cognouisse & iudicasse de
causis criminalibus in foro ciuili arbitretur.
Non erat ergo Ambrosius iudex legitimus
Theodosij in foro externo politico, quod satis est ad probandum eum non potuisse iudicare, vel punire Imperatorem pœna aliqua temporali. At dices, Ambrosius cognouit & iudicauit de cæde. Verum est; sed non
vt iudex politicus & temporalis, non inquam
eo fine cognouit de crimine, quo iudex secularis. Scitum est ex Aristotele [d], plures de
vno & eodem subiecto variè, alio atq; alio
modo & fine, atq; intentione cognoscere.
Idem angulus rectus est, quem inuestigat
geometra vt sciat, & quem faber vt opere-
tur. sic idem crimen est, de quo cognoscit
                                                iudex

[c] *Can. cùm*
ad verum.
96. dist.

[d] *Lib. 1.*
cap. 7. Ethic.

iudex laicus, vt reum morte, exilio, pecunia, vel qua alia temporali pœna multet : & de quo iudex ecclefiaſticus, vt pro modo delicti pœnam ſpiritualem & pœnitentiã iniungat.

At coegit Imperatorem ad legem politicam ferendam. ergo temporali in eum poteſtate vſus eſt. Nugæ. Si coegit, qua poteſtate, & cuius rei metu coegit? id nos hiſtoriæ ſumma docebit, quæ eſt eiuſmodi. Iniecerat Ambroſius Theodoſio vinculum excommunicationis, cuius nexu cum liberari cuperet Imperator, negat Antiſtes ſe prius id facturum, quàm aliquem in eo fructum pœnitentiæ videat. *quam, inquit, pœnitentiam oſtendiſti poſt tantum ſcelus, aut qua medicina curaſti grauiſſima vulnera ?* Reſpondit Imperator, Epiſcopi eſſe temperare & adhibere medelam vulneri, hoc eſt, pœnitentiam peccatori iniungere : pœnitentis verò ijs quæ adhibentur vti, id eſt, iniunctam ſibi pœnitentiam peragere. Hoc audito, Ambroſius Imperatori ferendæ legis, de qua loquimur, neceſſitatem, pro pœnitentia & ſatisfactione impoſuit : qua conſtituta (nam ſtatim Imperator legem præſcribi iuſſit) Ambroſius eum vinculis excommunicationis exoluit.

X 2   Nulla

Nulla igitur Ambroſius temporali poteſtate, hoc caſu in Theodoſium vſus eſt; ſed totum quicquid eſt vi ac virtute ſpiritualis iuriſdictionis præcepit. Nec Imperator, metu pœnæ temporalis, morem Antiſtiti geſſit. Nam ſi noluiſſet parere, ſed, vt mali interdum Principes faciunt, excommunicationem pariter & abſolutionem contempſiſſet, nihil vltra quod ageret habuiſſet Ambroſius [e]. Sed quia pius Princeps animæ ſuæ timuit, ne ſpirituali vinculo diutius ligata, ſqualorem ſordeſq; ex longa carceratione contraheret, obſequutus eſt voluntati Pontificis, & vt abſolutionis ab eo beneficium acciperet, temporale officium, quod e republica eſſe videbatur, Epiſcopo admonente impendit. Vnde author hiſtoriæ; *tali tantaq́, virtute & Pontifex & Imperator erant illuſtres. Nam vtrumque ego admiror, illius quidem libertatem, huius vero obedientiam: itemq́, feruoris flammas illius, & huius fidei puritatem.*

Coëgit itaque Ambroſius Theodoſium, quemadmodum noſtri quotidie confeſſarij ſuos cogunt pœnitentes, quibus delicti veniam & abſolutionem ſæpe denegant, niſi munus vel onus, quod illis pœnitentiæ loco impo-

[e] *Cap. cùm non ab homine. de iud.*

imponunt, ferió fe executuros promittant:
cum tamen nullam in eos temporalem iurifdictionem habeant. Coëgit & eo modo,
quo quiſque noſtrum ſolet vicinum vel con-
ciuem ſuum cogere, cùm id, quod à nobis
ſibi dari ſieríue poſtulat, denegamus, niſi ille
prius aliquid quod optamus, aut noſtra aut
amicorum gratià fecerit. Deniq; tritum eſt
& vulgare, dici aliquem ratione, amore, do-
lore, iracundia, alijſq; animi affectionibus &
paſſionibus cogi, citra vllam ſeu temporalis
ſeu ſpiritualis iuriſdictionis poteſtatem.

Hæc cùm ita ſint, eſt quidem in hoc exemplo animaduerſione dignum, Eccleſiaſticam poteſtatem, metu pœnæ ſpiritualis,
cogere homines ſæpe ad temporalia pera-
genda, vt Ambroſius hîc Imperatorem. &
econtrarió Ciuilem Poteſtatem, metu pœnæ temporalis, ad ſpiritualia non raró adigere, vt cum Princeps hæreticos vel ſchiſ-
maticos, metu corporalis ſupplicij vel ad-
emptionis bonorum, ad Eccleſiam redire
compellit. & tamen neque illa temporalem,
neque hæc ſpiritualem pœnam poteſt, niſi
per accidens, irrogare. Sequitur quartum.

Quartum eſt Gregorij I. inquit, *in priuile-*
gio quod conceſſit monaſterio S. Medardi, &

X 3   *habe-*

habetur in fine epistolarum. Si quis, inquit, Regum, Antistitum, Iudicum, vel quarumcunque personarum huius Apostolicæ authoritatis, & nostræ præceptionis decreta violauerit, cuiuscunque dignitatis vel sublimitatis sit, honore suo priuetur.

Si viueret hodie B. Gregorius, & superiora sua verba eo sensu accipi intelligeret, quasi ipse potestatem habuisset priuandi Reges suo honore & dignitate : exclamaret profectò calumniosam esse interpretationem, & se nunquam tale quid vel per somnium cogitasse ; & verò quæ alibi scripta ab eo sunt, fidem planè abrogant huic expositioni. Sunt igitur ista non imperantis, sed imprecantis verba, quibus admonet & adiurat omne genus hominum, ne priuilegium à se datum violent, quòd si violauerint, Deum vindicem fore, qui eos suo honore priuet. quod genus admonitionis, & imprecationis, nunc semper addi solet extremis Bullarum & cõstitutionum Pontificiarum, hoc modo. *Nulli ergo omnium hominum liceat hanc paginam, &c. infringere, vel ei ausu temerario contraire. Si quis autem hoc attentare præsumpserit, indignationem Omnipotentis Dei, ac beatorum Petri & Pauli Apostolorum*

eius

eius incurrat, siue quod idem est, *se nouerit incursurum.*

Cap. XL.

EX his facilè cernet lector, verum esse quod sæpius antè præmonui; Nullũ vel in sacris literis, vel in sanctorum patrũ scriptis, vestigium aut exemplum temporalis potestatis Pontificię reperiri. ac proinde haud rectè eos facere, imò grauiter peccare, qui sententiam per se falsissimam, argumentis & exemplis tam alienis & remotis, nituntur confirmare. Indoctos hoc modo decipiunt; à doctis deridentur. Ostendi iam planè vim nullam inesse exemplis superioribus, ad probandum id quod aduersarij affirmant. De sequẽtibus verò exemplis minus curo : Nam licet quædam eorum instituto aduersariorum congruant, & Pontifices temporali potestate, in postremis Ecclesiæ seculis, vsos aliquando esse indicent : tamen quia nihil nisi singularia quorundam Pontificum facta continent, quos homines fuisse, & humano more in rebus gerendis labi potuisse, nemo negat (ita vt, quod ante ex Soto retulimus, vulgari prouerbio nunc iactetur, *factũ Pon-*

　　　　　tificum

tificum non facit fidei articulum.) ideo de factis illorum, quibus talem potestatem exercere nisi sunt, iuris quæstio & disputatio adhuc superest, rectene an secus peracta sint.
Nec illud nos mouere debet, quod authores
historiarum, qui facta illa Pontificum literis
mandarunt, nullam reprehensionis notam
adiecerint, sed potius probarint, laudarintq;.
Nam eius rei causas complures fuisse video.
Primùm quia omnes eius temporis scriptores aut monachi erant, aut saltem clerici,
quibus præcipuè augere dignitatem Pontificiam curæ fuit: ideóq; summoperè caue-
bant, nequa Pontificum facta sugillarent,
atq; iniustitiæ arguerent. Deinde quia tanta
sanctitatis Papæ tunc temporis opinio fuit,
vt gesta ab eo, tanquam à Deo facta, vulgus amplecteretur. Vnde non sine causa Io.
Gerson dixit, *Vulgum existimare Papam esse*
vnum Deum, qui habet omnem potestatem in
cælo & in terra. Vidi ego ante quinquaginta annos in Scotia, cùm staret adhuc regnum fide & religione integrum, Papæ Romani nomen (ita enim Scoticè loqueban-
tur, *the Pape of Rome*) tanta in veneratione
apud multitudinem fuisse, vt quicquid ab eo
dictum factúmue esse narrabatur, oraculi in-

star,

ftar, & facti diuini loco, ab omnibus habe-
retur. Deniq; quia præfens illis imminebat
periculum,quod multorum adhuc manus li-
gat,linguamq; occludit, ne fi quid Papæ in-
gratum exaraffent, & eius facta reprehen-
diffent, tam fcriptor quam fcriptum diris
Pontificijs ftatim percelleretur. quod minimè mirum ijs videri poteft, qui Sixti V.
iram & arrogantiam eò vfq; exarfiffe norunt, vt, ficut antè admonui, illuftres Bellarmini difputationes delere atq; extinguere in
animo habuerit, quòd non fatis fuæ ambitioni feruitum effe ab illo Theologo iudicaret; cùm tamen plus ei certè quàm oportuit
tribuiffet. His accedit, quòd præcipuum hi-
ftorici officium in narrando, non in iudican-
do confiftit. Vnde multi, memoriâ magis
quàm iudicio pollentes, animos ad hiftori-
cam narrationem appulerunt, & nudâ tantum ac fimplice rerum geftarum relatione
contenti, earum æquitatem omnibus æfti-
mandam in medio reliquerunt.

Licet ergo fcientiam, & fidem rerum geftarum, illis hominibus debeamus, qui eas
fcriptis fuis pofteritati referuarunt : æqui-
tatum tamen eorum quæ gefta funt, non
ab elogio fcriptorum , fed vel ex authoritate

tate Scripturarum, vel ex traditionibus A-
poftorum, vel ex antiquis Ecclefiæ decretis,
vel deniq; ex rectâ naturalis rationis norma
addifcimus. Atq; ita eò res femper redit, vt
de cuiufq; facti æquitate fit inquirendum,
nec quid author hiftoriæ laudauit vel vitu-
perauit, fed quid iure meritóq; laudari aut
vituperari debuit, perfcrutemur [a]. De exemplis itaq; non laboro, quæ neq; in Scripturis extant & commendantur, neq; aliquo
faltem eorum quos diximus modo, laude
digna demonftrantur. Etenim profectò periculi plena res eft, aliquem exempla, non
hac ftatera hifq; ponderibus examinata, ad
imitandum proponere: quandoquidem ad
antiquitatis monimenta accedentibus, mala quàm bona fæpius occurrent.Qua de caufa Imperator iudices omnes fapienter admonet, *non exemplis fed legibus effe iudican-*
dum, atq; in omnibus negotijs non id eos fequi oportere, quod ante ipfos à maximis
Magiftratibus factum eft, *fed veritatem, &*
legum & iuftitiæ veftigia [h]. Hæc fuadent,
ne reliquis exemplis à Bellarmino productis,
prolixius & exquifitius difcutiédis immorer,
nifi fortè aliquid fubeffe animaduertero, quo
lector incautus, veri fpecie & opinione, capi
poffit.

[a] L. Sed licet
12.D. de off.
Præfid.

[h] L. nemo
iudex. 13.
C. de fent. &
interloc.

poffit. eorum igitur aliqua, quæ & qualia
fint, videamus.

Quintum eft Gregorij II. inquit, *qui Leoni
Imperatori Iconomacho à fe excommunicato
prohibuit vectigalia folui ab Italis, & proinde
multauit eum parte imperij.*

Equidem arbitror hoc exemplum rei ge-
ftæ veritatem non continere, quanquam id
ita ab hiftoricis quibufdam relatum effe
fcio. Vt ita credam facit tum fingularis
quædam illius Pontificis cum fumma morum integritate coniuncta eruditio, tum
Platinæ de hac re teftimoniũ, qui inter alia
eius Pontificis facta egregia, illud cõmemo-
rat, quòd fua authoritate obftiterit Italis vo-
lentibus ab illo impio Principe deficere, &
alium fibi Imperatorem deligere. ita enim
Platina. *Tum verò Leo tertius Imperator, cùm
apertè inuehi in Pontificem non poffet, edictum
proponit, vt omnes qui fub imperio Romano
effent, fanctorum omnium, Martyrum & An-
gelorum, ftatuas atq; imagines è templis abra-
derent & auferrent, tollendæ (vt ipfe dicebat)
idololatriæ caufa. qui verò fecus feciffet, eum
fe pro hoſte publico habiturum. Gregorius autem tantæ impietati non modo non obtemperat,
verùm etiam omnes Catholicos admonet, ne in*

tantum

tantum errorem timore vel ediƈto. Principis
vllo modo dilabantur. Qua cohortatione adeo
certè animati ſunt Italiæ populi, vt paulùm
abfuerit quin ſibi alium Imperatorem delige-
rent. Quo minus autem id fieret, authoritate
ſua obſtare Gregorius annixus eſt. Addit autem, hunc Pontificem, *vt ſanƈtiſſimum vi-*
rum decuit, literis ſæpius Imperatorem admo-
nuiſſe, vt omiſſis quorundam improborum er-
roribus, veram tandem ampleƈteretur fidem:
& abolere ſanƈtorum imagines deſineret, quo-
rum memoriâ & exemplari ad virtutis imita-
tionem excitarentur homines.

Huic ego authori fidem in hac re potius
quàm alijs hiſtoricis etiam antiquioribus,
maximè verò peregrinis, adhibeo : quòd is
iuſſu Sixti IV. Pontificis aliorum Pontificum vitas conſcripſerit, idq; Romæ, vbi
multa ei ex antiquis monimentis adiumenta
ſuppetebant, ad indagationem veritatis rerum in V:be atq; in Italia geſtarum : quibus
alij, vt apparet, deſtituti, non niſi incertam
famam, & ſparſos hominum rumores (qui
ſæpe quod faƈtum vc¹unt, faƈtum narrant)
pro certa & explorata veritate acceperunt.
Si Platina ſuperiorem hiſtoriæ particulam
ſilentio præterijſſet, iſtorum certè, qui de
Gregorio

Gregorio aliter ſcripſerunt, ſententiam velut tacito conſenſu confirmaſſet : at cùm ita
eos ſcripſiſſe non ignoraret, (vtpote homo
multum in illis hiſtorijs verſatus) & nihilominus eorum ſententiam manifeſta contra-
dictione impugnet, veriſimile eſt eum multo melioribus & certioribus teſtimonijs in
rerum ab hoc Pontifice geſtarum relatione
vſum eſſe. Quapropter humanius videtur,
& veritati congruentius, Platinam in hac re
ſequi, atq; in Zonaræ ſcriptis mendacium
arguere (cùm ſatis experimento compertum ſit, hallucinari frequenter eos, qui ex
aliorum relatione, dicta factáue populorum alibi degentium literis complectuntur)
quàm innocentem optimi Pontificis vitam,
fœda nota iniuſtitiæ & rebellionis macula-
re. Nam licèt verum ſit eum, pro ſua in omnes ſpirituali poteſtate, Imperatorem hunc
meritò excōmunicare potuiſſe : tamen prohibere ne populus, Romano imperio ſubiectus, cenſum daret Cæſari, ſiue vectigalia
Imperatori pēderet, quamdiu manebat Imperator, non ſine manifeſta legis diuinæ, &
Euangelicæ doctrinæ præuaricatione potuit. Leonem autem hunc, quantumlibet
impium, ad mortem vſq; Cæſarem manſiſſe,

se, & neq; à populo neq; à Pontifice ab imperio depositum & abdicatum fuisse satis inter omnes constat. Dico igitur falsum esse quod scribunt Centuriatores Magdeburgenses, hunc scilicet Pontificem, doctrinâ & moribus insignem, patriæ suæ proditorem extitisse. Dico etiam falsum esse, quod superiore exemplo proponit Bellarminus, eundem nempe Pontificem multasse Leonem Isaurum Iconomachum parte imperij. Nihil enim quicquam mali, vt & hac Platinæ historia liquet, neq; in patriam, neq; in Principem commolitus est. Sequitur nunc sextum.

Cap. XLI.

SExtum est *Zachariæ*, inquit, *qui rogatus à Primoribus Francorum Childericum deposuit, & in eius locum Pipinum Caroli Magni patrem Regem creari iußit.*

Priusquam aliquid de hoc exemplo dicam, operæpretium est, inuolutam de eo historiam euoluere, & totum illud Zachariæ factum cum sententia cui probandæ adhibetur, iunctis vtrinq; circumstantijs, breuiter componere: vt inde facilius lectori appareat,

pareat, quàm parum efficacitatis ei infit vt
propofitam aduerfariorum fententiam confirmet.

Primùm igitur in illa hiftoria animaduer-
fione dignum eft, Childericum, & alios
quofdam ante eum Reges Meroningios,
omni prorfus regnandi authoritate deftitu-
tos, nihil nifi inane atque inutile Regis nomen habuiffe. *Nam & opes & potentia regni*
penes palatij præfectos, qui Maiores domus di-
cebantur, & ad quos fumma imperij pertine-
bat, tenebantur : qui vfqueadeo Regibus fu-
periores erant, ijfq; dominabantur, vt Rex
præter inutile Regis nomen, & precarium vitæ
ftipendium, quod ei præfectus, fiue Maior
Domus, *prout videbatur, exhibebat, nihil a-*
liud proprij poſſideret, quàm vnam & eam per-
parui reditus villam, in qua domum, ex qua fa-
mulos fibi neceſſaria miniftrantes, atq; obfequia
exhibentes, paucæ numerofitatis habebat. Vt
fcribit Eginhartus in vita Caroli Magni.

Si quis igitur rem propius intueatur, inueniet binos tunc quodammodo Reges fuiffe in Francia : vnum qui inftar regis Sca-
chorum, *nomen tantum Regis, fed nullam po-*
teſtatem regiam habebat. vt loquitur Aimo-
inus, [a]. Alterum verò, cui Maior Domus

[a] *Lib.* 4.
cap. 61.

fiue

ſiue præfectus aulæ nomen erat, *apud quem*
ſumma regni poteſtas conſiſtebat. Hic nomine tenus quaſi ſub Rege erat, authoritate
verò & poteſtate ſupra Regem : ita vt nihil
ei deeſſet præter nomen ad plenam perfe-
ctámque regnandi maieſtatem; quod etiam
aliquando ei à populo deferebatur, vt ſummum illud quod gerebat imperium, ſumínæ
dignitatis nomine ſignificaretur. Itaque Ai-
moinus de Carolo Martello Pipini patre loquens, qui magnum Sarracenorum exercitum, ex Hiſpania in Gallias irruentem, fu-
dit: *Deuicto*, inquit, *aduerſariorum agmine,*
Chriſto in omnibus præſule & capite ſalutis &
victoriæ, Rex Carolus ſalubriter remeauit ad
propria, in terram Francorum ſolium princi-
patus ſui. En vt Maiorem Domus Regem vocat, propter eam ipſam, qua præditus erat,
regalem poteſtatem.

Deinde in ea hiſtoria notandum eſt, Francorum proceres longam Regum ſuorum ig-
nauiam pertæſos, ad Maiorem Domus Pipinum Caroli filium, pacis bellíque artibus ín-
ſtructum, mira conſenſione oculos animoſ-
que conuertiſſe : quæ res eum ita in ſpem
regni erexit, *vt regium nomen non diſsimu-*
lanter affectarit : quod vt facilius ſine odio
&

& scandalo multitudinis assequeretur, statuit in primis tentandum per legatos Pontificem Romanum, & eius consensum expe-
tendum: ratus nimirum, quod res erat, Pontifice annuente, populum vniuersum, propter sedis Apostolicæ sanctitatem & reuerentiam, facilè in eius sententia acquie-
turum.

Tertio sciendum est, Zachariam Papam
generaliter consultum fuisse *de causa Regum*
qui in illo tempore fuerunt in Francia, vter po-
tius Rex vocari debeat, isne qui nomen tantum
Regis, sed nullam Potestatem regiam habebat,
an verò qui industria virtuteq́; sua, negotia
publica moderaretur. & generaliter respondisse, *melius esse illum vocari Regem, apud*
quem summa potestas consisteret: quo respon-
so adducti Proceres, Pipinum sibi deligunt Re-
gem. Non dubium tamen est, quin Pontifex
de Hypothesi certior factus fuerit, Childericum nempe abdicandum, *qui falso Regis*
nomine fungebatur, & Pipinum eius loco ad
regni fastigium euehendum. Sed ita opinor
eum generaliter respondisse, quia generalis
sententia, nullius certæ personæ notam con-
tinebat, & integrum Franciæ Optimatibus
iudicium, vt inde quod optabant collige-

Y　　　　rent,

rent,relinquebat. atque ita Papa non ſimpliciter depoſuit Childericum, ſed deponentibus conſenſit. Verùm quia eius conſenſus
præcipuè ſpectabatur,dicitur præciſè ab hiſtoricis quibuſdam Childericum depoſuiſſe.

Poſtremò, in ea hiſtoria ſeriò & diligenter perpendendum eſt, quòd Zacharias Papa,auditis Pipini legatis de mutatione regni
& Childerico deponendo,rem illam tam in-
ſolentem & arduam eſſe iudicabat, *vt initiò*
minimè auderet tam magni momenti cogitatio-
*nem ſuſcipere,*tametſi iam ſatis intellexerat
Merouingiorum ſocordiam ingens religioni
& reipublicæ Chriſtianæ detrimentum afferre : donec compertum exploratumq́; habuiſſet, Proceres omnes Francorum à Pipi-
no ſtare, eumq́; Regem cupere : & præterea
Childericum eſſe poſtremum Merouingiorum, hominem ſine liberis, adeo ſtupidum,
vt ingenuo dolori amiſſum regnum ipſi futu-
rum nòn eſſet, nec vſquam eſſe qui eius vicem
*quererentur.*Hæc illa erant,quæ iuncta cum
ſingulari ſtudio & amore quo Pontifex Pipinum proſequebatur (eò quòd ipſe,& pater
eius Carolus, multis eccleſiam Romanam
& ſedem Apoſtolicam officijs eſſent deme-
riti) Zachariam mouebant, vt Francis, eam

Regum

Regum mutationem cupientibus assenti-
retur.

Hæc quanquam ab historicis de hoc negotio ad hunc modum conscripta sunt, tamen magna nobis adhuc causa dubitandi
de illius facti æquitate relinquitur. Scio Bel-
larminum alibi, [b] nimia huius facti Zacha- *b Lib. 2. de Rom. Pontif. cap. 17.*
riæ æquitatis fiduciâ, audacter affirmare,
neminem sanæ mentis negaturum, factum
illud fuisse iustum. At nihil proponit, cur
non sapientissimus quisque iniustum id fuisse asseueret: nullam dico rationem probabilem & efficacem reddit, quâ sapiens sibi
persuadeat, Papam Francis in deponendo
Childerico iustè consensisse. quandoquidem nullo casu licet malum facere, vt bonum inde quantumuis magnum consequatur. Deponi autem Regem legitimum à proprijs subditis, aut deponentibus consentire,
cùm ille solum Deum supra se habeat, cui
soli gestorum suorum rationem reddere tenetur, per se & simpliciter malum esse, iam
satis ostendimus. Argumenta autem duo
quibus ad depositionis illius iustitiam probandam vtitur, adeo incerta sunt ac friuola,
vt illa ab eo proposita esse mirer. Nam primùm, quòd facti Zachariæ æquitatem, e-

uentu

uentu rerum metitur, quasi ideo factum illud iustum censeri debeat, quòd illa regni
mutatio prosperos & fœlices succeßus habuerit *(præsertim,*inquit, *cum euentus docue-*
rit mutationem illam fœlicißimam fuiße) id
adeo plebeium est & puerile, vt ne cogitari
quidem à tanto viro, nedum scribi debuerit.

──────────── *Careat succeßibus opto,*
  Quisquis ab euentu facta notanda putet.

Quid enim? Nonne postea in eodem regno Franciæ, mutatio à Carolouingijs ad
Capeuingios, per summam iniustitiam facta est? *Nam Hugo ille Capetus, animi mag-*
nitudine & rebus potens, cum eius conatus ne-
mo reprimeret, vi atque armis (vero hærede
capto & incarcerato) regni se diademate insig-
niri obtinuit. Vnde Gaguinus eum regni v-
surpatorem vocat. & tamen inter omnes
constat, mutationem illam fœliciſsimam
fuiſse, &, vt quidam putant, occulto Dei iudicio factam, vt Pipinus, qui Merouingijs
regnum per iniuriam eripuit, tandem aliquando parem in sua sobole iniuriam pate-
retur, Itaque Carolouingij non ita diu regno potiti sunt si cum Capeuingijs conferantur. Capeuingij verò longe diuturnius sta-
bilitum in sua gente imperium habent, &
                                              spero

ſpero in perpetuum habituros.

Alterum quoque argumentum nihilo efficacius eſt, quod à Bonifacij epiſcopi ſanctitate trahit, qui Pipinum, iuſſu Zachariæ, Regem vnxit & coronauit. *adde, inquit, quòd qui iubente Pontifice Pipinum Regem inunxit & coronauit, vir ſanctiſſimus fuit, B. videlicet Bonifacius Epiſcopus & Martyr, qui certe auctor iniuſtitiæ, & ſceleris publici nunquam fuiſſet.* leue inquam hoc eſt & nullius momenti argumentum. Nam Bonifacius nudas executoris mandati Apoſtolici partes in illo negotio obibat, ideóque nihil eius ſanctitati detraxit, quod iubente Pontifice peregit : quippe tenebatur Papæ ſententiam exequi, licet ſciuiſſet eam eſſe iniuſtam [c] : & ideo *licet reum feciſſet Zachariam iniquitas imperandi, innocentem Bonifacium eſſe oſtendiſſet ordo ſeruiendi, & parendi neceſſitas.* [d] illæſa igitur conſcientia Bonifacius mandatum Zachariæ etiam iniuſtum explere potuit. At fuit Zacharias iſte bonus Pontifex; fieri poteſt, nec id negamus. fuit quoque Dauid bonus Rex & Sanctus; & Theodoſius bonus Imperator : fuere Marcellinus & Liberius boni Pontifices; attamen nemo eorum non aliquid reprehenſione dignum admiſit.

[c] *Cap. Paſtoralis. §. quia verò. de off. iud. deleg.*

[d] *Can. quid culpatur. 23. q. 1. can. miles. 23. q. 5.*

admiſit. Quidni ergo Zacharias odio vel a-
mori indulgere, & humano more iuſtitiam
aliqua ex parte violare potuerit? Notum eſt
Zachariam tunc Pipini auxilio, contra Ai-
ſtulphi & Longobardorum iniurias, plurimum eguiſſe. an non ingens illa erat ad ex-
pugnandam iuſtitiam machina? amor, *odi-*
um, & proprium commodum, faciunt iudicem
ſæpe verum [c] *non cognoſcere.*

• *Ariſtot.*
*lib.*1.*Rhet.*
ad Theode-
*ctem. cap.*1.

Sed ne quid vltra de huius facti Zachariæ æquitate contendamus, eſto quod op-
tant, demus factum illud fuiſſe iuſtiſſimum.
Quid inde, quæſo, roboris & firmamenti
accedere poteſt ad probationem temporá-
lis poteſtatis, quam Papæ in Principes tribuunt? Nunquid aliud, quàm vt eius facti
exemplo, Papa nunc faciat quod tunc fecit
Zacharias? nempe vt alicui populo Regem
ſuum, paribus de cauſis, abdicare cupienti
conſenſum præbeat? hoc eſt, ſi Rex is ſit qui
nomen tantùm habet, ſine vlla regnandi authoritate, aut poteſtate regia : quiq; & liberis orbus, & animo adeo ignauo ac ſtupido
eſt, vt ſine cæde & ſanguine deponi : & nemine eius vicem dolente, aut partes tutan-
te, ex Principe priuatus reddi poſſit. Nam
argumentum ab exemplo nihili eſt, niſi pa-

res

res vtrobique & casus & causæ sint. Hoc ergo exemplum Zachariæ quid ad immen-
sam illam potestatem stabiliendam confert,
qua sequentibus seculis freti Pontifices, interdum Reges potentissimos , & omnibus
copijs florentes, animíque & corporis viribus
præstantes, non populorum rogatu vel consensu, sed proprio motu, per bella, per cædes, per schismata, per maximas reipublicæ
Christianæ calamitates, regnis priuare &
sceptris spoliare se posse gloriati sunt,&
conati? Nunquid facti Zachariæ
exemplo id illis licere, quisquam sapiens iudicabit?
Sed de hac re
satis.

Cap. XLII.

*H*Anc *supremam partem libri nobis Au-*
thoris obitus inuidit.